図解で早わかり

働き方改革法、会社法改正に対応！

最新

会社法務の基本と実務

弁護士
森 公任
弁護士
森元みのり 監修

本書の3大特色

最新の法令改正と重要事項のポイントがわかる！
民法債権法、働き方改革法、会社法改正に対応。

会社組織、株主総会、契約実務、労務管理、
倒産制度、債権管理、知的財産権、紛争処理手続き
などを平易に解説。

「紛争処理」「予防」「戦略」の観点から
法務に求められる基幹分野の
法律知識を1冊に集約！

三修社

本書に関するお問い合わせについて

　本書の記述の正誤に関するお問い合わせにつきましては、お手数ですが、小社あてに郵便・ファックス・メールでお願いします。大変恐縮ですが、お電話でのお問い合わせはお受けしておりません。内容によっては、お問い合わせをお受けしてから回答をご送付するまでに１週間から２週間程度を要する場合があります。

　なお、本書でとりあげていない事項についてのご質問、個別の案件についてのご相談、監修者紹介の可否については回答をさせていただくことができません。あらかじめご了承ください。

はじめに

本書のテーマである法務の仕事は、企業の活動の上で重要な役割を果たします。法務の扱う業務には、大きく、①債権管理、訴訟などの紛争処理、②契約書チェックや労務管理、株主総会対策などの法令遵守（コンプライアンス）のための予防法務、③合併や業務提携、企業防衛などを扱う戦略法務、があります。

とくに、昨今では、不祥事や法律違反について、社会全体が会社のモラルを厳しく追及するようになってきたことから、②のコンプライアンス（法令遵守）の重要性が叫ばれるようになりました。法令を遵守しない不健全な会社は、「ブラック企業」とも言われ、社会的信頼を得ることができず、利益をあげることも難しくなります。株主や会社債権者など、会社を取り巻く多くの人たちに大きな損害を与えかねません。また、違法行為を行った取締役らは、刑事上または民事上の重い責任を負わされることになります。

企業は不祥事をいかに防ぐための組織作り（コーポレート・ガバナンスの強化）をしていかなければならないといえるでしょう。

本書では、法務関係の仕事を担当する人を対象とし、役員の責任、事業再編、株式事務、労務管理、契約法務、債権管理といった幅広いテーマを取り扱っています。ビジネスシーンにおいて、円滑に実務をこなすために、最低限知っておきたい法律知識を平易に解説しています。

2019年４月に施行された働き方改革法、2020年４月施行の民法債権法改正や、2019年12月に成立した会社法改正など、最新の重要な法令改正や実務ポイントを１冊に集約しています。

本書をご活用いただき、日常業務のお役に立てれば、監修者としてこれに勝る喜びはありません。

監修者　弁護士　森公任　弁護士　森元みのり

CONTENTS

PART 3 株主総会と株式をめぐる法律知識

PART 4　事業再編と倒産制度の知識

PART 5　働き方改革に対応した労務管理の法律知識

PART 7　債権管理・紛争処理の法律知識

PART 8　知的財産権・下請法・金融商品取引法などその他の法律知識

PART 1

法務の仕事と会社の基本構造

法務部門の仕事とは

事業戦略から紛争処理、コンプライアンス・プログラムの策定と実施まで幅広い

■ どんな役割があるのか

法務部は、法的リスク管理の観点から、経営陣や他部門の意思決定に関与して、事業や業務執行の内容に変更を加え、会社の権利や財産、評判などを守る機能を持つ部署です。契約審査や紛争対応などの他、企業倫理遵守プログラム（14ページ）、いわゆるコンプライアンス・プログラムの策定と実施への支援なども、企業を守るための業務といえます。

また、経営陣や他部門に法的支援を提供することによって、会社の事業や業務執行を適正、円滑、戦略的かつ効率的に実施できるようにする攻めの機能も持っています。日常的な取引、新規事業、M＆Aなどのさまざまな局面で、法的リスクの洗い出しや解決策の提案などを行います。

労務や知的財産権などの専門知識を要する業務もあり、弁護士などの専門家との協力も発生し、業務範囲は多岐にわたります。

■ どんな仕事をするのか

このように、法務部の仕事は、経営者への法的アドバイスやトラブル対応など、法的な判断が必要となるものが多くあります。具体的には、①紛争処理、②予防法務、③戦略法務の３つの仕事を行います。

①　紛争処理

何らかの紛争が生じたときにどのように対応するかを定めておいたり、実際に対応する場合に法的知識を駆使して支援を行うことです。

コンプライアンスプログラム

コンプライアンスとは、企業が健全に経営を行うために必要なもので、具体的には法令を遵守すること。コンプライアンスプログラムは、企業が健全に経営を行うために自主的に策定・実施するプログラムのこと。14ページ参照。

専門家との交渉

法務を担当する上で、社外の専門家との打ち合わせは欠かせない。会社と顧問契約を結んでいる弁護士や公認会計士、また、業務によっては司法書士、弁理士、社会保険労務士と連携して仕事をしていくことも多い。
社外の専門家の人たちとのコミュニケーション能力も法務部の社員に求められる要素となる。

法務部のおもな仕事

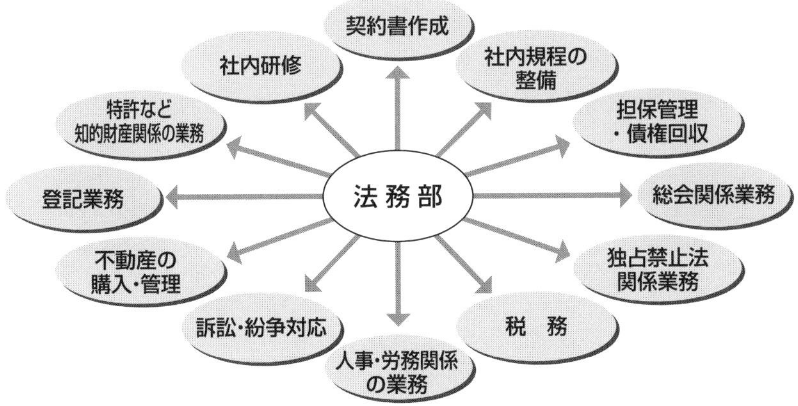

たとえば、苦情が寄せられていた場合や、訴訟を起こされた場合、また、刑事事件に発展した場合、あるいは相手に対して訴訟を起こす場合などです。紛争の相手方としては、地域住民、顧客、取引先、株主などが考えられます。

また、法に違反する事態が起きた場合やその疑いがある場合には、事実確認を行うなどの対応をとる必要があります。

②　予防法務

契約書の作成やチェック、事業計画への法的な審査、コンプライアンス・プログラムの策定と実施への支援などです。

③　戦略法務

企業の事業戦略についての法的支援、立法へのさまざまな働きかけが含まれます。たとえば、企業の事業戦略に最適なＭ＆Ａスキームを検討することや、保有する知的財産権の有効な活用方法を提案することなどです。

また、法に違反する事態が起きた場合やその疑いがある場合には、事実確認を行うなどの対応をとる必要があります。

刑事事件
窃盗や殺人等、刑罰を科すべきかどうかが問題となる事件のこと。

PART1
2

紛争処理法務

交渉による解決か、訴訟による解決かの判断を適切に行う

■ 苦情処理に対する支援

企業に対する苦情は、多岐にわたります。中には理不尽なものや根拠がないものもありますが、正当な苦情や商品やサービスの向上につながる苦情も多く含まれています。

法務部は、企業に寄せられる苦情に目を配り、特に重大な問題となりそうなものについては、積極的に関わる必要があります。

法務部が対応できるようにするためには、苦情がすぐに法務部に報告される体制を構築しておく必要があります。

マニュアルの作成

苦情処理は、謝罪→具体的な話の聞き取り→内容の整理→原因の調査・報告→具体的な対応、といった手順で進められる。
苦情に迅速・適切に対応できるように、「クレーム処理マニュアル」「苦情処理規程」などを作成し、メールや回覧を通じて従業員に知らせるのがよい。

■ 債権の管理をする

企業が日常的に行っている営業取引で生じる債権を管理する業務を債権管理といいます。債権管理の内容でもっとも重要なものは、与信限度の設定と運用です。与信限度の見直しは定期的に行うようにし、限度を超えた取引をしないように徹底する必要があります。

取引先の信用の調査や債権の管理は社内の与信管理規程に基づいて行うのがよいでしょう。与信管理とは、債権回収の確実性を高めるために、取引先の信用調査を行い、与信限度を設定して運用をすることです。与信管理規程では、その会社の与信管理の方針、基準、手続きなどが規定されています。

この他、債権の回収や保全についての助言や支援、また契約書の立案とチェックも行います。関係会社がある場合には、その関係会社の債権管理についても助言や支援をしていきます。

債権管理業務は、企業の規模や方針によって法務部門や経理

与信管理規程に記載する項目

おもに以下の事項が記載される。
①与信管理の基本方針
②与信管理の目的
③与信管理規程を扱う上で必要となる概念や用語の定義や説明
④与信管理の対象となる取引先の基準
⑤与信管理規程の適用範囲
⑥信用調査から売掛金の決済までの手続概要
⑦信用調査の進め方
⑧売掛金限度額の申請手続き
⑨売掛金の決済手続き
⑩緊急事態への対応方法

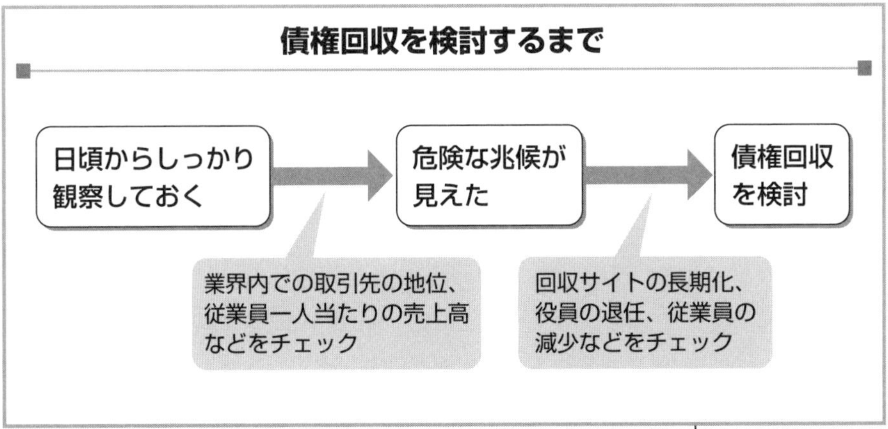

部門が担当している場合と別に独立した部門が行っている場合があります。

■ 各種訴訟への対応

企業が活動を行っていく上で、紛争が起きる場合もあります。紛争を解決するには、話し合いによって解決する方法と訴訟などの法的手段によって解決する方法があります。紛争が生じたときの解決手段として契約書などで明示している場合などには、仲裁という手段がとられることもあります。

法務部は、こうした紛争が生じた場合に、どのような手段をとるべきか、助言したり、率先して対応していくことになります。判断基準のひとつとして、費用対効果の面から判断することが考えられます。

日本の場合、諸外国と比べると交渉によって解決されることが多いようですが、交渉を重ねても解決しなかった場合の他、事案や相手方の性格上、交渉による解決が困難なことが予想される場合などには訴訟などが選択されることになります。

訴訟で紛争を解決する場合には、社内弁護士（企業内弁護士）や顧問弁護士を代理人として行うことになります。

仲裁
私人間の紛争において、第三者が示す解決に服する旨の当事者間の合意に基づいた手続きで、訴訟によらず紛争を解決する方法のひとつ。

予防法務

契約法務やコンプライアンス・プログラムの策定と実施の支援を行う

■ コンプライアンスとは

コンプライアンスとは、会社経営における法令遵守のことです。個人であっても会社であっても、法律を守って行動しなければならないのは当然です。ところが、粉飾決算や贈収賄、従業員の横領など、会社の不祥事が後を絶ちません。

法令を遵守しない不健全な会社は、社会的信頼を得ることができず、利益をあげることも難しくなります。株主や会社債権者など、会社を取り巻く多くの人たちに大きな損害を与えかねません。また、違法行為を行った取締役らは、刑事上または民事上の重い責任を負わされることになります。

会社が法令を遵守することは国際的な信頼を得るという点でも重要ですから、コンプライアンスは国際競争力を維持・強化する上でも重要だといえます。

粉飾決算
貸借対照表や損益計算書などにおいて売上げや資産の水増しなどを行い、実際の利益よりも多く見せかけること。

■ コンプライアンス・プログラムとは

会社が守るべき法律は、数多くあります。会社法をはじめ、独占禁止法（250ページ）、不正競争防止法（244ページ）、金融商品取引法（254ページ）、労働基準法（134ページ）、消費者契約法（190ページ）、著作権法（240ページ）など数えあげればきりがありません。重要なことは、このような法律をただ知っているというだけではなく、それを遵守する体制を作り、情報を開示し、従業員などに周知徹底させるということです。

そのためには各企業でのコンプライアンス・プログラムの策定が大切です。コンプライアンス・プログラムとは、企業が健

コンプライアンスの意義

コンプライアンス ＝ 法令遵守

↓

社会的信頼・国際的信頼を得ることができる

↓

会社の業績拡大

↓

利益の増加、国際競争力の維持・強化につながる

全に経営を行うために自主的に策定・実施するプログラムのことで、企業倫理遵守プログラムとも呼ばれます。コンプライアンス・プログラムは、たとえば、製造業では独占禁止法遵守プログラム、金融業では金融検査マニュアルに沿ったコンプライアンス・プログラムなど、その企業が属する業界にあった形式で運用されますが、おもに次の項目から成り立っています。

・経営トップによる法令遵守の基本方針の表明

・法令遵守を行う上での行動基準の作成と配布

・企業倫理担当役員の任命

・法令遵守についての社員教育・指示・相談窓口の設置

・法令遵守の状況の監査

・違反時の対応と再発防止策

■ 契約法務や知的財産関係の仕事

予防法務の要となるのは、契約法務です。契約書には、取引の内容や争いが起きた場合の解決法が明示されます。企業に大

コンプライアンス部門の創設

社会的に内部告発保護の動きがある一方で、企業自身も、社内にコンプライアンス部門を創設したり、内部通報者窓口を設置するなど、法令遵守を推進する動きが活発になってきている。また、内部通報を受けつける専門会社や、法律事務所などに窓口業務を委託する企業や官公庁もある。

きな影響を与えますから、法務部は契約書の作成・審査の支援を行います。

また、自社の権利をめぐるトラブルを防ぐ上で、重要になるのが知的財産関係の仕事です。自社の事業から新しいアイディア・発明が創出された場合、法務部が特許や商標関係の仕事をすることもあります。会社に知的財産部が別に設置されている場合もありますが、特許に関する契約交渉や訴訟については法務部も協力するのが通常です。

■ 労務管理や総会対策の仕事

労働者とのトラブルを防ぐために、大切なのが労務管理です。会社の規模にもよりますが、法務部が労務管理に関わる仕事の一部を担当することもあります。

労務管理とは、会社組織の機能性を高めるため、優秀な社員の確保や、労働環境を維持管理する仕事です。法務部では、就業規則等の見直しや退職に関するトラブル対応などをおもに支援します。労務管理に関連している法律は数多くあるので、労務管理を支援する場合、労働基準法をはじめとする法律を熟知し、法改正に留意して適切に対応していく必要があります。

また、自社の株主総会が円滑に行われるようにするため、総会運営について法的な視点からアドバイスをすることもあります。

■ 内部統制システムとは

内部統制システムとは、会社の業務の適正を確保するために必要な機構（システム）のことです。ある目的を達成しようとして行動するとき、その障害となるようなリスクを想定し、それに対応できるような体制を作ることが必要です。

特に大企業の場合、虚偽記載やインサイダー取引などの違法行為が社会に与える影響が大きいので、ある程度の規模をもつ会社では、内部統制システムを作りあげることが必要になって

虚偽記載

企業が利益などをごまかすために、有価証券報告書などに事実ではない記載をすること。

インサイダー取引

株価に影響を与えるような重要な内部情報を知る立場にある者が、その情報が一般に公表される前に株の売買を行うこと。
証券取引の信用を損ねる不公平な取引であるため、金融商品取引法で規制されている。

内部統制システム

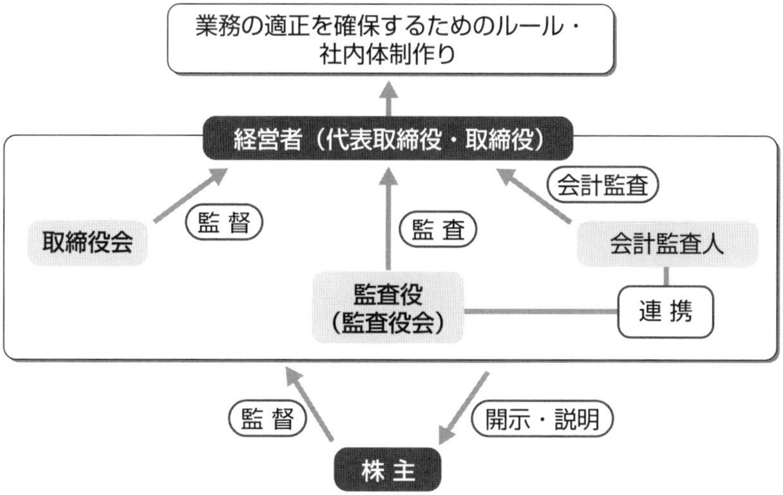

きます。大会社（25ページ）では、内部統制システムの構築が義務付けられています。取締役会設置会社の場合は、取締役会で基本方針を決定し、取締役会を設置しない場合は、取締役で決定しなければなりません。

取締役・執行役は、会社に対して善管注意義務や忠実義務を負います。善管注意義務とは、取締役が業務遂行にあたり取締役として通常期待される程度の注意をすべきという義務のことで、忠実義務とは、取締役が法令や定款の定めを遵守して会社のために忠実に職務を執行しなければならないとする義務のことです。そして、この義務から派生する義務として、これまでも判例や学説上、取締役には、他の取締役を監視する義務（監視義務）や内部統制システムを構築する義務があるとされてきました。会社法上も一部について明文の規定があります。

執行役と執行役員

執行役とは指名委員会等設置会社における業務執行者をいう。執行役は取締役会によって選任・解任され、報酬委員会によって報酬が決定される。取締役は執行役を兼ねることができ、代表取締役を置かずに取締役会の決議によって執行役の中から選任された代表執行役が会社を代表する。執行役員は、取締役会または代表取締役から業務執行権限を与えられた者だが、取締役ではない。名称は似ているが執行役とも違う。特定の部署の最高責任者として、従業員の中から選任されることが多い。

戦略法務

戦略的・効率的な事業遂行のために法的側面から積極的に支援する

■ どんなことをするのか

戦略法務とは、会社の事業や業務遂行が戦略的・効率的に行われるように、事業や業務遂行の企画立案段階から積極的に関与し、法的側面から支援を行うことです。たとえば、新規事業やM＆Aについて、法的リスクを洗い出し、それを乗り越えるための具体的な解決策を提示することも戦略法務に含まれます。法的助言にとどまらず経営判断に踏み込んだ内容となることもあります。

■ 新規事業分野への進出

企業が成長していく過程では、新たな事業に進出する場面も出てきます。新たな分野に進出する場合にトップが判断すべき最初の大きな問題は、新規事業の分野を自力で開拓していくか、既存の力を利用するか、という点です。

自前で新規事業を立ち上げることも可能ですが、すでにその分野で活動している企業との業務提携などの方法をとることもあります。この場合は法的に複雑な点が多いため、法務の仕事が重要になります。

法務が関わる具体的な業務は、新規事業の法的リスクの洗い出しと解決策の提示、新規事業や業務提携に必要な契約書案についての審査、などです。

■ 事業再編・事業再構築の検討

事業展開のスピードアップ、収益の拡大を実現するために、

中小企業によるM&Aの活用

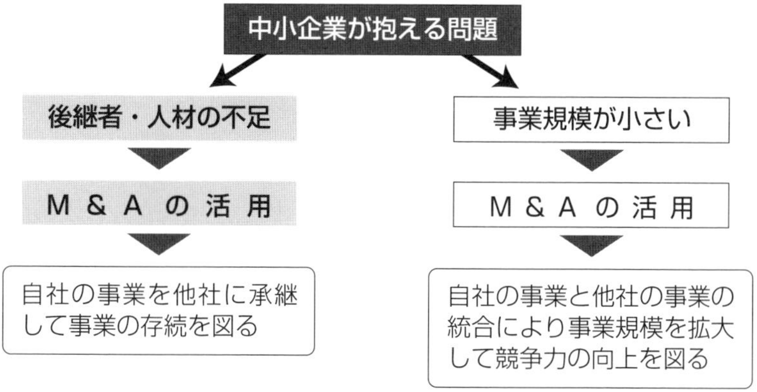

企業は事業再構築を行うことがあります。たとえば、新会社の設立、新規部門の立ち上げや、会社分割や事業譲渡による不採算部門の整理といった方法です。また、他社との提携や企業買収といった方法で事業展開を図ることもあります。これらの事業再編行為はM&Aと呼ばれることもありますが、大企業だけでなく中小企業でも上図のようにM&Aを活用することがあります。事業再編や事業再構築を行うためには、法律に精通した社員の協力が不可欠です。そのため、法務部はこうした事業再構築に関する経営判断について、利害関係に配慮しながら法的支援を行います。

持ち株会社
具体的な事業活動の展開や投資というよりは、他の株式会社を支配することを目的として他の会社の株式を保有する会社のこと。

M&A
MergersAndAcquisitionsの略で「合併と企業買収」を意味する言葉。合併、事業譲渡、企業買収（株式譲渡）などが代表的。

■ 立法や行政への働きかけ

現行の法制度や行政の取扱いが事業活動の支障となっていて、公共的観点からも改善の余地がある場合もあります。その場合、業界団体を通じて意見書を提出するなど、立法や行政に積極的に働きかけて見直しを求めていくことも考えられます。

株式会社の基本

株主総会と取締役という機関が基本となる会社

■ 会社にはどんな種類があるか

取締役とは株式会社の業務執行者のことです。会社には、株式会社の他に、合名会社、合資会社、合同会社があります。株式会社に対し、合名会社、合資会社、合同会社は、持分会社といいます。株式会社は会社に出資する際に株式（株式数○○株など）を出資の単位としますが、持分会社は、出資した分を持分という単位で表します。持分会社は、会社の内部設計が自由であり、原則として出資者自身が業務執行権、代表権をもつ形態の会社です。株式会社のように、取締役は存在しません。

■ 株式会社とはどのような会社なのか

株式会社は、株主総会と取締役という機関が基本となる会社です。株主総会とは会社の基本的な経営方針を決める機関で、会社に出資した者（株主）が集まって経営方針を決めます。株主総会は、毎年必ず行わなければなりません（定時株主総会）。通常、決算日から３か月以内に行われます。定時株主総会では決算書（貸借対照表など）の承認が中心ですが、役員の変更などもできます。

取締役とは株主総会で決まった経営方針を実行する機関のことです。取締役が複数いる場合には、通常、代表取締役を選びます。代表取締役は、取締役が決めた経営方針を実行します。

機関

会社の行為や意思決定をする人や組織のこと。24ページ参照。

決算書

一連の決算作業の結果作成された会社の一定期間の経営成績や財政状態をまとめたもの。会社法上、決算書（計算書類）として、貸借対照表・損益計算書・株主資本等変動計算書・個別注記表を定めている。また、金融商品取引法では「財務諸表等規則」により、決算書（財務諸表）として、貸借対照表・損益計算書・株主資本等変動計算書・キャッシュフロー計算書・附属明細表が必要になる。

■ 所有と経営の分離とは

株式会社の出資者は株主ですから、株主自ら経営を行うとい

所有と経営の分離

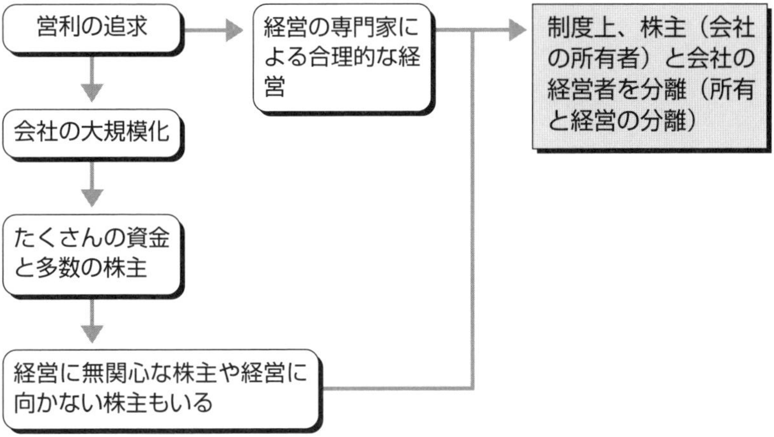

うのが本筋ともいえますし、小規模な企業ではそれが通常でしょう。

しかし、企業の規模が大きくなれば話は別です。大企業では、たくさんの資金が必要ですので、それだけ出資者＝株主の数も多くなります。そうなると、株主の関心もさまざまですから、経営に興味はなく、もっぱら利益配当だけにしか興味がない株主もいるでしょう。また、株主に必ずしも経営の能力があるとは限りません。経営は専門家に任せることにしたほうが、合理的な経営を行うことができ、株主の利益にもなるといえます。そこで、株式会社では、会社の所有者である株主と会社の経営者である取締役らが制度上、分離されてきました。

このことを株式会社における所有と経営の分離といいます。もっとも、このことは、株主が経営者を兼ねてはいけないということを意味するわけではありません。非公開会社（23ページ）では、定款の定めによって取締役を株主に限定することもできます。

■ 株主は出資義務以外の責任を負わない

株式会社では、出資者は自分が引き受けた株式について出資義務を負うだけで、たとえば会社が債権者に債務を支払わなかったとしても、株主が会社に代わって支払義務を負うことはありません。これを株主の間接有限責任といいます。出資者は出資額に応じて株式を取得することができ、会社に対するさまざまな権利を得ることになります。この株式の制度と株主の間接有限責任が、株式会社の最大の特徴です。

ただ、経営者（取締役）が１人しかいないような、あるいはそれに準じるような規模の小さな会社の場合、融資や取引にあたって経営者が会社の借金を保証することを求められるのが一般的です。これを個人保証といいます。個人保証をすると、株式会社でも会社の借金は経営者が負うことになります。

■ 取締役会設置会社と取締役会非設置会社

取締役会設置会社とは、取締役会を置いている株式会社のことです。取締役会を置く場合、会議体を構成する上で最低限必要な人数である３人以上の取締役がいなければなりません。取締役会を置くかどうかは原則として任意ですが、公開会社、監査役会設置会社、指名委員会等設置会社、監査等委員会設置会社では、取締役会の設置が義務付けられています。取締役会設置会社は、ある程度規模の大きい株式会社だといえます。

一方、取締役会を設置しない会社のことを取締役会非設置会社といいます。取締役会を設置しない会社は、通常は小規模会社です。そこで、「経営の効率化」の観点から、取締役会を設置しない会社の場合は、その組織や手続が単純化されています。

公開会社

１株でも、譲渡が自由にできる株式を発行している企業。一般的には上場企業と店頭公開による株式公開企業である。

非公開会社の特徴

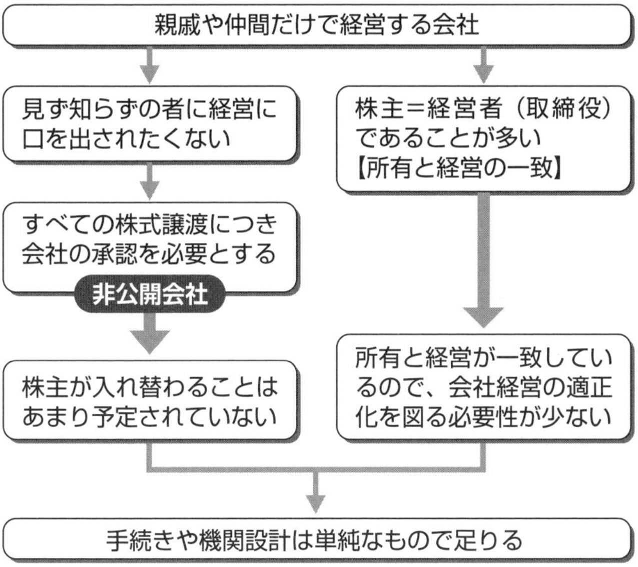

■ 公開会社と非公開会社

すべての株式について譲渡制限がない株式会社、または一部の株式についてだけ譲渡制限がある株式会社を公開会社といいます。これに対して、すべての株式の譲渡につき会社の承認を必要とする株式を発行している株式会社を非公開会社（全部株式譲渡制限会社）といいます。

公開会社は、通常、株主が入れ替わることを予定しており、多くの株主がいる大規模会社であることが多いようです。一方、非公開会社は、通常は株主が入れ替わることを予定しておらず、株主が経営者を兼ねること（所有と経営の一致）が多いので、公開会社と比べると、会社経営の適正化を図る必要性が小さいのが特徴です。

非公開会社
発行されているすべての株式に譲渡制限がある会社。多くの中小企業は株式譲渡制限に関する規定を設けている。

機関のしくみ

会社の行為や意思決定をする人や組織が機関

■ さまざまな機関がある

会社などの法人は、生身の人間のように肉体や意思をもつものではありません。そこで、法人の行為や意思決定を行うための人や組織が必要になります。このように会社の行為や意思決定をする人や組織を会社の機関といいます。

会社法上、株式会社の機関として規定が置かれているのは、ⓐ株主総会、ⓑ取締役（会）、ⓒ代表取締役、ⓓ監査役（会）、ⓔ監査等委員会又は指名委員会等、ⓕ執行役・代表執行役、ⓖ会計監査人、ⓗ会計参与です。会社法は、これらの機関が調和のとれた活動を行えるようにさまざまな規定を設けています。会社法の機関に関する規定の特徴は、会社の規模や性質（大会社かそれ以外の会社か、公開会社か非公開会社か）に応じて、機関の設置を義務付けるかどうかを決めていることです。

指名委員会等設置会社

業務執行を担う執行役と3つの委員会（指名委員会、監査委員会、報酬委員会）が置かれる会社のこと。3つの委員会はまとめて三委員会と呼ばれていた。会社の業務執行は執行役が担当し、取締役会を業務執行から切り離すことで取締役会の監督機能の強化を図っている（執行と監督の分離）。

監査等委員会設置会社

監査等委員会が置かれる会社のこと。監査等委員は業務を執行しない取締役から選任される。指名委員会等設置会社よりも比較的簡素な機関設計で業務執行に対する監督機能の強化を図ることができる。

■ 機関設計のルール

上記のⓐ～ⓗまでの機関は、勝手な組み合わせでは設置できません。それは、会社法により、設置することが可能な機関の組み合わせ等が規定されているからです。

まず、監査等委員会設置会社及び指名委員会等設置会社以外の取締役会設置会社は、監査役を置かなければなりません。ただし、そのような取締役会設置会社でも、非公開会社で会計参与を置く場合は、監査役を置かなくてもかまいません。

取締役会設置会社は、株主総会の権限が縮小される一方で取締役会が大きな権限を持つため、業務執行を監査する監査役の

会社の機関

必ず置かれる会社の機関
- 株主総会：会社の経営方針を決定
- 取締役：会社経営を実行

●どんな会社にも必置の機関は株主総会と取締役の2つ
●会社の規模、株式の公開・非公開の状況に応じて以下の機関を設置する

取締役会　監査役　監査役会　指名委員会等
監査等委員会　会計監査人　会計参与

設置が義務付けられます。ただし、監査等委員会設置会社及び指名委員会等設置会社は、監査等委員や監査委員が業務執行を監査しますから、監査役は不要とされます。また、非公開会社では、所有と経営が必ずしも分離していないため、監査役ではなく会計参与を設置することでもよいとされました。

次に、監査等委員会設置会社及び指名委員会等設置会社以外の会計監査人設置会社は、監査役を置かなければなりません。それは、会計監査人が、取締役会等の影響を受けずに公正に監査を行うためには、会計監査人の選任・解任の権利を取締役ではなく監査役が持つべきだからです。

他方で、監査等委員会設置会社及び指名委員会等設置会社は、監査役を置くことはできませんが、会計監査人を必ず置かなければなりません。

また、大会社は、監査役会と会計監査人を置かなければなりません。ただし、非公開会社、監査等委員会設置会社及び指名委員会等設置会社には、この規定は適用されません。

なお、公開会社でない大会社は、監査役会の設置は任意ですが、会計監査人は置かなければなりません。

所有と経営の分離
会社の所有者である株主と会社の経営者である取締役らとを、制度上、分離する考え方。

大会社
資本金5億円以上または負債が200億円以上の株式会社のこと。

■ 機関設計のパターン

機関設計のおもなルールは前述した通りです。結局、会社法上、すべての株式会社に設置が義務付けられているのは株主総会と取締役だけです。代表的な機関設計のパターンを見ていきましょう。

・株主総会＋取締役

もっともシンプルな機関設計です。小規模な会社の場合はこのパターンが多いようですが、その他の機関を設置してはいけないというわけではありません。小さな会社で非公開会社の場合であれば、かなり自由な機関設計が可能だといえます。

・株主総会＋取締役会＋監査役

この機関設計を採用している会社は極めて多いといえます。このパターンで非公開会社の場合、定款で定めることにより監査役の監査範囲を会計に関するものに限定することができます。

・株主総会＋取締役会＋監査役＋会計監査人

株主総会＋取締役会＋監査役という機関設計を採用している会社は会計監査人を置くことができます。

・株主総会＋取締役会＋監査役会＋会計監査人

株式を上場する会社の多くが、このパターンを採用しています。株式上場などによって株主数が増えると、取締役の職務執行が適正であるかをより厳しくチェックする必要性が高まるため、上場に伴い、監査役会の設置を求められます。

なお、監査等委員会設置会社や指名委員会等設置会社においては、「監査役会＋会計監査人」ではなく、「監査等委員会＋会計監査人」や「指名委員会等設置会社＋会計監査人」という機関設計を選択しなければなりません。

大規模な会社の機関

大規模な会社や公開会社においては、特に業務の適正を図り、経営に関与していない株主や取引先などを保護する必要性が高いため、設置を強制される機関が増えることになる。

機関設計のパターン

		株主総会	取締役	取締役会	監査役	監査役会	指名委員会等	監査等委員会	会計監査人	会計参与
非公開会社（大会社除く）	①	○	○							△
	②	○	○		○					△
	③	○	○		○				○	△
	④	○	○	○						○
	⑤	○	○	○	○					△
	⑥	○	○	○	○	○				△
	⑦	○	○	○	○				○	△
	⑧	○	○	○	○	○			○	△
	⑨	○	○	○			○		○	△
	⑩	○	○	○				○	○	△
非公開会社（大会社）	⑪	○	○		○				○	△
	⑫	○	○	○	○				○	△
	⑬	○	○	○	○	○			○	△
	⑭	○	○	○			○		○	△
	⑮	○	○	○				○	○	△
公開会社（大会社除く）	⑯	○	○	○	○					△
	⑰	○	○	○	○	○				△
	⑱	○	○	○	○				○	△
	⑲	○	○	○	○	○			○	△
	⑳	○	○	○			○		○	△
	㉑	○	○	○				○	○	△
公開会社（大会社）	㉒	○	○	○	○	○			○	△
	㉓	○	○	○			○		○	△
	㉔	○	○	○				○	○	△

※表中の○は必ず設置しなければならない機関、△は設置しても設置しなくてもよいという機関。
※それぞれの会社の種類によって機関設計のパターンを複数選択できる。
※会計参与は④のパターンを除いて、いずれの機関においても任意に設置できる。そのため、株式会社の機関設計は、全部で 47 種類となる。

Column

令和元年の会社法改正の概要

令和元年の会社法改正においても、社会経済情勢の変化をふまえ、従来の改正同様に、コーポレート・ガバナンス（企業統治）の強化を目的とする改正が行われています。その他にも、企業の生産性向上のための合理化などを目的とする種々の改正が行われています。おもな改正事項と施行スケジュールは、大きく分けて、下図のようになっています。

今回の改正は、ⓐ株主総会に関する規律の改正、ⓑ取締役等に関する規律の改正、ⓒその他の改正、という大きく分けて３分野の改正からなっています。下図でいうと、ⓐに関連する改正は①と②、ⓑに関連する改正は③、④、⑤、⑥、⑦、⑬、ⓒに関連する改正は⑧、⑨、⑩、⑪、⑫となります。

<table>
<tr><th>改正事項</th><th>施行日</th></tr>
<tr><td>①株主総会資料の電子提供制度の新設</td><td>公布の日から３年６か月を超えない範囲で施行</td></tr>
<tr><td>②株主提案権の濫用的な行使を制限するための措置の整備</td><td rowspan="9">公布の日から１年６か月を超えない範囲内で施行</td></tr>
<tr><td>③取締役の報酬等に関する規定の見直し</td></tr>
<tr><td>④補償契約に関する規定の新設</td></tr>
<tr><td>⑤役員等賠償責任保険契約に関する規定の新設</td></tr>
<tr><td>⑥業務執行を社外取締役に委託する場合の規定の整備</td></tr>
<tr><td>⑦社外取締役の設置の義務化に関する規定の整備</td></tr>
<tr><td>⑧社債の管理に関する規定の見直し</td></tr>
<tr><td>⑨株式交付制度の新設</td></tr>
<tr><td>⑩責任追及等の訴え（株主代表訴訟）における和解に関する規定の整備</td></tr>
<tr><td>⑪議決権行使書面の閲覧に関する規定の見直し</td><td rowspan="2">原則、公布の日から１年６か月を超えない範囲内で施行
一部、公布の日から３年６か月を超えない範囲で施行</td></tr>
<tr><td>⑫会社の登記に関する規定の見直し</td></tr>
<tr><td>⑬取締役の欠格事由に関する規定の見直し</td><td>公布の日から１年６か月を超えない範囲内で施行</td></tr>
</table>

PART 2

役員の権限と責任

PART2
1
役員の権限と責任

取締役の役割

会社の命運を握る存在

■ 会社と取締役の関係は本来対等

従業員と会社は雇用契約で結ばれています。雇用契約は、「雇う側」（会社）と「雇われる側」（従業員）という主従関係が強く反映しています。雇用者（会社）は使用人（従業員）にさまざまな指示を出し、使用人はその指示に従わなければなりません。立場上、弱い立場にある従業員が会社に不当な労働条件で働かされては問題がでてきます。そこで、従業員には労働基準法などによって労働条件を交渉できる権利や最低報酬基準などの保護や権利を与えられています。

このように従業員と会社は雇用契約で結ばれているのに対して、取締役と会社は委任契約によって結ばれています。

委任契約においては、委任者（会社）と受任者（取締役）の関係は、会社と従業員の関係とは違い、ほぼ対等だといえます。

受任者には独立性があり、また委任された分野について自由に行動できる裁量の幅が広く与えられ、自らの判断で委任者からの指示を拒否できることもあります。その分、善管注意義務などを負うことになりますし、報酬も株主総会の承認で決定されます。委任者と受任者との間に労働基準法などの規制は及びません。

なお、取締役には法律上の年齢制限はありません。仮に定年を決めたとしても、それを定款や役員規程に定めておかなければ単なる紳士協定にすぎないことになります。

どんな人が取締役に向いているのか

取締役に必要な素養として、①精神的に強いこと。②存在感があり人脈をもっていること、③コミュニケーション能力があること、④自社への愛着が強く、関心が高いこと、⑤決算書など会社の数字に強いこと、⑥時間の使い方が上手であること、が必要になる。

委任契約

ある人がある人に対して依頼し（委任）、依頼された人がこれを承諾すること（受任）で成立する契約。

善管注意義務

一定の地位にある者は、その地位に応じて通常期待される程度の（善良な管理者としての）注意をすべきという義務のこと。

定款

会社の根本規則。本店所在地、商号、目的、発行する株式の内容等の必要的記載事項の他、たとえば、株主総会等の議決機関に関すること、取締役等の役員の人数や任期、事業年度等、会社の基本的な組織形態、運営方法が定款に定められている。

取締役と会社の関係

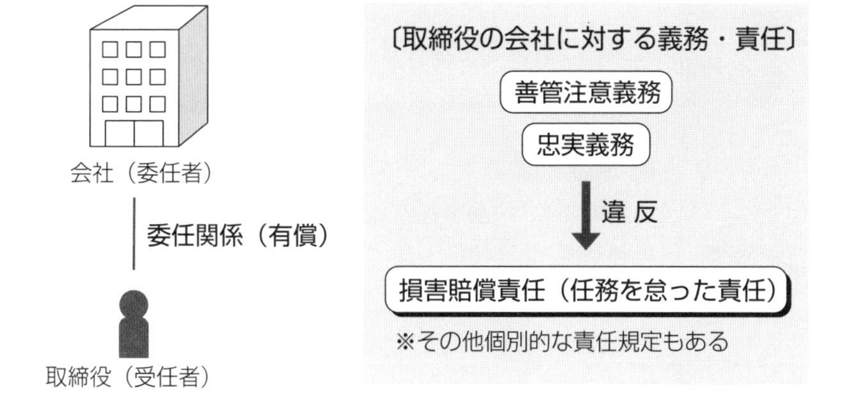

■ 業務執行とは会社経営のために必要な行為

取締役の仕事は会社の業務執行を担当することです（なお、取締役会設置会社では、原則として代表取締役が業務執行を行います）。業務執行とは、会社経営のために必要な行為のすべてを意味します。

材料を仕入れることや、製品を製造すること、商品を販売すること、必要な設備を整えること、銀行から資金を借り入れること、など会社経営に必要なことはすべて業務執行であり、これが取締役の仕事ということになります。

業務執行の決定を行うのが取締役会ですが、その決定に基づき、業務を誰が行うのかについては、会社法で、①代表取締役、②代表取締役以外で取締役会の決議によって業務を執行する取締役と指名された者（業務執行取締役）と規定されています（会社法363条）。取締役の行為を他の取締役は監視・監督していくことになります。

専門取締役を置く会社もある

大企業では、総務担当取締役、営業担当取締役、技術担当取締役、財務・経理担当取締役、法務担当取締役、人事担当取締役、労務担当取締役といった専門分野に取締役を置く場合があり、ある専門分野に精通していることが求められる場合もある。このような能力も重要であることに違いはないが、取締役同士は会社の健全な発展のために議論しあう必要があるから、自分の専門領域以外を他の取締役任せにするような人は取締役には向いていない。

取締役の報酬

定款または株主総会で決定される

■ 報酬とは

報酬とは、職務執行の対価として会社から支給される財産上の利益のことです。金銭に限らず、現物報酬も含まれます。賞与も職務執行の対価といえますから、報酬と同じ規制に服します。

取締役の報酬を取締役会あるいは代表取締役が自由に決定できる「お手盛り」の弊害を防止するため、取締役の報酬は定款または株主総会で決定するとされています。定款に定めがあればそれに従いますが、定款に定めがない場合、次の事項を株主総会で定めます。①報酬などのうち額が確定しているものについてはその額を定め、②報酬などのうち額が確定していないものについては、その算定方法を定め、③報酬などのうち金銭でないものについては、その具体的な内容を定めます。

なお、取締役の報酬が具体的に株主総会で決められた場合には、取締役と会社との間で報酬について契約が交わされたといえるので、取締役の同意がない限り、株主総会や取締役会の決議によって、減額したり不支給とすることはできません。いったん発生した報酬請求権は、取締役と会社との間で交わされた契約によって取締役にもたらされた既得利益といえるからです。

また、取締役個々の報酬額を決めることまでは義務付けられていないと考えられています。報酬の総額を決議し、それをどのように配分するかは取締役会に一任するのが一般的です。また、令和元年の会社法改正により、取締役の報酬に関するルールが整備されました。具体的には、監査役会設置会社のうち、公開会社かつ大会社であって、かつ内閣総理大臣へ有価証券報

減額や不支給とすることはできない

取締役の報酬が具体的に株主総会で決められた場合には、取締役と会社との間で報酬について契約が交わされたといえる。したがって、取締役の同意がない限り、株主総会や取締役会の決議によって、減額したり不支給とすることはできない。

取締役に使用人としての退職金を支払う場合

「退職慰労金」は、従業員に支払われる賃金の後払いや退職後の生活保障といった意味をもつとされる「退職金」とは違う。
使用人兼務取締役は使用人と取締役の両面を持っているので、退職する時は退職金と退職慰労金を支払う必要があるから、それぞれの規程に沿った給付が必要となる。

取締役の報酬決定のしくみ

● 指名委員会等設置会社以外

定款の定め
- あり → 定款の定めに従う
- なし → 株主総会の決議で定める
  個別の報酬については、取締役会（取締役会非設置会社は、取締役の過半数による決議）の決定に委任することができる

監査等委員会設置会社の場合、監査等委員である取締役の報酬とそれ以外の取締役の報酬とを区別して定める

報酬
- → 監査等委員である取締役の報酬
- → その他の取締役の報酬

● 指名委員会等設置会社

取締役の個別報酬について、報酬委員会が決定する

告書の提出義務を負う会社と監査等委員会設置会社は、取締役の個人別の報酬内容について、株主総会により決定されていない場合には、取締役会においてその方針を定めなければならず、その概要に関して公開する義務を負います。さらに、取締役に対して、株式などの金銭以外の内容を報酬にする場合には、株主総会決議によって、報酬として交付する株式の数の上限などを定めなければなりません。

■ 取締役の退職慰労金は株主総会で決定される

退職慰労金は社会一般の用語では「報酬」ではありません。しかし、退職慰労金は報酬の後払い的性格を有するものであり、取締役会でこれを決定できるとすると、取締役らが不当に高額な退職金を給付してしまうおそれもあります。したがって、退職慰労金も「報酬」に含めて考えて、株主総会の決議が必要です。

退職慰労金に関して

実際の株主総会では、「退任した取締役に、当社の役員退職慰労金規程に従って相当額を支払う」と決議することが多い。ただ、このような決議をするには退職慰労金の具体的な額の算定基準が退職慰労金規程などではっきり決まっている必要があり、かつ株主がそれを閲覧できる状態になっていなければならない。

取締役の報酬として株式交付する場合

上場会社が、取締役に対して、株式の交付により報酬を支払う場合には、それに伴う金銭の払込みなどの出資を不要にすることが可能である。

PART2
3

取締役の資格・選任

株主総会の決議で選任される

■ 取締役はどのように選任されるのか

取締役会は会社の経営方針を決定する機関です。ここでの判断を誤ってしまうと、会社の財政状況などが悪化し、経営の見通しが立たなくなります。不況が続いている現状を考えると最悪の場合は倒産といったことも考えられます。したがって、取締役会のメンバーである取締役に誰を選ぶのかは非常に重要な問題です。

取締役を選ぶ権限をもっているのは、出資者であり会社の所有者である株主です。株主は、会社の最高機関である株主総会に参加し、取締役を選任することで、会社の経営の方向をみずから定めていることになるわけです。なお、株主総会で取締役を選任する際には、普通決議を経なければなりません。したがって、たとえば、創業者である社長が、株主として過半数以上の議決権をもっていなければ、自分の意思だけで取締役を任命するといったことはできないということになります。

■ 取締役選任の効力

取締役選任の効力は、株主総会において選任の決議がなされ、取締役が就任を承諾したときに生じます。選任された取締役の氏名は、登記されます。取締役が株主総会で選任されることを条件にあらかじめ就任を承諾している場合は、株主総会での選任決議によって直ちに選任の効力が生じます。また、取締役選任の登記を怠っていると、会社と取引をしている第三者に対して自分が取締役だということを主張できなくなります。

倒産

個人や企業が経済的に破たんして債務の支払いが困難になった状態のこと。倒産処理手続には、裁判所の関与を求め、法の規制に従って行われる法的整理とそれ以外の私的整理がある（110ページ）。

普通決議

議決権を行使できる株主のうち議決権の過半数をもつ株主が出席し、出席した株主の議決権の過半数によって行われる決議。

登記

不動産に関する権利関係や会社の重要事項について、登記所（法務局）という国の機関に備えている登記簿に記載すること。
企業と取引を行おうとする者が不測の損害をこうむることのないように、一定の事項について情報公開（公示）するためのシステムが商業登記制度である。

取締役の員数（人数）・資格・任期

資格がない者
①法人 ②会社法、一般社団・財団法人法、金融商品取引法、倒産法（民事再生法、外国倒産処理手続の承認援助に関する法律、会社更生法、破産法）に定めた罪を犯し、刑に処せられ執行を終えた日または執行を受けなくなった日から２年を経過していない者 ③その他犯罪を犯し、禁錮以上の刑に処せられ執行を終えていない、または執行を受けないことになっていない者

員　数	１人または２人以上（取締役会を設置する場合には３人以上）
任　期	・原則→２年（定款・株主総会決議で短縮できる） ・例外１…指名委員会等設置会社等以外の非公開会社 →最長10年まで伸長できる ・例外２…指名委員会等設置会社 →１年 ・例外３…監査等員会設置会社 監査等委員以外の取締役 →１年（監査等委員である取締役については２年）

■ 定款で資格を制限できる

たとえば、定款で、取締役を日本人に限定する定めを設けることができます。また、非公開会社（23ページ）の場合は、取締役を株主に限定する定めを置くこともできます。ただ、公開会社（23ページ）の場合は、取締役を株主に限定する定めを置くことは許されません。

なお、取締役が未成年者であってもかまいません。ただ、未成年者は親などの同意がなければ１人で法律行為ができない立場にあるので、未成年者を取締役に選ぶことが適切かどうかをよく検討しなければなりません。また、成年被後見人や被保佐人が取締役などに就任するには、それぞれ、成年後見人、保佐人の就任の同意を得る必要があります。

一時役員・補欠役員

任期満了や辞任によって取締役が退任する場合、定員未満にならないように、株主総会ですぐに新しい取締役を選任してもらう必要がある。すぐに選任できない場合には、裁判所に取締役の業務を一時的に行う一時役員を選任してもらうことができる。
なお、欠員に備えてあらかじめ補欠役員を選任しておくこともできる。

PART2
4

取締役の辞任・解任

役員の権限と責任

登記申請のために辞任届などが必要

取締役退任の登記が虚偽であった場合

虚偽の登記申請をした代表取締役は刑法上の「公正証書原本不実記載罪」に問われ、５年以下の懲役または50万円以下の罰金が科される。

■ 取締役を辞任するときは前もって届け出る

取締役は、任期の途中にいつでも辞任することができます。辞任の意思表示は、通常は代表取締役に対して行います。代表取締役に対して行うことができない場合は、取締役会において辞任の意思表示をします。

代表取締役が辞任するときは、他に別の代表取締役がいれば別の代表取締役に、他に代表取締役がいなければ取締役会へ辞任する旨を申し出ます。辞任の申し出をした時点で辞任の効力が生じます。ただし、辞任に伴う役員変更登記の際に辞任届などが必要になります。役員変更登記は辞任の効力発生後、２週間以内に行います（本店所在地の場合）。

登記申請をする場合、登記申請にかかる費用について登録免許税の納付が必要です。本店所在地での役員の変更登記であれば、１件につき３万円（資本金の額が１億円以下の会社については１万円）です。

■ 取締役が解任される場合とは

取締役は、通常、任期の満了によって退任しますが、任期の途中で辞任したり、解任させられたりすることもあります。自発的に辞める辞任とは違い、解任は、取締役を辞めさせることです。取締役を解任するには、原則として株主総会で決議する必要があります。

株主総会で解任決議をするためには、総株主の議決権の過半数にあたる株式をもつ株主の出席（定足数）を満たした上で、

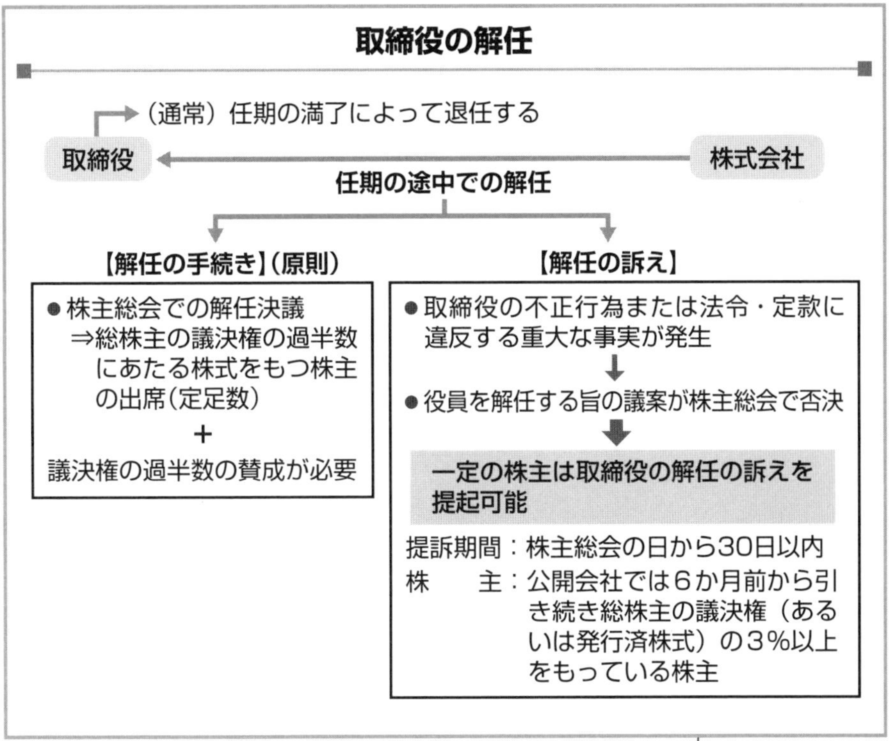

その議決権の過半数の賛成が必要です。なお、取締役の解任という重要な事項であるため、普通決議と異なり、定款変更によって定足数を減らすことができるのは、議決権の3分の1までとなっています。

ただ、解任することに正当な理由がない場合、会社は解任された取締役に対して損害賠償責任を負うこともあります。

■ 解任の訴えとは何か

取締役の不正行為または法令・定款に違反する重大な事実があったにもかかわらず、その役員を解任する旨の議案が株主総会で否決された場合、一定の要件を満たす株主は裁判所に取締役の解任を請求する訴えを提起することができます。

解任の訴えの期間や提起の要件

解任の訴えについて、提訴期間は総会の日から30日以内である。また、提起することができるのは、原則として、訴え提起の6か月前から引き続き総株主の議決権（または発行済株式）の3％以上をもっている者に限られる。

取締役会のしくみ

株式会社の業務執行を決定する会議体である

■ ３人以上の取締役で構成される

取締役会は、株式会社の業務執行に関する意思決定をする会議体です。取締役会は、３人以上の取締役によって構成されます。

取締役の選任など会社経営についての基本的な事項は株主総会で決定しますが、それ以外のほとんどは取締役会で決められます。したがって、取締役会に参加する際は、必要な情報をキャッチするなど、十分な準備をして臨みましょう。

取締役会で出された結論については、代表取締役だけではなく、個々の取締役も責任を負います。そのため、取締役会決議による行動が会社あるいは第三者に損害を与えた場合、その決議に賛成した取締役、反対の意見を述べなかった取締役は損害賠償責任を負う場合があります。議案に対して意見があるのであれば、取締役会できちんと反対意見を表明して、なおかつ、議事録に異議を記録しておかなければなりません。

■ 取締役会の招集権者と招集手続

取締役会は、各取締役により招集されるのが原則です。ただ、定款または取締役会で、特定の取締役を招集権者として定めた場合には、その招集権者が取締役会を招集することになります。

特定の取締役を招集権者とした場合であっても、招集権者以外の取締役は、招集権者に取締役会の目的事項を示して、取締役会の招集を請求することができます。招集を請求したにもかかわらず、５日以内に、請求日から２週間以内の日を開催日とする取締役会の招集通知がなされない場合には、請求をした取

代表取締役の業務執行の監視義務

取締役会は代表取締役が取締役会決議に基づいた業務執行をしているかどうかを監督し、場合によっては是正しなければならない。もし代表取締役が取締役会からの是正に応じないようであれば、取締役会の決議によって、代表取締役から代表権を奪うこともできる。

反対意見

反対意見は取締役会議事録に記載されなければならない。反対意見を述べたのに議事録に記載されていなかった場合は、賛成したものと推定されるので、結局、責任を負わされることになる。このような決議がなされたならば、議事録を必ず確認しておく必要がある。

どんな時に取締役会を開催するのか

取締役会で決めなければならない事項は法律によって決められている。たとえば、重要な財産の処分、多額の借財、支配人その他の重要な使用人の選任・解任、重要な組織の設置・変更・廃止などである（会社法362条）。

取締役会の業務

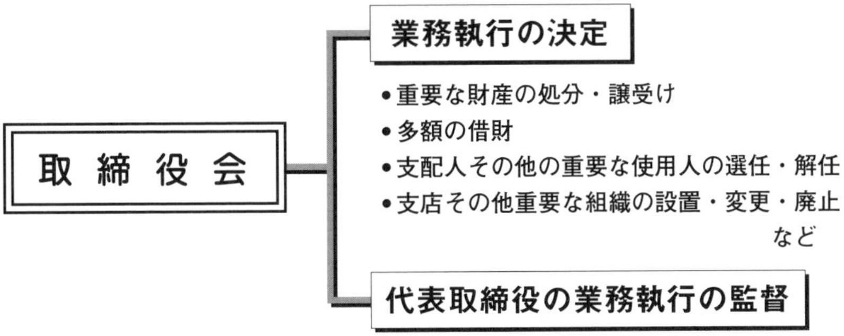

締役が自ら取締役会を招集することができます。

なお、取締役の違法行為などがある場合は、株主が取締役会の招集を請求することもできます。

取締役会を招集する場合には、原則として取締役会の１週間前までに、各取締役に（監査役を設置する会社の場合は監査役に対しても）招集の通知をしなければなりません。通知期間は定款で短縮することもできます。もっとも、取締役と監査役全員の同意があれば、この招集手続を省略することができます。

■ 業務執行などを決定する機関である

取締役会は、業務執行の決定、取締役の職務執行の監督、代表取締役の選定・解職をします。

取締役会の重要な権限のひとつに、業務執行を決定する権限があります。業務執行とは、原料を仕入れることや、製品を製造すること、商品を販売すること、必要な設備を整えること、銀行から資金を借り入れることなど、会社を経営していく上で必要なすべての行為を意味します。この決定が取締役会で行わ

特別取締役による取締役会決議

取締役会を設置する会社のように大勢の取締役がいる場合、取締役会を招集するのにも手間がかかり、迅速な意思決定をすることが難しくなる。そこで、迅速な意思決定が要求される重要財産の処分・譲受や多額の借財について、あらかじめ選んだ３人以上の取締役（特別取締役）の議決をもって取締役会の決議とする制度がある。特別取締役を設置できるのは、取締役の人数が６人以上で、かつ、社外取締役（会社や子会社の業務執行者などではないまったく外部の取締役）を１人以上置いている会社である。

れなければなりません。取締役会は、業務執行の決定のうち日常的なものは代表取締役に委任することもできますが、重要財産の処分・譲受、多額の借金、組織の改廃など、重要な業務執行の決定を委任することはできません。

大会社である取締役会設置会社では、取締役会は内部統制システムを構築すべき義務があります（16ページ）。内部統制システムとは、取締役の職務執行が法令・定款に適合することを確保するための体制その他会社業務の適正を確保するために必要な体制のことです。

■ 取締役会の議決方法はどうなっているのか

取締役会は、取締役の過半数が出席しなければ成立しません。この定足数に満たない場合は決議をしても無効になる可能性がありますから、定足数は取締役会の最初から最後まで維持しなければなりません。

取締役会の決議は、出席した取締役の過半数の賛成が必要です。

取締役会では司会進行をつとめる議長がいます。通常は代表取締役が就任しますが、議長も取締役の一人なので議決権があります。法律上は取締役会の議長や進行方法について何も決まりはありませんが、秩序をもった議事運営をするためにも、定款や取締役会規則などで、議長の権限や司会進行の方法について定めておくのがよいでしょう。

取締役会を妨害するために反対派の取締役が中座した場合も、残った取締役で決議できます。ただ、その状況をチャンスとして利用したような決議は、不公正であり、無効とされる可能性があります。

だれが出席するのか

取締役会に出席するのは代表取締役から平取締役までの取締役全員である。また、監査役も出席しなければならない。
一般の従業員や顧問弁護士には取締役会へ出席する権限はない。ただ、取締役会が認める場合は出席することができ、取締役会の側から必要な場合に出席を求めることもできる。

■ 取締役会終了後は議事録を作る

取締役会が終了したらすぐに議事録を作る必要があります。議事録には、議事の内容（議題や経過）とその結果を記載し、

取締役会議事録のおもな記載事項

取締役会議事録の記載事項

- ① 開催日時・場所
- ② 議事の経過の要領と結果
- ③ 決議事項について特別の利害関係がある取締役がいる場合にはその氏名
- ④ 出席した執行役・会計参与・会計監査人・株主の氏名または名称
- ⑤ 議長の氏名

それに出席した取締役と監査役が署名することになります。

議事録は会社の公式文書ですから、署名の際、取締役と監査役は内容をきちんと確認し、間違いがあれば修正を求めなければなりません。

取締役会議事録は、会社に10年間は保存しておかなければなりません。株主から適法な閲覧・複写の請求があった場合には応じなければなりませんし、会社の登記事項を変更する場合などに、議事録を提出しなければならないこともあります。株主代表訴訟や第三者からの訴訟が起きた場合には、議事録が裁判を左右する重要な証拠となる場合もあります。

取締役会を開催していないにもかかわらず、議事録だけを形式的に用意する中小企業もあるでしょうが、万が一、法律的な紛争が起きてしまうと、取締役会の存否などを裁判の争点とされることもありえますから、会議は必ず開くようにしましょう。

書面決議の有効性

「書面決議」や「持ち回り決議」と呼ばれるような、取締役らが集まって話し合われるのではなく、取締役の部屋を順番に回って同意や決裁をとっていくようなやり方は、原則として認められない。ただし、取締役会の決議の目的である事項について、各取締役が同意し、かつ、業務監査権限をもつ監査役が設置されている場合には各監査役が特に意見を述べることがない場合に限り、定款で定めることで、取締役会決議事項を持ち回り決議で行うことも認められる。持ち回り決議の方法は、書面または電子メールなどの電磁的方法で行う。

PART2
6

代表取締役

会社の業務を執行し、会社を代表する機関である

代表取締役と取締役の違い

①会社の行う仕事を実際に実行するのか、②仕事の内容を決める権限があるのか、③会社の代表権をもつのかどうか、という点である。

代表執行役

指名委員会等設置会社において株式会社を代表する機関のこと（会社法420条）。
取締役会が執行役の中から選定する。
代表執行役は、取締役会から委任された業務の執行の決定と業務の執行に関し、裁判上または裁判外を問わず、会社を代表する。

■ 代表取締役とは

代表取締役とは、会社の業務を執行し、会社を代表する機関です。

取締役会を置く会社では、代表取締役を選定しなければなりませんが、取締役会を置かない会社の場合、定款や定款の定めに基づく取締役の互選、または株主総会の決議による代表取締役の選定などの場合を除き、取締役全員が会社を代表します。なお、指名委員会等設置会社では、代表執行役が置かれるため、代表取締役は置くことができません。

代表取締役は、会社の業務執行をするとともに対外的に会社を代表します。株主総会で役員の選任・解任や役員報酬など会社の基本的事項を決定し、取締役会で業務執行の意思決定を行います。そして、代表取締役は取締役会の意思決定に従い、具体的に業務を執行することになります。また、他の会社と契約を結ぶときなども、代表取締役が、会社を代表して契約を結ぶことになっています。

■ 代表取締役の選任・終任と任期

代表取締役は、取締役会設置会社では、取締役会の決議によって取締役の中から選ばれます。解任する場合も、取締役会の決議で行うことができます。代表取締役の人数は１人でも２人以上でもかまいません。多くの会社では、社長や会長の他、専務取締役や常務取締役など、複数の取締役が代表取締役になっているようです。

取締役会と代表取締役

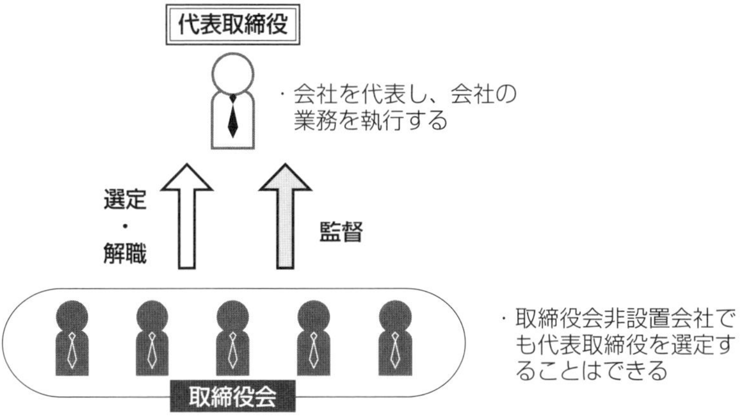

代表取締役は取締役の中から選ばれることになっていますから、取締役としての地位を失えば、当然に代表取締役の地位も失うことになります。逆に、代表取締役としての地位を失っても、当然には取締役の地位を失うことはありません。代表取締役が取締役としての地位にとどまりながら、代表取締役だけを辞めることもできます。その場合、依然として取締役会に出席する権限も義務も残ります。

代表取締役は、いつでも辞任することができます。代表取締役を辞任しても、取締役の資格まで失うわけではありませんから、その後は取締役として職務を行うことになります。代表取締役の任期についても、法律上のきまりはありません。ただ、代表取締役は取締役であることが要求されていますから、定款または決議で任期を定めていないときには、取締役の任期が代表取締役の任期ということになります。

名目上の取締役・代表取締役

取締役として適法に選任されているが、業務執行に関わらない者のことを名目上の取締役という。代表取締役として適法に選任されているが、代表取締役としての業務に関わらない者を名目上の代表取締役という。
取締役・代表取締役の職務内容は、かなり重要なものなので、肩書きだけで会社の業務には一切関与しないという約束で、取締役・代表取締役に就任することはできない。たとえ肩書上の取締役・代表取締役であっても、問題が発生した場合は、取締役・代表取締役としての責任を負わされることがある。

■ 代表取締役の権限には何があるか

代表取締役が持っている権限は、①対外的な会社の代表権、②会社の業務執行権限、③取締役会から委任を受けた事項についての意思決定権限です。

①　対外的な会社の代表権

代表取締役は、会社の代表として、他の会社との取引を行うことができます。つまり、代表取締役の行った行為が、そのまま会社の行った行為として認められることになります。代表取締役の代表権の範囲は、会社の営業行為などすべてに及びます。訴訟などを行う場合も当然含まれることになります。ただ、会社と取締役の間の訴訟については、監査役が会社を代表することになりますので、注意が必要です。

②　取締役会から委任を受けた事項についての意思決定権限

会社の業務執行については、法律で取締役会が決議しなければならないとされているもの以外の事項は代表取締役に委任することができます。たとえば日常的な業務についての決定は代表取締役に任せることができるわけです。

代表取締役が決定すべき事項の範囲については、画一的に線引きがされているわけではなく、どの程度まで取締役会に決めさせることが妥当かは、個々の会社の事情によってまちまちです。

③　会社の業務執行権限

代表取締役の行う業務は、多岐多様にわたっています。

まず、株主総会の招集を通知する仕事があります。株主総会の通知は、代表取締役が会社を代表して行うことになっています。取締役会を招集することもできます。また、新たに株を発行したり、社債を発行したりするときに使う申込書を作成する、財務関係の書類を作成したり、定款といった会社の規定を備え置いたりするなども、代表取締役の仕事になっています。一言でいえば、会社での取締役会などが決めた仕事を実行する仕事といってよいでしょう。

違法行為をしているような場合

代表取締役が違法行為をしている場合には、取締役会の決議によって代表取締役を解任することができる。
また、代表取締役の違法行為によって会社に著しい（回復することができない）損害が生じるおそれがあるときは、株主または監査役は、その行為の差止めを請求することができる。さらに、株主総会で取締役としての地位を解任することもできる。

社債

会社の資金調達のために発行する有価証券の一種であり、株式と同様、金融商品取引法の規制を受ける。株式が資本であるのと異なり、社債は債権者に対する負債である。社債はその性質により、「普通社債」「転換社債型新株予約権付社債」「新株予約権付社債」「劣後債」などの種類がある。

代表取締役の行為の効果

①代表権の制限

→ 会社内部で代表権を制限しても、それを知らない（善意）第三者には、その制限を主張できない

②第三者に対する責任

→ 代表取締役が職務を行うについて第三者に損害を与えた場合には、会社は損害賠償責任を負う

③代表権の濫用

→ 相手方が代表権の濫用を知っていた（悪意）、または、知らないことに不注意（過失）があるときには、代表行為は無効になる

④決議に基づかない行為

→ 株主総会または取締役会の決議がないことを相手方が知り（悪意）、または知らないことに不注意（過失）があるときには、代表行為は無効になる

■ 代表権がなくても責任を負う場合がある

表見代表取締役とは、代表権をもたないのに代表者であるかのような名称のついている取締役です。

このような者のした行為は、代表権がない以上、会社には効果が帰属しないのが原則です。しかし、それでは、この者に代表権があると信じて取引をした第三者は不測の損害を被ることになりかねません。

そこで、会社法は表見代表取締役という制度を設け、その者に代表権がなかったとしても、代表権があると信じて（善意で）その者と取引をした第三者に対して会社は責任を負うこととしました。

表見取締役／名目的取締役

取締役として適法に選任されていないにもかかわらず、登記簿上は取締役とされている者を表見取締役という。一方、代表取締役との親族などの理由で、適法に取締役に選任されたにもかかわらず、実質的には取締役としての職務を行っていない者を名目的取締役という。

監査役

取締役の職務執行を監査する専門機関である

■ 監査役の役割とは何か

監査役とは、取締役の違法な行為を是正・防止するために、取締役の職務の執行を監査する会社の機関です。取締役会も取締役の業務執行を監督する機関ではありますが、同僚意識から十分なチェックが期待できません。そこで、会社法は監査役という監査専門機関を設け、取締役の職務執行を監査させることにしています。

監査役は、取締役会設置会社（指名委員会等設置会社、監査等委員会設置会社を除く）においては、原則として置かなければならない機関です。

■ 監査役は株主総会で選任・解任される

監査役の選任は、取締役会が監査役の選任についての議案を株主総会に提案した上で、株主総会で決議するという方法で行われます。監査役の選任は、株主総会の普通決議（86ページ）で行います。監査役にも取締役の欠格事由と同様の欠格事由があります（35ページ）。また、取締役や執行役などの経営者を監査する立場に立つため、監査役は会社やその子会社の取締役や執行役、支配人などを兼ねることはできません（兼職禁止）。もっとも、会計参与や会計監査人のように、公的資格をもつ者でなければならないというわけではありません。

一方、監査役を解任する場合には、取締役の解任の場合と異なり株主総会の特別決議が必要です。

特別決議

原則として議決権を行使できる株主の議決権の過半数をもつ株主が出席し、出席した株主の議決権の3分の2以上で行う決議。

監査役による取締役の職務執行に対する監査

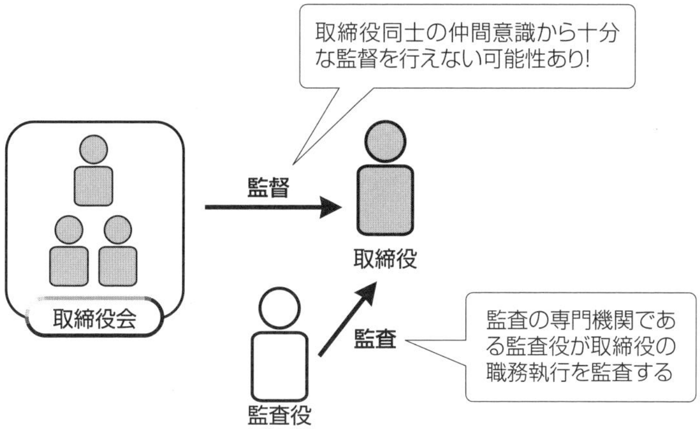

監査役の人数・任期

監査役の定数は、一般に定款で定めます。監査役会設置会社の場合は、監査役は３名以上必要とされていますが、それ以外の会社については、定数の定めがなく、１名でもよいとされています。監査役の任期は４年で、監査役に就任してから４年内に終了する事業年度のうち最終のものに関する定時株主総会の終結の時までとされています。非公開会社では、定款で最長10年まで伸長できます。

監査役の報酬はどうなっているのか

監査役の報酬は、定款に定めがなければ、株主総会の決議で決定します。監査役は、株主総会で監査役の報酬について意見を述べることができます。監査役が複数いる場合において、個々の監査役の報酬が定款や株主総会の決議で決まっていないときは、その報酬総額の範囲内で監査役の協議によって各報酬額を決めます。

監査役は兼任できるのか

会社法では、監査役は自社または子会社の取締役を兼任することが禁止されている（会社法335条）。また、監査役は、自社や子会社の支配人やその他の使用人（従業員）を兼任することもできない。したがって、従業員としての身分に基づく保護を受けることはできない。
さらに、同じ業種のライバル会社の取締役や監査役などの役員を兼任することはできない。これは、一定の取引分野における競争を実質的に制限する場合にあたり、独占禁止法に抵触するおそれがあるためである。

■ 監査役会とは

監査役会とは監査役によって構成される会議体の監査機関です。おもに大規模な会社において、監査役の調査を分担するなどして監査の実効性を高めようとするためのものです。監査役会は３人以上の監査役で構成され、半数以上は、社外監査役（過去に会社や子会社の役員などになったことがないまったく外部の監査役）でなければなりません。また、監査役会は、監査役の中から常勤の監査役（フル・タイムで監査の職務に専念する監査役）を選定しなければなりません。

■ 監査役が行う監査の内容とは

監査役の監査の内容は、取締役が業務を適正に遂行しているかを監督する業務監査と、取締役が株主総会に提出する会計書類を調査する会計監査が基本となります。

ただし、公開会社でない株式会社で、監査役会も会計監査人も設置していない会社については、監査役の監査の範囲を会計に関するものに限定することを定款で定めることができます。

業務監査とは取締役が行った意思決定や取引などが法令や定款に違反せず適正に行われているかを監査することです。

具体的には、会社業務についての取締役会での意思決定そのものが適法であるか、取締役会での意思決定により行われる業務が適法であるかなどについて、監査を行うことになります。ここで注意しておきたいのは、監査役の監査は「業務が適法であるかどうか」について行われるのであって、「業務が妥当であるかどうか」について行われるのではない、ということです。妥当かどうかは、あくまでも取締役の判断に委ねられます。

会計監査とは、取締役が株主総会に提出する会計について書類を調査し、株主総会に会計書類について、意見を報告する業務をいいます。

大会社の場合、会計監査人が計算書類とその附属明細書の監

監査役会の招集

監査役会は、各監査役が招集する。監査役は、監査役会の１週間前までに、各監査役に招集の通知をしなければならないのが原則である。ただ、監査役全員の同意がある場合には、招集手続を省略して監査役会を開催することができる。

監査役の権限

迅速に正確な情報を収集することができるように、監査役には法律上、次のような権限が認められている。

①取締役からの業務執行状況報告の聴取
②業務調査権
③取締役の報告義務
④子会社調査権
⑤会計監査人の監査役に対する報告義務と会計

監査報告書の作成

監査役会設置会社においては、監査役会は、監査報告書に記載すべき事項などについて監査役の報告を受け、協議の上、監査報告書を作成しなければならない。
会計監査人がいる場合は会計監査についての事項は会計監査人が監査し、その報告をするので、監査役は主として会計監査人の職務を監査することになる。

監査役の権限

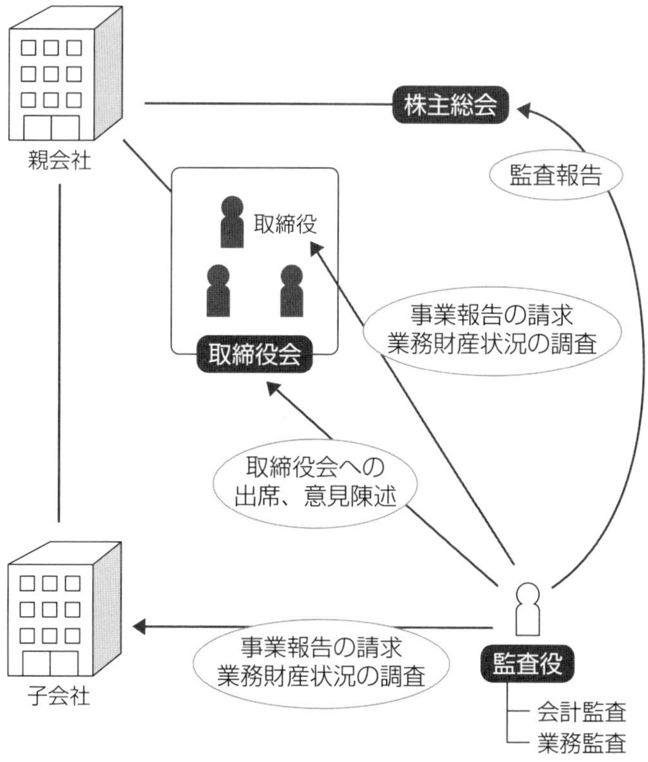

査を行います。会計監査について、会計監査人の会計監査と監査役の会計監査とが重複することになっていますが、監査役は、会計監査人の監査報告を信頼して自己の監査報告を行うようなしくみになっています。そのため、監査役は、実際には業務監査を行うことになります。

一方、会計監査人が設置されていない会社では、監査役が直接に会計監査業務を行います。会計監査で監査する書類は、会計に関する部分の事業報告や貸借対照表、損益計算書などです。

事業報告

会社の状況に関する重要な事項、内部統制システムに関する事項など、会社の事業の状況を文章で説明した書類。
取締役は、監査役などの監査を経た事業報告を株主総会に提出することが会社法上求められている。

会計参与・会計監査人

計算書類の作成や監査を行う機関

■ 会計参与とは

会計参与とは、取締役や執行役と共同して計算書類などを作成し、株主総会で説明をする職務を担う者です。

従来、中小企業では、税理士が計算書類などを作成し、監査役を兼ねていることも多くありました。会社法は、これを制度化することで、おもに中小企業での計算書類の正確性を確保しようとして、会計参与制度を設けました。大会社でない取締役会設置会社が、非公開会社である場合には、会計参与を置けば、監査役の設置は義務付けられません。会計参与も取締役や監査役と同様、会社法上、「役員」と呼ばれ、株主総会の決議によって選任・解任されます。

会計参与は、誰でもなれるわけではありません。公認会計士（監査法人を含む）、税理士（税理士法人を含む）でなければ会計参与になれません。また、会社やその子会社の取締役、執行役、監査役、使用人などとの兼任はできません。

会計参与の権限と義務

会計参与は、いつでも会計帳簿を閲覧・謄写することができる。また、取締役や執行役に会計についての報告を求めることができる。必要があれば、子会社に対しても会計についての報告を求めたり、会社・子会社の業務と財産の状況を調査することができる。
取締役会が設置されている会社の場合には、会計参与は、計算書類などの承認を行う取締役会に出席しなければならず、必要があると認めるときは、意見を述べなければならない。
また、会計参与は取締役の違法・不正な行為を株主に報告する義務を負い、株主総会に提出する計算書類などについて、取締役と意見が異なるときには、株主総会で意見を述べることができる。

■ 会計監査人とは

会計監査人とは、おもに大会社の計算書類やその附属明細書などを監査する専門の機関です。慎重かつ確実に監査を行うことにより適正な計算の実現をはかるためのものです。計算書類などの内容をチェックする機関ですから、計算書類などの作成をする会計参与とは役割が違います。大会社及び指名委員会等設置会社、監査等委員会設置会社は、会計監査人を置かなければなりません。

会計参与の選任

制度趣旨	おもに中小企業の計算書類の正確性の確保
選任・解任	株主総会の普通決議
資　格	公認会計士（監査法人を含む）、税理士（税理士法人を含む）であること 会社や子会社の取締役、執行役、監査役などとの兼任はできない
任　期	原則…２年（定款で短縮できる） 例外１…非公開会社では、最長 10 年まで伸張できる 例外２…指名委員会等設置会社、監査等委員会設置会社では1年

会計監査人も取締役や監査役と同様、株主総会の決議によって選任・解任されます。

会計監査人は、公認会計士または監査法人でなければなりません。公認会計士法の規定により、株式会社の監査をすることができない者は、会計監査人になれません。監査法人が会計監査人に選任された場合には、監査法人は社員の中から会計監査人の職務を行う者を選定し、会社に通知しなければなりません。また、会社やその子会社の取締役、執行役などとの兼任はできません。

強い権限を持つ会計監査人

会計監査人になるためには、公認会計士か監査法人の資格があることが必要である。会計監査人は株主総会の決議で選任される。職務の最終的な目標は決算監査を行うことである。そのために必要な会計帳簿・書類の閲覧、会計についての事項の報告要求、業務・財産状況の調査などを行うことが許されている。

■ 会計監査人の任期・報酬はどうなっているのか

会計監査人の任期は、１年で、定時株主総会で別段の決議がなされない限り、原則として再任されます。

会計監査人の報酬は取締役会が決定しますが、この報酬を決定するには、取締役は、監査役または監査役会、指名委員会等設置会社では監査委員会、あるいは監査等委員会設置会社では監査等委員会の同意を得る必要があります。会計監査人の職務の独立性を確保するため、取締役の一存で決められないようにするためです。

PART2
9

役員の権限と責任

指名委員会等設置会社のしくみ

執行役が業務執行をする

■ 指名委員会等設置会社とは

以前「委員会設置会社」と呼ばれていた会社は、現在では、指名委員会等設置会社と呼ばています。かつての会社法上の委員会は、指名委員会・報酬委員会・監査委員会（３委員会）のみでしたが、監査等委員会設置会社における監査等委員会が加えられました。

取締役会と会計監査人を置く会社は、定款で定めることによって、指名委員会等設置会社になることができます。指名委員会等設置会社とは、業務執行を担う執行役と、経営を監督する３つの委員会（指名委員会、監査委員会、報酬委員会）が置かれる会社のことです。

執行役は取締役会の決議で選任されます。執行役は取締役を兼ねることができます。執行役の人数は、１人以上でかまいません。執行役が複数いる場合には、会議体（執行役会）を設けて業務執行に対応することもできます。

監査等委員会の設置は不可

形式上の名称が変更しただけであって、従来の委員会設置会社の実質的な変更が加えられたものではない。3つの委員会のうち指名委員会が最初に規定されていることと、指名委員会が持つ機能の重要性を考慮して、この名称となったものと説明されている。これまで同様、指名委員会等設置会社においては、機能の上で監査委員会と重複する監査役会を設けることができないことも従来通りであるが、あわせて、新設された監査等委員会を設けることもできない。

■ 指名委員会等設置会社の各委員会

各委員会は、３人以上の委員で構成され、取締役の中から取締役会の決議により選任されます。各委員会の委員の過半数は社外取締役でなければなりません。同じ取締役が複数の委員会の委員を兼ねることもできます。各委員会は、以下のような権限をもちます。

① **指名委員会**

指名委員会では、株主総会に提出する取締役・会計参与の選

指名委員会等設置会社の取締役と会社の関係

通常の株式会社と同じように委任の関係にあり、取締役は会社に対して善管注意義務、忠実に職務を遂行する義務を負う。そこで、取締役が任務を怠ったときは会社に対して、損害賠償義務を負う。

指名委員会等設置会社の組織

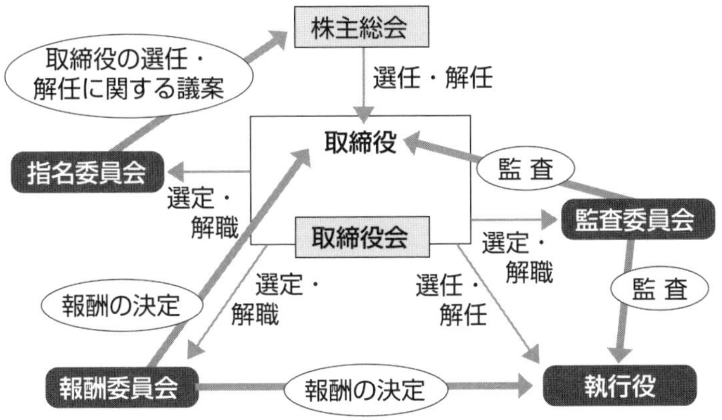

任・解任に関する議案の内容を決定します。

② 監査委員会

監査委員会は、執行役や取締役の職務執行を監査し、監査報告を作成する委員会です。また、株主総会に提出する会計監査人の選任・解任や再任拒否に関する議案の内容を決定する権限をもちます。

③ 報酬委員会

報酬委員会は、執行役や取締役の個人別の報酬などの内容を決定する権限をもつ委員会です。

■ 指名委員会等設置会社の取締役

指名委員会等設置会社の取締役の選任や解任については、通常の会社と同じように、株主総会の決議によります。しかし、株主総会の議案の決定は、取締役会が決定するのではなく、指名委員会が決定することになります。指名委員会等設置会社の取締役の任期は１年になります。

PART2
10

社外取締役や社外監査役・職務代行者

社外の者を入れて、会社経営の監督を強化する

■ 社外取締役・社外監査役とはどんなものか

会社法では、普通の地位にある役員ら（取締役、執行役、監査役、会計参与、会計監査人）とは違った特殊な地位にある役員について定めています。

①　社外取締役

現在、そして就任の前10年間においても会社や子会社の業務執行者などでなかった取締役のことを社外取締役といいます。会社法では、特に監督を強化するという観点から、社外取締役の設置を義務付けている場合があります。たとえば会社が「特別取締役による取締役会決議の制度」（39ページ欄外注釈）をもうけるには、１人以上の社外取締役を設置することが必要とされています。また、指名委員会等設置会社（52ページ）における各委員会の委員の過半数は、社外取締役でなければなりません。公開会社であり、大会社である監査役会設置会社のうち、金融商品取引法に基づき、有価証券報告書の提出が義務付けられている会社は、社外取締役の設置が義務付けられていますので注意が必要です。

また、社外取締役に業務執行を委託することが認められる場合があります。たとえば、子会社との取引などにより、取締役が株主の利益を害するおそれがある場合には、その都度、取締役の決定（取締役会設置会社では取締役会の決議）により、業務の執行を社外取締役に委託することが可能です。

②　社外監査役

就任の前10年間、会社や子会社の取締役・執行役・会計参与

責任の免除

会社に対する損害賠償責任を株式総会の決議により免除する際、その免除の対象から外される額（最低責任限度額）は、普通の取締役の場合は報酬の４年分だが、社外取締役の場合は報酬の２年分である。また、業務執行取締役は、会社と責任限定契約を締結することはできないが、それ以外の取締役は締結することができる。

社外取締役の要件の改正

	社外取締役就任の可否
20年前に当社に在籍していた者	社外取締役になれる
親会社の業務執行取締役など	社外取締役になれない
兄弟会社の業務執行取締役など	社外取締役になれない
取締役の配偶者や2親等内の親族	社外取締役になれない

などでなかった監査役のことを社外監査役といいます。会社法では、特に監査・監督を強化するという観点から、社外監査役の設置を義務付けている場合があります。たとえば監査役会（48ページ）を設置する場合には、監査役の半数以上が社外監査役でなければなりません。なお、監査役は、会社と責任限定契約（67ページ）を締結することができます。

■ 職務代行者とは

取締役（執行役）や代表取締役（代表執行役）の選任の無効など、その地位を否定する訴えを提起した場合でも、裁判が確定するまでは、取締役らはその地位を失うわけではありません。そこで、取締役らの地位を否定する訴えを提起した際に、申立人は訴えられた取締役らが職務を執行しないように裁判所に求めることができ（仮処分命令の申立て）、訴えられた取締役らに代わって職務を執行する者を選任するように求めることができます。このようにして選任された者を職務代行者といいます。

職務代行者は、会社の日常の業務（常務）は自由に行えますが、常務にあたらない行為（たとえば、新株発行や取締役の解任を目的とする臨時株主総会の招集など）をするには、裁判所の許可を得る必要があります。

仮処分命令

現状の変更により、債権者が権利を実行することができなくなるおそれがあるとき、または権利を実行するのに著しい困難を生ずるおそれがあるときに発する命令。仮処分を行いたい時には債権者は裁判所に仮処分命令の申立てを行う。債権者は申立ての理由として「保全すべき権利」と「保全の必要性」を記載し、仮処分をする必要のある事情を説明しなければならない。申立てに理由があると認めた場合には裁判所は仮処分命令を下し、仮処分の効果が発生する。

PART2
11

役員の権限と責任

取締役が負う義務と責任

忠実に職務を執行しなければならない

■ 善管注意義務と忠実義務

取締役になった以上、委任の趣旨である株式会社の取締役の地位にある者に通常要求される注意義務をもって、誠実に職務を遂行しなければなりません。法律上、これを善管注意義務と呼んでいます。

また、会社法355条は、「取締役は、法令及び定款並びに株主総会の決議を遵守し、株式会社のため忠実にその職務を行わなければならない」と定めています。これを忠実義務と呼んでいます。善管注意義務と忠実義務は同じ内容のものと考えてかまいません。

忠実義務違反とされる例

たとえば、代表取締役の指示で破たんしそうな子会社に対して融資を継続し、自分の会社に損害を出してしまったような場合で、貸付先に倒産が差し迫っていることを十分知りうる立場にありながら、特段の債権保全措置をとらずに、「代表取締役の意向だから」と多額の貸付を了承した取締役の行為は違法とした裁判例もある。この他、社長の失脚を意図して、雑誌の記者に社内機密を漏えいした場合には、会社の利益を犠牲にして、自分の利益を図ったとして、忠実義務違反を問われる。

■ 会社に対して損害賠償責任を負う

取締役が注意義務や忠実義務に違反した場合には、債務不履行責任として、民法上の損害賠償責任を負います。しかし、民法上の責任だけでは不十分なため、会社法は、任務を怠って会社に損害を与えた取締役に対して、特に損害賠償責任を課しています。これを任務懈怠責任といいます。

任務懈怠とは、文字通り、取締役がその任務を怠ることをいいます。任務懈怠とは、言い換えれば善管注意義務・忠実義務に違反することです。具体的には、競業避止や利益相反取引の規制に関する違反、法令・定款違反など、会社の取締役の地位にある者に通常要求される注意義務を欠いたと考えられる行為はすべて含まれます。

過失責任

不注意があった場合にだけ負う責任。

任務懈怠責任は、過失責任です。取締役が注意を怠らなかっ

取締役の第三者に対する責任

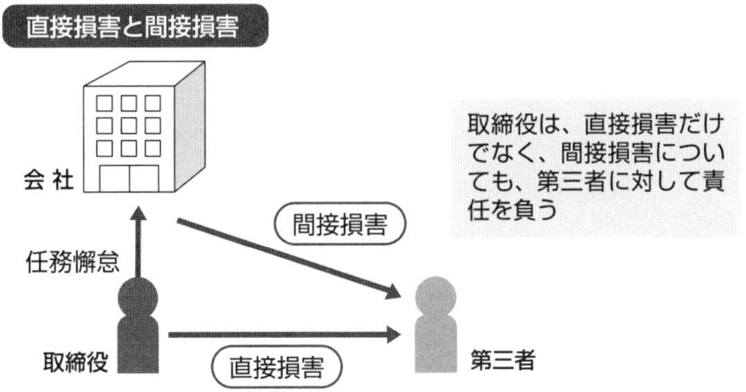

責任を負う者の拡張

- **名目的取締役** …取締役として選任されているが、取締役の任務に就かない者（肩書きだけの取締役）
- **表見的取締役** …実際には取締役の地位にないが、登記簿上、取締役とされている者
- **事実上の取締役** …取締役の地位にないが、会社を支配するなど実質的に取締役といえる者

たことを立証（証明）すれば責任を免れることができます。

任務懈怠のあった取締役自身が責任を負うのは当然です。その他、取締役の任務懈怠行為が取締役会決議にもとづいてなされた場合には、その決議に賛成した取締役も、決議への賛成について任務懈怠があれば、同じ責任を負います。ただし、役員の会社に対する責任は、免除・減軽されることもあります（66ページ）。

■ 経営上の判断と任務懈怠

会社経営にはリスクがつきものです。取締役の経営判断が結果として誤っており、会社の利益のために行ったはずの行為が

経営判断の原則

経営判断の原則に関して、取締役の経営判断が行われた当時の状況や、取締役の能力からみて、経営上の判断が著しく不合理であったといえる場合には、任務懈怠があったものとして、会社に生じた損害を賠償する責任を負うことになる。

必ずしも会社の利益に結びつかない、あるいは、かえって会社に損害を与えてしまったということも、十分にありえるのです。

そこで、結果的に会社に損害が発生してしまった場合であっても、業務執行が合理的な手続に従って誠実になされていたといえるときには、会社に対する損害賠償責任を問われることはないとされています。これを経営判断の原則といいます。合理的な手続で誠実に業務が執行されている以上、取締役の任務懈怠があったとはいえないからです。

■ 第三者に対する責任とは

取締役の任務懈怠行為によって、会社以外の第三者（株主や会社債権者）に損害が発生した場合、取締役は、その第三者に対しても特別の責任を負います。株式会社は経済社会の中で重要な地位を占めており、しかも、その活動は取締役ら役員の職務執行に大きく左右されます。取締役の任務懈怠があれば、会社だけでなく、第三者にも多大な損害を与える危険があるのです。

そこで、会社法は、第三者を保護するために、取締役が直接、第三者に対して損害賠償責任を負う場合があることを認めています。取締役が自らの任務懈怠を認識し（悪意）、または重大な不注意によって認識できなかった場合に、それによって第三者が受けた損害を賠償する責任を負います。

■ 役員等賠償責任保険（D&O保険）とは

役員等賠償責任保険とは、株式会社が保険会社との間で、役員などのために締結する責任保険をいいます。Directors and Officersの頭文字をとって、D&O契約とも呼ばれています。

取締役をはじめ、株式会社の役員などは、職務を遂行するにあたって、株式会社に対して損害賠償責任などを負担する場合があります。D&O契約を締結している場合、役員などの行為により生じる損害について、保険会社が補填することになりま

第三者に損害が発生するケース

第三者に損害が発生するケースとしては、取締役の行為によって直接第三者が損害を被る場合（直接損害）が挙げられる。また、取締役の行為から1次的に会社が損害を受け、その結果として2次的に第三者が損害を受ける場合（間接損害）がある。たとえば、取締役の任務懈怠によって会社が倒産したため、会社に金銭を貸し付けていた人が貸金を回収できなくなったというような場合が間接損害の例である。

D&O契約

役員などがD&O契約があるために、安易に株式会社に損害を与える行動をとることを制限する必要がある。会社法は、取締役あるいは執行役を被保険者とするD&O契約について、これらの者が利益相反取引によって株式会社に対して、損害を与えた場合には、D&O契約による補償の対象外であると規定している。また、役員などが自己と会社との間の取引を行う場合についても、これにより生じた損害については、D&O契約による補償を受けることができない。

役員等賠償責任保険（D&O保険）

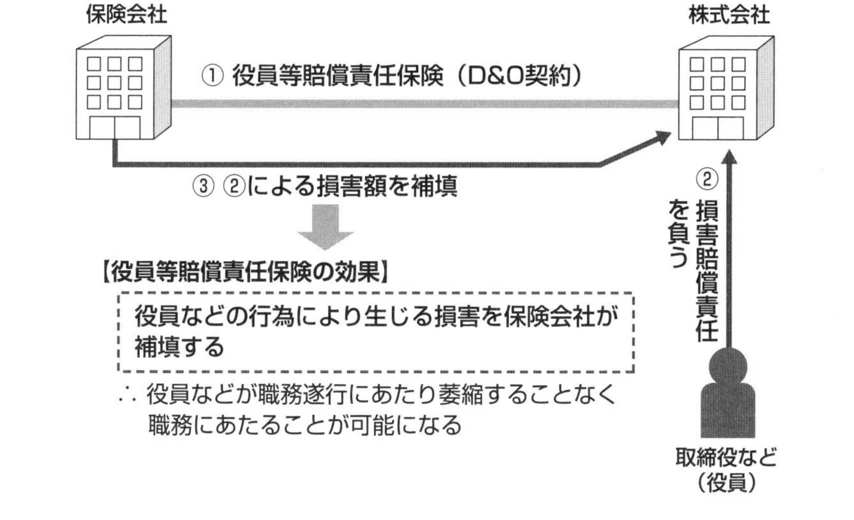

す。これにより、役員などが職務遂行にあたり萎縮することなく、職務にあたることができるという効果が期待できます。

■ 補償契約（会社補償）とは

補償契約とは、役員などが負担する一定の費用の全部あるいは一部について、株式会社が補償するという内容の契約をいいます。具体的には、役員などが職務遂行にあたって、会社法をはじめとする法令の規定に違反した疑いを持たれ、株主代表訴訟（責任追及等の訴え）を提起された場合に、それに対処するためにかかった費用について、補償契約に基づき、株式会社による補償を受けることができます。また、役員などが職務遂行にあたり、第三者に対して損害を与えた場合に、役員などが第三者に対して負担する損害賠償費用や、和解が成立した場合に支払う和解金などの損失についても、株式会社が補填します。

補償契約

株式会社が補償する金額は、役員などが負担する費用のうち、通常必要と考えられる費用の範囲内に限られる。また、役員などが利益相反取引などにより株式会社に損害を与えたことにより、負担する損害賠償責任については、補償の対象外である。役員などが職務を行うにあたり、意図的に（故意）、あるいは、重大な落ち度（重大な過失）により損害賠償責任を負担する場合にも、補償の対象外になる。

PART2
12

競業取引・競業避止義務

会社に損害が出た場合には賠償責任を負う場合もある

■ 競業取引については会社の承認が必要

競業取引とは、会社の事業の部類に属する取引を取締役・執行役が自己または第三者のために行うことです。たとえば、電化製品を扱うA社の取締役である甲が、B社の取締役として電化製品の取引をするような場合がこれにあたります。

会社の取引先やノウハウ、企業秘密などを知っている取締役・執行役が、会社の競争相手となって取引をすることは、会社の利益を損なうおそれがあります。そのため、取締役・執行役が競業取引をする場合には、取締役会（取締役会非設置会社では、株主総会）の承認が必要になります。

なぜ競業取引が規制されるのか

取締役がさまざまな情報を得て、人脈を作っていけるというのは、会社あってのこと。それを忘れて会社を裏切るような行為、会社に不利益を与えるような行為をすることは許されない。そこで取締役には、競業取引を行う場合には会社の承認を得る義務が課されている。

過失推定規定

取締役が会社と競業取引や利益相反取引をして、会社に損害が生じたときは、取締役の任務懈怠が推定される。この場合、取引をした取締役自身はもちろん、取引を決定した会社の取締役や取締役会の承認決議に賛成した取締役（議事録に異議をとどめなかった取締役も含む）にも過失が推定される。したがって、取締役は、過失がなかったことを証明できなければ、会社に対して損害賠償責任を負う。

■ 取締役会設置会社の場合には報告も必要

取締役会設置会社の場合、競業行為について取締役会の承認を得ることができたとしても、その取締役は自由に事業を行えるわけではありません。自分の事業の取引の結果について取締役会で報告することが義務付けられています。

その報告を受けて取締役会は、それが以前に取締役がした説明通りの取引かどうかを判断することになります。もし、報告とは違う取引が行われていた場合は、その取引について取締役会の承認がないわけですから、競業取引規制に違反する行為となります。そうなると、競業取引によって取締役などが得た利益額は会社の損害額であると推定されることになり、違反した取締役は会社に対して損害賠償責任を負わなければなりません。

また、取締役会の承認を得ていたとしても、競業行為により

取締役が会社の承認を得ないで競業取引をした場合

取締役が会社の承認を得ないで競業取引を行った

→ 取引自体は有効

→ 会社は違反した取締役に対しては損害賠償を請求できる

→ 取締役を解任できる場合もある

会社に損害を与えた場合、取締役は損害賠償責任を負います。この場合、取締役会で競業行為を承認した取締役も一緒に責任を負わなければなりません。

■ 損害賠償額はこう決まる

取締役会の承認がない競業取引を行っていた場合の損害賠償額は、その取締役が事業によって得た利益の全額となります。それを減額するためには、自分の競業行為によって会社が受けた損害はそれよりも少ないということを裁判で証明していかなければなりません。

これに対して、取締役会の承認を得ていた場合には取締役が得た利益が損害賠償額になるわけではありません。一応、取締役会の承認があるので、この場合は、会社が、取締役の競業取引により会社にどれだけの損害が発生しているのかを裁判で証明し、賠償額が決まります。その賠償額について競業取引をした取締役と取締役会で承認した取締役が連帯して会社に支払うことになるのです。

競業取引をした場合の損害額の推定

取締役が、会社の承認を得ずに競業取引をした場合、その取引によって取締役、執行役、第三者が得た利益の額は、会社に生じた損害の額と推定される。したがって、取締役は、会社に生じた損害が競業取引によって得た利益と異なることを証明できなければ、その利益額をそのまま会社に賠償しなければならない。

PART2

13

利益相反取引

取締役会の承認は個別・具体的に行うこと

■ 直接取引と間接取引

取引によっては、取締役が持っている資材を会社に売る場合などのように、取締役個人と会社との間で行われるものもあります。このような取引を直接取引と呼びます。また、取締役自身ではない第三者と会社との間で行われる取引の中には、実質的に見て会社と取締役との利益が相反する場合もあります。これを間接取引と呼びます。これらの会社に不利益を与えるおそれがある取引を利益相反取引といいますが、利益相反取引は、取締役会の承認を得なければできません。取締役会の承認なく利益相反取引を行っても、原則として無効になります。

なお、利益相反取引になるかどうかの判断は、実質的に見て会社と取締役の利益が相反するかどうかにかかってきます。

■ 具体的にはどのような手続が必要か

競業取引の場合と同じように、取締役会（取締役会設置会社の場合）または株主総会（取締役会非設置会社の場合）に、取引についての重要な事実を示して承認を受けなければなりません。取締役会設置会社の場合は、取引後も、遅滞なく取締役会にその取引についての重要事実を報告しなければなりません。

■ 承認は個別・具体的に行う

利益相反取引に対して、取締役会は取引ごとに検討して承認する必要があります。包括的に検討・承認してはいけません。承認を得ないで行った利益相反取引は原則として無効ですが、

利益相反取引になるケース

取締役に対して会社が約束手形を振り出すことは、利益相反取引に該当するのが原則である。また、取締役の個人的な借金の連帯保証人に会社がなることも利益相反取引といえる。

利益相反取引にあたらない場合

取締役が会社に対して無担保あるいは無利息で融資する行為は会社に不利益を与えない。したがって、利益相反取引には該当しない。取締役が自分の財産を会社に無償で贈与したり、取締役が会社に借金を返済したりすることも、会社に損害や不利益を与えるわけではないから、利益相反取引ではない。

利益相反取引の承認

たとえば、「取締役の借金の連帯保証人になる」というようなものではなく、「取締役が甲会社から借りている500万円の借金についての連帯保証人に会社がなる」というように、具体的な行為に対しての承認でなければならない。

利益相反取引の例

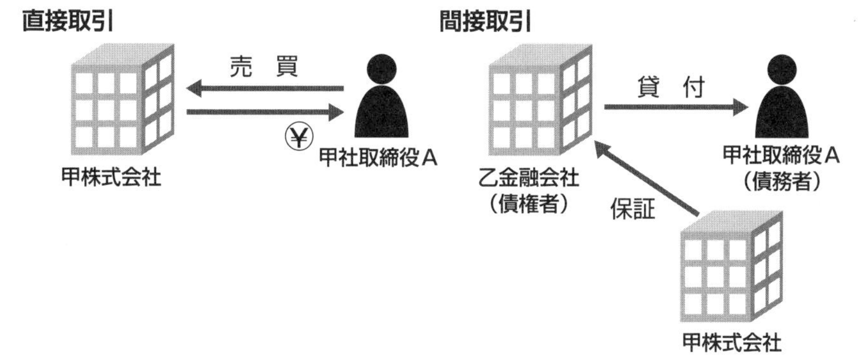

事情を知らないで取引に関して利害を持った第三者を保護するため、会社はそのような第三者に対して無効を主張することはできません。また、事後的に取締役会の承認を得ることができれば、承認前も承認後もその取引は有効となります。

■ 承認を受けた場合でも注意が必要

利益相反取引を取締役会で承認されたとしても、取締役は会社に損害を与えないようにしなければなりません。また、その取引が事前の報告通りの内容か、会社に不利益をもたらしていないかなど、利益相反取引の経過や結果を取締役会で報告する必要もあります。取締役会がその取締役に報告を求めることもできます。取締役会の承認を得た利益相反取引であっても、その取引が結果として会社に損害を与えている場合、取締役の任務懈怠が推定され、さらに、直接取引については、たとえ落ち度はなかった（無過失であった）としても、取締役は会社に対して損害賠償責任を負います。取締役会での承認の際に賛成した取締役も利益相反取引を行った取締役と連帯して責任を負う場合があります。

親会社等との取引

市場価格よりも高値で親会社の不動産を子会社に売却するなど、親会社などとの間の取引は、類型的に会社の利益を損なうおそれが高い。そこで、利益相反取引に該当する場合に会社の承認を得る必要があることの他、親会社などとの間の取引（関連当事者取引）については、不当に会社の利益を損なう取引が行われることを抑止するため、計算書類の注記表などにおいて情報開示を行うことが義務付けられている。

財源規制

剰余金の分配などについて規制がある

■ 剰余金の配当とは

会社があげた利益を株主に分配することを、剰余金の配当といいます。

剰余金とは、会社の純資産額から、会社に留保しなければならない資本金や準備金などを差し引いた額のことです。

剰余金の配当は、株主総会の普通決議（86ページ）で、いつでも行うことができます。剰余金の配当は、分配可能額を超えて行うことはできません。分配可能額とは、剰余金の額から自己株式の帳簿価額などを差し引いた額のことです。無制限に剰余金の配当ができるとすれば、会社財産が不当に流出して会社債権者の利益を害する危険があるからです。

■ 違法な剰余金配当の効力

分配可能額を超えてなされた剰余金の配当（いわゆる「たこ配当」）は、無効です。

まず、会社は、違法な配当を受けた株主に対して、その返還を請求することができます。また、会社債権者も、株主に対して、直接自分に返還するよう請求することができます。さらに、取締役らに対して、以下に述べるような責任を課しています。

① **取締役の会社に対する責任**

分配可能額を超えて剰余金の分配がなされた場合には、取締役は、分配された額を会社に支払わなければなりません。分配可能額を超える部分についての責任は、総株主の同意によっても免除することはできません（分配可能額までは総株主の同意

準備金
貸借対照表の純資産の額から資本金の額を引いた額のうち、一定の金額を強制的に会社に留保させた額のこと。資本準備金と利益準備金がある。

自己株式
株式会社が発行した自らの株式のうち、その会社自身で保有している株式のこと。基本的には、余剰資金を用いて株式を消却したり、単位未満株を買い取ったりすることを目的とする。剰余金を配当する場合でも、自己株式に対する配当はできない。自己株式を取得するには臨時株主総会での決議が必要である。

たこ配当
違法配当の俗語。配当可能利益がないにもかかわらず行われた違法な配当のことを、たこが自分の足を食べることにかけて「たこ配当」という。

財源規制違反の責任

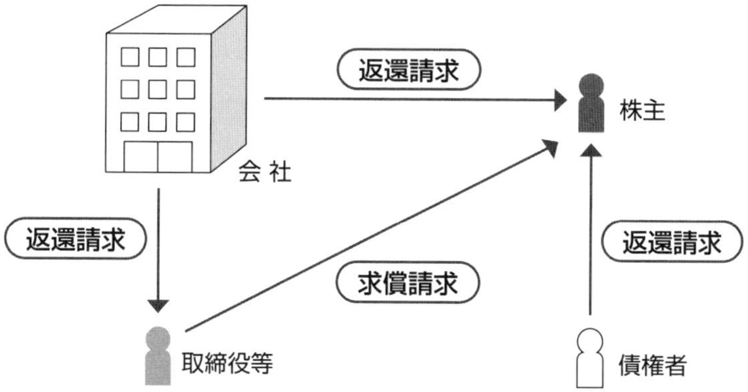

によって免除することができます)。もっとも、取締役が注意を怠らなかったこと（無過失）を立証（証明）すれば、責任を免れます。

分配可能額の範囲を守って剰余金の配当を行った場合でも、期末に欠損が生じたときは、業務執行者（代表取締役など）は、会社に対し連帯して、その欠損額を支払う義務を負います。ただ、職務を行うにあたって注意を怠らなかったこと（無過失）を立証（証明）した場合には、責任を免れます。また、総株主の同意によって、責任を免除できます。

② 取締役の第三者に対する責任

取締役が分配可能額を超える配当であることを知って（悪意)、または、重大な不注意でそのことを知らずに（重過失)、違法な配当を行い、そのことによって第三者に損害を与えた場合には、連帯して賠償責任を負います。

取締役の会社に対する責任の免除・軽減

責任限定契約など責任軽減の方法はある

■ 取締役の責任の免除・軽減

取締役などの役員には株主代表訴訟により高額の損害賠償請求がなされるなどのリスクがあります。そこで、役員の職務執行が萎縮することを避けるため、総株主の同意による責任免除以外にも、一定の責任軽減の制度が設けられています。

① 株主の同意による責任の免除

総株主の同意があれば、取締役ら役員の任務懈怠による責任、利益供与による責任を免除することができます。

また、違法な剰余金配当による責任も、分配可能額の範囲に限って免除することができます。

② 株主総会決議による責任の軽減

任務懈怠による取締役らの責任については、取締役ら役員が職務を行うにあたって善意であり（知らずに）、かつ、重大な過失（不注意）がない場合には、株主総会の特別決議により、その責任の一部を免除すること（つまり責任の軽減）ができます。免除されるのは、賠償責任を負うべき額から一定額を差し引いた額を限度とします。なお、責任軽減の議案を株主総会に提出する場合には、監査役全員の同意がなければなりません。

③ 取締役会決議による責任の軽減

取締役が２人以上いて監査役を設置する会社、監査等委員会設置会社、指名委員会等設置会社は、定款で定めれば、取締役会決議で役員の任務懈怠に基づく責任を一部免除（軽減）することもできます。取締役会非設置会社の場合は、責任を負う取締役以外の取締役の過半数で、責任の一部免除を決定します。

一部免除の限度額

賠償額から次に示す一定の額の合計額を控除した額を限度として取締役の会社に対する責任を免除することができる。
・取締役が在職中に会社から受ける報酬などの6年分（代表取締役の場合）、4年分（代表取締役以外の取締役の場合）、２年分（業務を執行しない取締役の場合）
・取締役が新株予約権を引き受けた場合のその利益に相当する額

役員などの責任を免除・軽減する制度

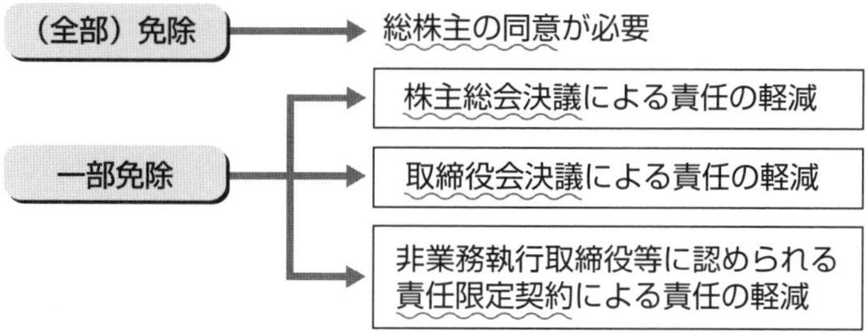

②の場合と同様、取締役ら役員が職務を行うにあたって任務懈怠を知らず（善意）、かつ知らないことについて重大な不注意（重過失）がないことが必要です。また、免除が認められる限度額も、②の場合と同じです。

④　責任限定契約による責任の軽減

業務執行取締役以外の取締役、会計参与、監査役、会計監査人と任務懈怠の責任を限定する契約（責任限定契約）を締結できます。自ら業務を執行しない取締役などは、自分のリスクを十分にコントロールすることができず、過大な責任を負うとすると、取締役などへの就任を躊躇することにもつながりますので、あらかじめ責任を限定しておく方法が認められているわけです。

任務懈怠に基づく責任については、予め責任を限定する契約（責任限定契約）を会社との間で結ぶことができます。職務を行う際に、非業務執行取締役などが任務懈怠を知らず（善意）、かつ知らないことについて重大な不注意（重過失）がない場合には責任限定契約を結ぶことができる旨を定款に定めることができます。この契約を締結した場合、定款で定めた範囲内で予め会社が定めた額と前述した②の責任限度額のどちらか高い方を限度として責任を負うことになります。

取締役会決議による責任の軽減

取締役会決議において、役員などの責任の免除が認められるのは、責任の原因となった事実の内容、役員の職務の執行状況などを考慮して、特に必要がある場合に限られる。

責任限定契約の対象者

社外取締役に限らず、業務執行に関与せず、もっぱら経営に対する監督を行うことが期待される者については、事前にリスクを限定することが可能になっている。

PART2
16

違法行為の差止請求権と株主代表訴訟

役員の権限と責任

株主や監査役は事前に差止請求をすることができる

■ 株主の違法行為差止請求権

取締役が違法な行為をしようとしている場合、個々の株主は、会社のために、その行為をやめるように請求することができます。株主による違法行為差止請求が認められるのは、取締役が会社の目的の範囲外の行為や法令・定款に違反する行為をし、またはそのおそれがある場合で、その行為によって会社に著しい損害が生じるおそれがあるときです。監査役設置会社や指名委員会等設置会社、監査等委員会設置会社では、「回復することができない損害」発生のおそれがなければ、差止請求ができません。また、違法行為差止請求権は、公開会社の場合、６か月前から引き続き株式をもつ株主にだけ認められます。非公開会社の場合は、６か月の保有期間は不要です。

■ 監査役による違法行為差止請求権

監査役は、取締役会に出席することができますから、取締役の違法行為を見つけることができる地位にあります。そこで、監査役にも、取締役の違法行為差止請求権が認められています。

監査役の違法行為差止請求権は、取締役が会社の目的の範囲外の行為その他法律や定款に違反する行為をし、または、それらの行為を行うおそれがあり、その行為によって会社に著しい損害が発生するおそれがある場合に認められます。

■ 株主代表訴訟とは

個々の株主が会社に代わって取締役らの責任を追及する訴え

株主に責任追及できない

株主代表訴訟を起こした株主が敗訴した場合であっても、取締役に責任がないことを知っていた（悪意）場合でない限り、会社は、訴えを起こした株主に対して訴えによって会社に生じた損害賠償を請求することはできない。

担保の提供

金銭を供託所に対して預けること。裁判所は、取締役の主張通りに株主のその訴えが事実的・法律的な根拠のないものであると判断した場合には、担保の提供を原告である株主に求める。裁判所が原告に対して担保提供を命令した場合、原告が担保を提供しなければ株主代表訴訟は却下される。担保として提供される額は、取締役一人に対して、数百万円～1000万円程度になることもある。

株主代表訴訟（責任追及等の訴え）

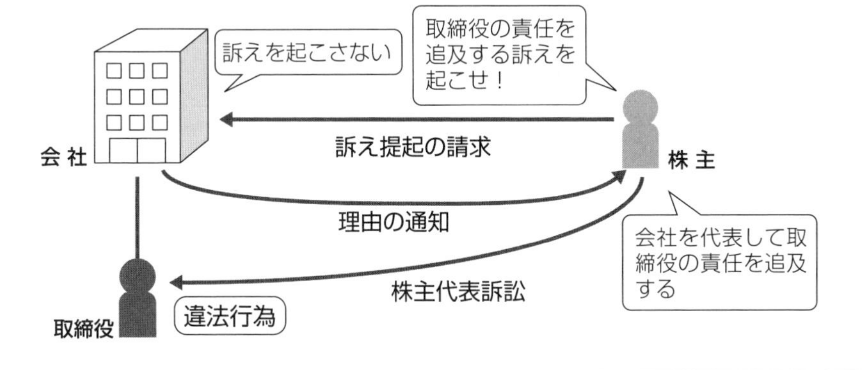

が株主代表訴訟です。会社法では、責任追及等の訴えという名称で規定されています（会社法847条）。

株主が会社に、違法行為を行った取締役に訴えを起こすことを求めたにもかかわらず、請求の日から60日以内に、会社として取締役に対して訴えを提起しない場合に、株主から責任追及等の訴えを提起されることになります。株主代表訴訟の被告となった取締役は、株主の訴えに事実的・法律的な根拠がないと考えるならば、訴訟の係属している裁判所に対して、原告に担保の提供を命じるように請求することができます。

また、株主代表訴訟であっても和解はできます。和解とは、紛争の当事者がお互いの主張を譲歩し合って、紛争を決着させることです。株主代表訴訟で和解すると、取締役の責任追及の一部ができなくなるというデメリットがありますが、その反面で、訴訟を早期に解決することができるというメリットがあります。なお、株式会社が株主代表訴訟において和解を行うためには、たとえば、監査役設置会社であれば、監査役（２人以上いる場合は、各監査役）の同意を得るなどの手続きが必要になります。

株主代表訴訟における和解に関する同意

本文記載の監査役設置会社以外に場合には、以下の者の同意が必要になる。
・監査等委員会設置会社　各監査等委員の同意が必要である
・指名委員会等設置会社　各監査委員の同意が必要である

PART2
17

役員の権限と責任

取締役に課せられる罰則

刑法とは別に会社法にも罰則の定めがある

■ どんな罰則規定があるのか

会社法では、会社の健全性を守るため、以下のような違法な行為を行った役員らに対して刑罰を科すものとしています。

① 取締役らの背信行為

背任行為とは、他人の事務を委託された者が、自己若しくは第三者の利益を図りまたは会社に損害を加える目的でその任務に背く行為をすることです。取締役が任務に背く行為をすると会社に対する背任行為となり、特別背任罪となります。

② 会社財産に対する罪

「会社財産を危うくする罪」と「預合いの罪」があります。預合いとは、発起人らが銀行と示し合わせ、帳簿上借り入れをし、それを払込みにあてる形をとり、この借入れを返済するまでは預金を引き出さないことを約束する行為をいいます。

③ 株式などに関する罪

「虚偽文書行使等の罪」と「株式の超過発行の罪」があります。発起人や取締役らが株式などの募集に関して虚偽の記載・記録をした場合や、発行可能株式総数を超えて株式を発行した場合に罰則が科されます。

④ 汚職・不正な利益供与の罪

「取締役らの贈収賄罪」と「株主らの権利行使に関する贈収賄罪」「株主の権利行使に関する利益供与罪」があります。株主の権利行使については、贈収賄罪と利益供与罪があります。

⑤ その他

「業務停止命令違反の罪」「虚偽届出等の罪」などがあります。

会社財産に対する罪

会社財産に対する罪として刑事罰が科される行為としては、財源規制に違反して分配可能額を超える違法な配当（たこ配当）を行うことなども含まれる（右の図でいうと「②法令・定款に反する剰余金の配当」にあたる）。

おもな罰則規定

罪名	主体	行為	罰則
特別背任罪	発起人、取締役、執行役、監査役、会計参与など	自己または第三者の利益を図る目的、会社に損害を加える目的で、任務に背く行為をし、会社に損害を加えること	10年以下の懲役または1000万円以下の罰金（両方の場合もある）
会社財産を危うくする罪	発起人、取締役、執行役、監査役、会計参与など	株式などの引受による払込に際して、裁判所や総会で虚偽の申述、事実の隠ぺいをすること	5年以下の懲役または500万円以下の罰金（両方の場合もある）
	取締役、執行役、監査役、会計参与など	①会社の計算で不正に株式を取得すること、②法令・定款に反する剰余金の配当、③会社の目的範囲外の投機取引のための会社財産の処分	
預合い罪	発起人などや払込取扱機関	発起人らと払込取扱機関が通謀して、帳簿上、借入金の払込があったものとし、借入金の返済が済むまでその払戻しをしないとの約束をすること	5年以下の懲役または500万円以下の罰金（両方の場合もある）
取締役らの贈収賄罪	（収賄側としては）取締役、執行役、監査役、会計参与、会計監査人など	（収賄側としては）職務上、不正の請託（依頼）を受け、財産上の利益を受け取り、または要求もしくは約束をすること	（収賄側としては）5年以下の懲役または500万円以下の罰金
株主らの権利行使に関する贈収賄罪	（贈賄側としては）法律上、特に限定はないが、おもに取締役、執行役など	（贈賄側としては）株主の権利行使に関し、不正の請託（依頼）をして、財産上の利益を供与し、またはその申込みもしくは約束をすること	5年以下の懲役または500万円以下の罰金（贈賄側も収賄側も同じ）
株主の権利行使に関する利益供与の罪	（利益を与える側としては）取締役、執行役、監査役、会計参与など	株主の権利行使に関し、会社またはその子会社の計算で財産上の利益を与えること	3年以下の懲役または300万円以下の罰金（両方の場合もある）

また、役員らが登記などの情報開示を怠るなど一定の行為については、100万円以下の過料に処せられます。

Column

内部告発と公益通報者保護制度

従業員が内部告発をすることで、会社から報復的な措置を受けてしまうということになると、違法行為を察知していても通報することを控えてしまうのが心情です。そこで、企業の法令違反行為などを通報した者（内部告発者）を解雇や減給などの制裁措置から保護することを目的とする公益通報者保護法が作られ、平成18年４月から施行されています。

この法律ができたことにより、公益通報を行ったことを理由とする解雇は無効とされ、降格や減給など不利益な扱いをすることも禁止されます。たとえば、労働者（正社員だけでなく、パートやアルバイト含む）が、その事業所で刑法・食品衛生法・金融商品取引法などの法律に違反するような行為が行われている（または行われる可能性がある）ことを通報した場合に、この法律の保護を受けることができるわけです。実際に内部告発者の正当性を認めた裁判例もあります。

通報先は、①事業所内部、②行政機関（監督官庁など）、③事業者外部（新聞社など）となっています。このうち、①事業所内部に対する通報は、会社業務の適正性を確保するための内部統制システムの一環としての役割を果たします。事業所内部の通報を受け付ける窓口として、監査役と定めている会社も多いようですが、弁護士を窓口とする企業もあります。ただし、事業者外部への通報が保護されるためには、証拠隠滅のおそれがある、人の生命や身体に危害が及ぶ状況にある、などクリアしなければならない条件があります。

このように内部告発者を保護することを目的とした法律ですが、取引先や退職した元従業員など、部外者は保護の対象とされておらず、税法は対象とならない（脱税などの内部告発は保護対象とならない）など、法の実効性について問題点も指摘されています。

PART 3

株主総会と株式をめぐる法律知識

PART3
1

株主総会と株式をめぐる法律知識

株式事務

ステークホルダーに直接関わる重要な仕事

■ どんな仕事なのか

株式事務とは、株式に関するあらゆる事務を指します。具体的には、次ページの図のように非常に多岐にわたっています。

上場会社と未上場会社とでは、株式事務も内容が変わります。上場会社の場合は、株式事務のほとんどを証券代行会社や信託銀行、証券会社に任せ、自社内では定款や株式取扱規則（株式事務のやり方を定めた社内規則）などの整備・保管と決算関連・株主総会関連事務の一部、ストックオプション関連の業務を行うだけになっています。

一方、未上場会社の場合は、次ページ図で挙げた株式事務を自社内で行うのが普通です。外部に委託するほどの仕事量がないということもあるのですが、プロジェクト業務が発生した場合などは非常に忙しくなることもあります。

株式事務は、経営陣、株主、証券会社、弁護士などの専門家など、株式に関して利害を持った人々全員に対して行う事務ともいえます。利害を持った人々のことをステークホルダーと呼ぶこともあります。

ＩＲ・ＳＲ

次ページ図中のＩＲとは「Investor Relations」の略で、投資家向けの広報のこと。ＳＲとは、「Shareholder Relations」の略で、株主向け広報のこと。

■ 印鑑登録をしておく

株主の管理事務をする上で、株主に印鑑登録をお願いすることが重要です。手続書類を提出してもらう際には必ず登録してもらった印鑑を押してもらうことを株式取扱規則に明記します。そうすれば、提出された書類が本当に株主からのものなのか、誰かがなりすましたものなのか判断しやすくなります。

印鑑登録

役所や登記所、会社に書類の提出時などに使用する印鑑を提出し、登録すること。登録された印鑑を使用することで、間違いなく本人の意思であることを証明できる。

株式事務の種類

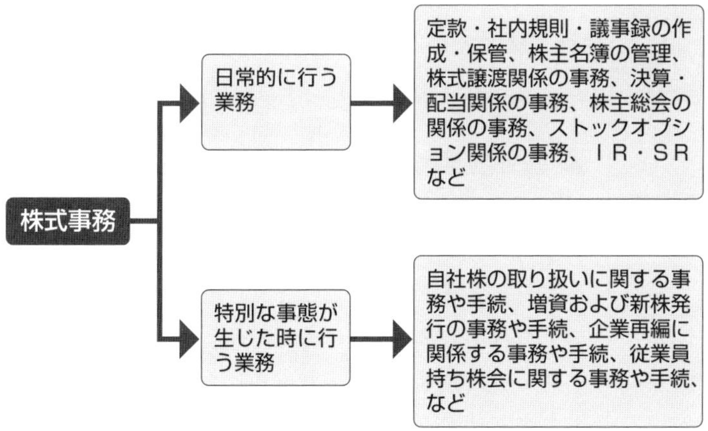

■ どのようなスケジュールになっているのか

社内でやらなければならない株式事務のうちでメインになるのは「決算および配当に関連する事務や手続」「株主総会の関連事務や手続」の一部です。これらは事業の年度末から株主総会までの間に集中します。この間は、日常業務の中で最も集中して仕事をする期間にもなります。

この期間の仕事のスケジュールは次のようになります。

① 基準日を決める
② 決算書類を作成する
③ 決算書類の監査を受ける
④ 監査を受けた書類について取締役会で承認を得る
⑤ 株主総会招集の取締役会を開催する
⑥ 定時株主総会の招集通知を出す
⑦ 定時株主総会を開催する
⑧ 決算書類を公告する

基準日

会社が決めた「基準日」という一定の日に株主名簿に記載されている株主を権利者として扱う制度のこと。株式は自由に譲渡できるのが原則のため、会社の知らないところで、株主は変わっていく。そのため、たとえば株主総会を開催したいと思っても、誰を株主として扱い、議決権等の権利を行使させればよいか、会社も把握できない。そこで、会社に対して株主であることを主張したい者は株主名簿の名義書換を行うこととし、会社はあらかじめ基準日を設けることにより、基準日において株主名簿上、株主となっている者を株主として扱えばよいことになっている。

株主名簿

株主の氏名、住所、持ち株数などが記載された帳簿

■ 株主名簿と名簿の閲覧・謄写請求への対応

株主の氏名や名称（法人の場合）、住所や持ち株数などが記載された帳簿を株主名簿といいます。会社法は、株式会社に対して株主名簿を作成することを義務付けています。会社は、作成した株主名簿を本店に備え置かなければなりません。

その日に株主名簿に記載（もしくは記録）されている株主が、権利を行使することができる者である、と会社が定めた場合の基準となる日のことを基準日といいます。

会社は、株主や債権者が営業時間内に理由を明らかにして閲覧や謄写を請求してきた場合には、原則としてこれに応じなければなりません。なお、嫌がらせや会社の営業を妨害する目的で閲覧や謄写の請求がなされた場合には、正当な理由がありませんから、会社側が請求を拒んだとしても問題はありません。

株主名簿の事務

実際には、株主名簿を作成したり備え置くといった事務については、特に上場会社では、株主名簿管理人（信託銀行など）が行う場合が多いようである。

閲覧と謄写

閲覧とは、株主や債権者などの請求者が、株主名簿を調べ、読むこと。株主名簿を書き写したりコピーをとることを謄写という。

■ 名義書換とは

株主として権利行使するにあたっては、本当の株主なのかどうかを証明することが必要です。そのルールが株主名簿の書換えです。株主名簿に名前を記載することですが、書換えをして初めて株主としての権利を行使できます。

売買や贈与による書換えについては、株券発行会社の場合、株主から株券を提示されれば、会社は原則として無条件で書換えに応じなければなりません。

一方、株券不発行会社の場合、株式を譲渡した人と譲り受けた人の両方が連名で株主名簿の書換えを求めることになります。

株主の権利の移転と権利の行使

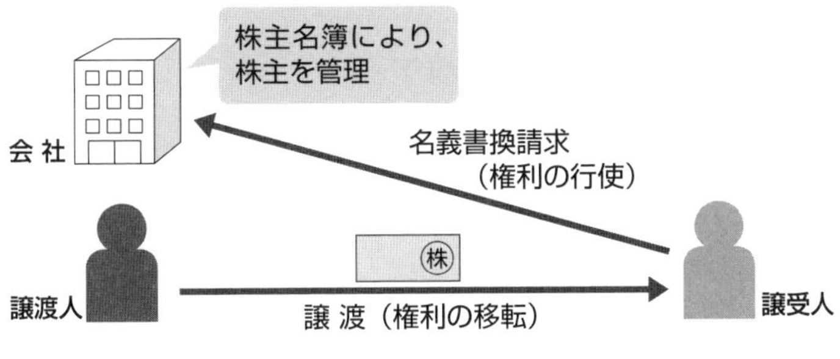

ただ、上場会社の株式の管理などについて、証券保管振替機構や証券会社に開設された口座で電子的に行う株式等振替制度の下で、証券会社など金融機関の振替口座に売買の記載があれば、株主名簿の名簿書換手続きをしていなくてもその時点で所有権が移ったことが証明されます。

■ 基準日後の権利行使の可否

株主総会の議決権や剰余金配当請求権などを行使できる株主を、一定時点の株主に確定したい場合に意味をもちます。たとえば、その年の３月31日の時点で株主名簿に記載されていた株主だけが株主総会で議決権を行使でき、剰余金の配当を受けることができるという扱いにすることができます。基準日の設定により、株主が多数で流動的な会社であっても、円滑に株式に関する事務を処理することができます。

基準日後に株式を取得して株主になった者は、原則として権利行使のために基準日が定められた株主権を行使できません。

ただし、会社は、株主総会（種類株主総会も含む）の議決権については、基準日後に株式を取得した者であっても権利を行使できると定めることもできます。

名簿の作成方法

名簿そのものには法律で定められた書式はなく、取締役会の決議も必要ない。また、電子記録による作成も認められている。書式は自由だが、記載事項は会社法で規定されている。具体的には、①株主の氏名または名称および住所、②株主の所有する株式の種類および数、③各株式の取得年月日、④株券が発行されている場合は各株主が所有する株券の番号となっている。

相続や合併などの名義書換

正当な相続人や合併による株主であることの証明書と、株券が発行されている場合はその株券を提出してもらうことになる。

PART3
3

株主総会の招集

各事業年度に開催する他、必要に応じて招集する

■ どんな場合に誰がどのように招集するのか

通常、株主総会は取締役が招集します。その会社が取締役会設置会社の場合には、取締役会における決定に従ってあらかじめ定款に定められている取締役が招集します（たいていの会社では代表取締役が招集権者として定められています）。

ただ、総株主の議決権の100分の３以上の議決権を有する（公開会社の場合は、株式の保有期間が６か月という要件が加わる）少数株主は、会議の目的、招集の理由を記載した書面を取締役に提出して招集を請求することができます。

開催日が集中することもある

特定の会社と通じあって株主総会をその会社と同じ日に開催したり、ある株主を排除する目的で特定の日に株主総会を開催したようなときには、場合によっては違法となる。したがって、株主総会の開催日を決定する際には、慎重に判断する必要がある。そのようなことがなくても、どうしても集中日に株主総会を開催せざるを得ない状況の場合には、その理由を明らかにしておくことが大切である。

■ 招集通知と発送時期

株主総会の開催日と場所が決まったら、法律で定められた期間内に株主に対して招集通知を出しますが、その招集通知には、以下の事項を記載します。

① 株主総会の日時・場所
② 株主総会の目的である事項
③ 書面により議決権を行使できる場合には、その旨
④ 電子的方法により議決権を行使できる場合には、その旨
⑤ 日時を決定した理由など、その他会社法施行規則で定められている事項

招集通知を出す対象となる株主は、議決権を有する株主です。株主総会の招集通知を送るときには、原則として株主が議決権を行使するときに参考にできるように、計算書類や事業報告などの参考書類、議決権行使書面などを添付します。

議決権行使書面の閲覧

株主は株式会社に対して、議決権行使書面の閲覧や謄写について請求することができる。この場合に、株式会社が閲覧などを拒否する場合には、その理由を明示しなければならない。

基準日から株主総会開催までのスケジュール

基準日（通常は事業年度末日）

3か月

- 計算書類の作成
- 計算書類・事業報告書の監査（監査役）
- 計算書類・事業報告書の承認（取締役）
- 招集通知の発送

定時株主総会

■ 総会の運営方針を決める

株主総会を開催する際には、株主が積極的に参加できる株主総会になるように、事前に運営方針を決めておくことはとても大切なことです。

また、招集手続から始まって、総会に提出される計算書類の内容、総会の運営、とりあげる議案の内容、決議方法や役員の説明など、株主総会のスケジュール上のどの場面においても、法令を守ることが重要です。

株主総会を開催する準備は、開催日から遡って考えると無理のない日程で進行することができます。臨時株主総会の場合には、その決議が必要となる日から遡って、法的に必要な期間を守ってスケジュールを立てることになります。一方、定時株主総会の場合には、基準日（通常は事業年度末日）から３か月以内には株主総会を開催しなければなりませんから、スケジュールを立てる際には、この期間内に法を守りながら必要な作業を行っていくことになります。

電子提供措置

株式会社は、株主総会の招集手続きにあたり、株主総会参考資料や議決権行使書面、計算書類、事業報告、連結計算書類などについて、PC上のデータなどで閲覧できる状態にしておくことができる。これを電子提供措置という。この場合、株式会社は、定款に電子提供措置をとることについて定めを置かなければならない。また、原則として株主総会の日の３週間前の日から、株主総会の開催後３か月間は、継続して電子提供措置をとらなければならない。

4 株主総会の種類

コーポレートガバナンスを推進して開かれた株主総会へ

■ 株主総会とは何か

株主総会とは、その会社の基本的な方針や重要な事項を決定する非常に重要な機関です。

各事業年度の終了後一定の時期に招集される株主総会を定時株主総会といいます。たいていの会社は４月１日から翌年３月31日までの１年を事業年度としています。

一方、会社は、いつでも臨時株主総会を開催することができます。定時株主総会は各事業年度の終了後一定の時期に招集されますが、臨時株主総会の場合には、必要に応じて招集されるため、特に定まった日時はありません。

通常の株主総会は取締役が招集するため、定時株主総会は、通常は取締役の招集によって開催されます。

会社側が必要に応じて株主総会を開催する場合にも、取締役が招集するのが原則です。

株主総会で取り上げられるべき議題や議案については、原則として株主総会を招集した者が決定・提出します。つまり、通常は取締役が株主総会を招集するため、議題や議案についても取締役が決定・提出を行います。また、会社法303条以下において、一定の場合に、株主に対して、議題や議案を提案する権利を認めています。これを株主提案権といいます。株主が議案を提案する場合には、取締役に対して、株主総会が開催される８週間前までに、株主が提案しようとする議案の要領を、他の株主に通知するように求めて、議案の提出を請求することができます。

株主総会の最近の動向

外国の投資家や個人投資家が日本企業の株式を保有する機会が増えた一方で、企業間での株式の持ち合いは大幅に減少する傾向にある。株主総会を構成する株主の中に、機関投資家、外国人株主、個人株主などが増えている。機関投資家は、預かった資金を投資する立場にあるため、リスクには敏感に反応する。扱う資金の額が大きい機関投資家は、会社にとっては大口の株主といえるのでその意向には注意を払わざるを得ない存在といえる。一方、外国人の株主や、外国に存在する法人の株主は外国人株主と呼ばれている。外国人株主はもともと株主としての権利意識が高いため、代理人などを通じて総会に積極的に参加してくる。

株主総会の種類

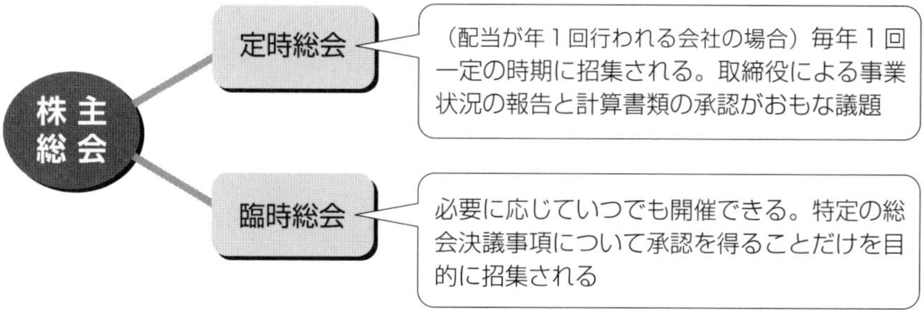

ただし、令和元年の会社法改正により、株主が提案することができる議案の数は、原則として10を超えることができないと規定されました。

■ 種類株主総会とは何か

本来、株式の権利内容は、同一かつ平等でなければならないのが原則ですが、会社は内容が異なる株式を発行することもできます。内容の異なる種類の株式を発行する場合には、あらかじめ定款で、内容が異なる種類の株式を発行することを定めておかなければなりません。この内容が異なる種類の株式を種類株式と言い、２つ以上の内容の異なる種類株式を発行する株式会社のことを種類株式発行会社といいます。

種類株式発行会社において、ある種類株主の総会を種類株主総会といいます。種類株主総会では、会社法で規定されている事項か定款で定めてある事項について、決議ができるとされています。たとえば、ある種類の種類株主に損害を与えるおそれのある変更などを行う場合には、その種類の株式の種類株主を構成員とする種類株主総会を開催した上で、特別決議（86ページ）を経なければ、その変更の効力は生じません。

書面決議（みなし株主総会）

株主総会の目的事項について、株主から提案がなされ、その提案について全株主の同意を示す書面やデータがあれば、株主総会そのものを開催せずに株主総会の決議がなされたものとみなすことができる。

株主提案権の制限

①取締役などの役員の選任に関する議案、②役員などの解任に関する議案、③会計監査人の再任を拒否する議案、④定款の変更に関する２以上の議案については、議案の数に関係なく、すべて１つの議案としてカウントされる。

PART3
5

株主総会と株式をめぐる法律知識

株主総会の議決権についてのルール

出席しない株主も議決権を行使できるようにするとよい

■ 議決権とは何か

株主が、株主としての意思を株主総会で示すことができる権利を議決権といいます。議決権は、１株につき１つの議決権を有するのが原則とされています。たとえば株主総会に100名出席した場合に、各株主が１株ずつ保有していれば議決権の総数は100となります。株主総会に出席した100名のうち20名が５株ずつ持ち、残り80名が１株ずつ持っていた場合には、議決権の総数は180となります。

ただ、単元株制度の下は、１単元に満たない株式（単元未満株式といいます）を持つ株主には議決権が与えられません。また、定款で一定の事項を除いて議決権がないとされている株式（議決権制限株式といいます）についても、議決権がないとされている事項についての議決権は認められません。

他にも、自己株式については、議決権が与えられていません。また、自社の議決権の４分の１以上を持っている会社の株式を有していたとしても、その株式には議決権が認められません（このような株式を相互保有株式といいます）。

なお、会社は、基準日を定めてその基準日に株式を保有していた者（基準日株主）が議決権を行使することができる、と定めることができます。また、基準日株主を害さない限り、その基準日後に株式を取得した株主の議決権行使を認めることもできます。

単元株制度
一定数の株式（１単元）をもっている株主が１個の議決権を行使することができる制度。

自己株式
会社が保有する自社の株式。

議決権の行使方法

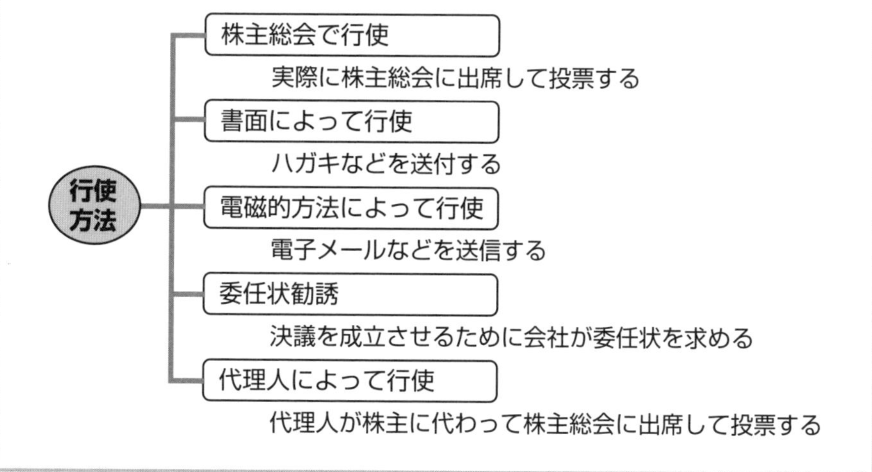

■ どのように行使するのか

株主が議決権を行使する場は原則として株主総会です。株主総会の当日に都合がつかない場合、その株主は会社の基本的な方針や重要事項の決定の場に参加したいのに参加できず不便に感じるかもしれません。また、株主が1000人を超えるような会社が株主総会を開催する場合、1000人を超える株主全員がその開催日に都合がつくことはほとんどないと考えるのが現実的でしょう。株主の利益を優先して考える会社であることを自負している会社であれば、こうした可能性に配慮して、株主が議決権を行使できるように柔軟な運用をする必要があるといえます。実際、会社法は、議決権を持っている株主が1000人以上いる株式会社に対して、原則として書面による議決権の行使（書面投票制度）を認めるように義務付けています。

このように、柔軟な運用方法としては、株主総会の当日に出席できない株主が書面や電磁的方法（メールなど）によって議決権を行使できるようにすることが挙げられます。

書面投票制度

議決権の行使を書面によって行う方法のこと。議決権を有する株主が1000人以上いる会社は、書面投票制度を導入しなければならない。

PART3
6

計算書類の承認と総会後の事務

会社の資金関係の情報を開示する書類で貸借対照表などがある

■ 計算書類の承認

貸借対照表、損益計算書、株主資本等変動計算書、個別注記表を計算書類といいます。計算書類の金額は１円単位、千円単位、あるいは百万円単位で表示します。

会社は、各事業年度について、こうした計算書類とともに事業報告、附属明細書を作成し、会社の財政状態や経営成績を株主に開示しなければなりません。

取締役会設置会社の場合、監査役や会計監査人による監査を受けた計算書類は、取締役会に提出され、取締役会の承認を得てから定時株主総会に提出されます。

定時株主総会では、「第○号議案 第○○期計算書類承認の件」といった形で決議事項としてとりあげられ、提出された計算書類について承認するかどうかの決議が行われます。

定時株主総会での決議の結果、計算書類が承認されればその事業年度の計算書類が確定したことになります。

なお、臨時計算書類を作成した場合も株主総会の承認が必要です。臨時計算書類は、期中に剰余金の配当や自己株式の取得をするときに、財源規制の基準となる分配可能額を計算することなどを目的として作成されます。

ただし、会計監査人を設置している会社の場合、取締役が計算書類の内容を定時株主総会に報告するだけで、承認を得なくてもよい場合もあります。

株主総会で承認された貸借対照表は、臨時計算書類の場合を除き、総会終結後、遅滞なく公告する必要があります。

貸借対照表
事業年度末（当期末と表現される）の会社の財政状態を具体的な数値で表した書類。

損益計算書
一定の期間中における会社の経営成績を数値で表した書類。

株主資本等変動計算書
事業年度中の純資産の変動状況を示す書類。

個別注記表
貸借対照表や損益計算書などの計算書類を理解するために必要となる重要な事項を注記として記載してまとめた書類。

事業報告
会社の状況を数値で表す計算書類とは異なって、会社の事業の状況を文章で説明したもので、書類を作成する際の基となる情報も会計帳簿に限らない。

附属明細書
計算書類と事業報告の記載内容を補足するもので、重要な事項の明細を記載した書類。

監査役や会計監査人による計算書類の監査

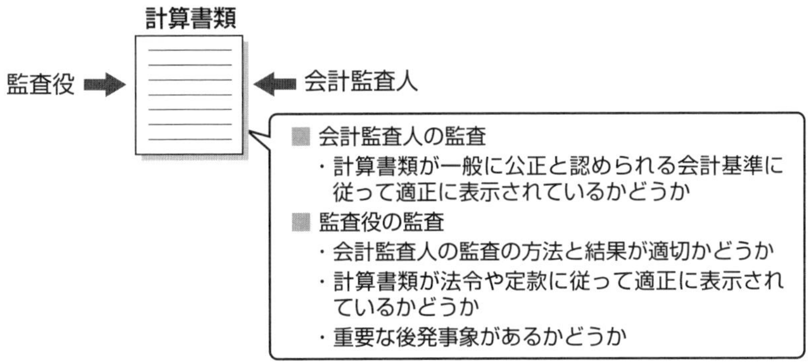

■ 決算公告・登記・議事録

貸借対照表などの計算書類を公告することを決算公告といいます。株式会社は、定時株主総会が終結した場合には遅れることなく決算公告をしなければならない、とされています。決算公告は、官報による公告、日刊新聞紙による公告、電子公告の3つのうちのいずれかの方法をとることが認められています。

株主総会決議で会社の登記事項が変更された場合には、登記申請が必要です。会社の登記事項を変更した場合、変更したときから2週間以内に変更の登記をしなければなりません。そして、登記申請の際には株主総会決議があったことを証明する書類として、株主総会議事録を登記申請書に添付します。

株主総会が開催された場合には議事録を作成することになります。議事録の作成期限については、法律上明記されていませんが、株主総会の終了後、遅滞なく作成する必要があります。決議事項により登記の内容が変わる場合には、決議の日から2週間以内に変更登記を行う必要があります。登記申請書には、株主総会議事録を添付するため、この場合には遅くとも決議後2週間以内に議事録を作成しなければなりません。

議事録の種類

株主総会の議事について作成する議事録を株主総会議事録、取締役会の議事について作成する議事録を取締役会議事録、監査役会の議事について作成する議事録を監査役会議事録という。

議事録の記載事項

会社法などで法定されている。株主総会議事録に必ず記載しなければならない事項は、株主総会の開催日時・場所、株主総会の議事の経過の要領と結果、株主総会に出席した取締役・執行役・会計参与・監査役・会計監査人の氏名や名称などである。また、議事録には作成者の氏名を記載する。

株主総会の決議についてのルール

普通決議が原則だが、特に重要な事項の場合は特別決議や特殊決議となる

■ 決議の種類について

株主総会において各株主は、原則として一株につき１個の議決権をもっています（一株一議決権の原則）。株主が総会に出席して議決権を行使するのが原則ですが、①代理人によって議決権を行使することや、②議決権行使書面に必要な事項を記載して会社に提出するという方法、③電子メールによって議決権を行使することができる場合もあります。また、株主が２個以上の議決権をもっているようなケースでは、一部で反対し一部で賛成するというように、議決権を統一しないで行使することもできます（議決権の不統一行使）。

株主総会での決議は多数決の原則で決められます。決議には、次の３種類があります。

①　普通決議

その株主総会で議決権を行使できる株式の過半数分を満たす株主が出席した上で、出席した株主がもつ議決権数の過半数の賛成で行う決議のことです。法律や定款で他の決議方法が定められていない事項について決議する場合には、普通決議によるのが原則です。具体的には、役員の選任決議などがあります。

なお、普通決議は、「議決権を行使できる株式の過半数分を満たす株主」が出席すること（定足数）が要件ですが、定款で定めれば、この定足数を排除することができます。つまり、出席した株主の議決権の数の過半数で決議することが可能になります。

ただ、役員の選任決議などの場合には、定足数について議決権を行使することのできる株主の３分の１未満にすることはで

不統一行使の通知

取締役会設置会社においては不統一行使をする株主は株主総会の３日前までに不統一行使することとその理由について会社に通知しなければならない（会社法313条２項）。

会社の諸手続きのIT化

電子化された会社手続きには、次のようなものがある。

・会社関係書類
定款などの会社関係の書類を、コンピュータにデータとして作成・保存できる。この場合、株主や会社債権者は、会社に対しその記録された情報を書面に出力するように請求することができる。

・会社・株主間の通知等
株主の承諾があれば、株主総会の招集通知など会社と株主の間のやりとりを電子メールで行うことができる。

・株主総会の議決
株主の議決権行使を電子メールで行うことができる。

・決算公告
計算書類や事業報告書、それらの附属明細書を、会社のホームページ上に掲載するといった電磁的な方法で公開することができる。

普通決議と特別決議

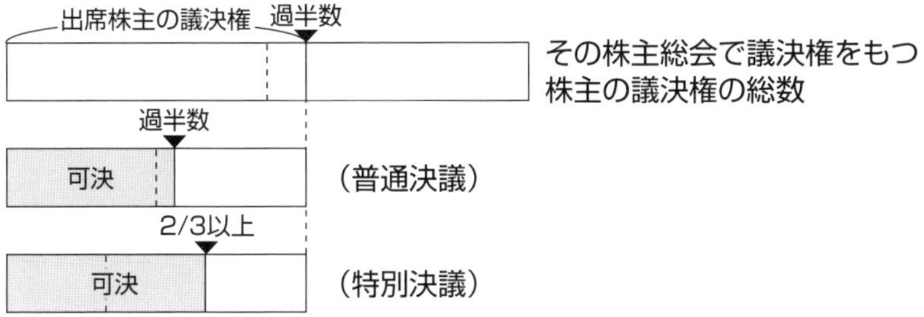

きません。また、定足数と異なり、表決数については、加重することはできても、軽減したり排除したりすることはできません。

②　特別決議

その株主総会で議決権を行使できる株主の議決権の過半数をもつ株主が出席し、その議決権の３分の２以上の賛成により決議するものです。株主の重要な利益に関わる事項については、この特別決議によることが必要とされています。取締役会設置会社の株主総会において特別決議が必要となる決議事項としては、たとえば、資本金の額の減少、定款の変更、現物配当などがあります。

③　特殊決議

特別決議よりも決議のための要件が重くなっている場合です。たとえば、全部の株式の内容について株式譲渡に会社の承認を要する旨の定款の定めを設ける定款変更をする場合は、その株主総会で議決権を行使できる株主の半数以上で、かつ当該株主の議決権の３分の２以上の賛成が必要です。

また、非公開会社が剰余金配当・残余財産分配・株主総会の議決権につき株主ごとに異なる取扱いをする旨を定款で定める場合には、「総株主の半数以上であって、総株主の議決権の４分の３以上」の賛成が必要になります。

電子投票の条件

株主総会の議決権を電磁的方法で行使するには、取締役や取締役会での決定後、総会招集通知にその旨を記載するという手続きを踏むことが必要である。電磁的方法による議決権の行使があった場合、会社は、総会の日から3か月、本店（本社）にその電磁的記録を備え置かなければならない。

株主総会後の事務

株主総会後、すぐに議事録を作成し計算書類の公告を行う

■ 決算公告とは

貸借対照表などの計算書類を公告することを決算公告といいます。株式会社は、定時株主総会が終結した後、遅れることなく決算公告をしなければなりません。会社に決算公告の義務が課されているのは、会社の債権者に会社の財政状況を開示することによって、会社の債権者が不測の損害を被らないようにするためです。

決算公告は、官報による公告、日刊新聞紙による公告、電子公告の３つのうちのいずれかの方法をとることが認められています。会社の公告方法は定款で定めておくことができますが、そのうちの１つだけでなく、２つの方法で行うことを決めておくこともできます。たとえば、官報と日刊新聞によって公告する、と定めておくことができます。

■ 登記事項を変更した場合には登記申請する

株主総会決議で会社の登記事項が変更された場合には、登記申請が必要です。会社の登記事項を変更した場合、変更したときから２週間以内に変更の登記をしなければなりません。

そして、登記申請の際には株主総会決議があったことを証明する書類として、株主総会議事録を登記申請書に添付します。

登記の申請を行う場合には、申請書の他に、申請の内容に応じて、定款や就任承諾書、議事録など、申請内容が真実であることを証明する書類、及び申請者の申請権限を証明する書類の添付が必要です。

議事録の作成手順

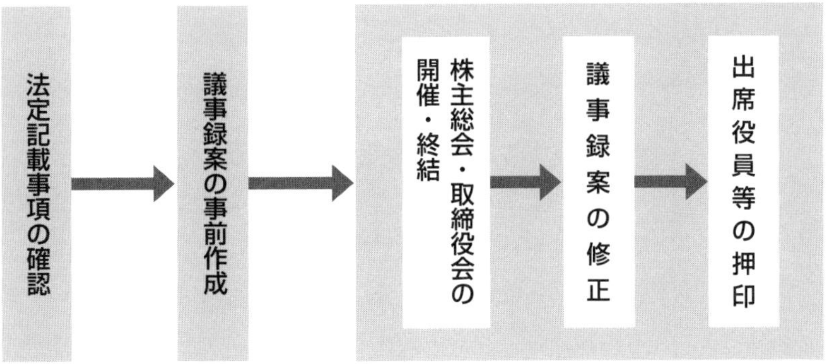

■ 作成は一定の期日までに行う必要がある

株主総会が開催された場合には議事録を作成することになります。議事録の作成期限については、法律上明記されていませんが、株主総会の終了後、遅滞なく作成する必要があります。決議事項により登記の内容が変わる場合には、決議の日から2週間以内に変更の登記を行う必要があります。登記申請書には、株主総会議事録を添付するため、この場合には少なくとも決議後2週間以内に議事録を作成しなければならないことになります。

議事録の記載事項は会社法などで法定されています。株主総会議事録に必ず記載しなければならない事項は、株主総会の開催日時・場所、株主総会の議事の経過の要領と結果、株主総会に出席した取締役・執行役・会計参与・監査役・会計監査人の氏名や名称、などです。

また、議事録には作成者や出席者などの氏名を記載します。

議事録

株主総会や取締役会が開催された場合、株式会社は議事録を作成しなければならない。議事録は、議事の経過の要領・その結果、場合によっては出席した役員の発言内容などについて記録した書面である。会社法は、株主総会・取締役会・監査役会といった会議が開催されたときには、それぞれ議事録を作成することを義務付けている。議事録は株主総会などの開催前に、想定される議事の経過・結果を基に案を事前作成しておき、株主総会などが終結した後できるだけ早く議事録を完成させるのが通常である。

会社の資金調達法

企業外から資金調達する「外部資金」が重要

■ どのような資金調達法があるのか

会社が事業を拡大していく上で、資金の調達は欠かせません。資金調達源は、企業内で調達する「内部資金」と企業外から調達する「外部資金」に分けることができます。

内部資金には、①会社の利益を株主の配当に回さないで事業のために使う場合、②減価償却費を使う場合があります。外部資金の調達方法としては、①債務を負う形で調達する方法（借入金、社債）と②増資する（新株発行）という方法があります。

内部資金による資金調達は外部資金を調達する場合と比べるとコストがかからないというメリットがありますが、内部資金だけで多額の資金を調達するのはなかなか難しいのが現実です。

一方、外部資金の場合、多額の資金調達を実現することが可能ですが、利息の支払や調達のための準備が必要になります。

ここでは、外部資金の調達方法についてみていきましょう。

■ 借入金・社債による資金調達

会社が債務を負担する形で行う資金調達の中で、最も単純なものは、銀行など特定の者から調達する借入です。

これに対して、広く一般の人に起債することによって調達するのが社債です。社債は、特定の者に対して発行することも可能ですので、会社法の社債発行手続に従った資金調達といったほうが正確です。銀行借入も社債も負債ですから、いずれ返済することになります。返済の際には利息を支払う必要があります。

減価償却費

機械設備などの固定資産の使用や時の経過による価値減少額を算定し、その金額を毎年度に費用として計上するもの。

社債をめぐる改正

従前から会社法には、社債権者のために社債の管理をする社債管理者の制度がある。しかし、社債管理者はその責任の重さなどから担い手が少ない上に、いざ利用するとなるとコストも高い。そこで令和元年会社法改正で、社債管理補助者の選任が認められた。具体的には、各社債の金額が1億円以上の場合など、社債管理者を設置せずに社債の管理を社債権者が行うことができる場合には、社債管理補助者に社債の管理を委託できるようになった。

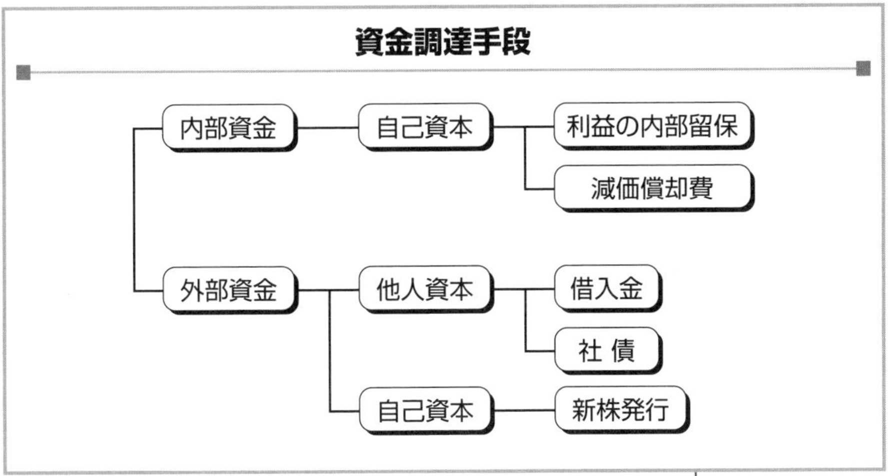

■ 新株発行はどんな場合にするのか

新株を引き受けた者が、会社に払込をすることによって資本が増加する場合です。負債と違って、返済することは前提とされていません（会社が解散する場合は残余財産が株主に返還されます）。新株の発行は、経営状況に応じてなされるものですから、所有と経営が分離している公開会社の場合、経営をになう取締役会が決定しますが、所有と経営が一致している非公開会社の場合には、株主総会が決定することになります。新株発行にもさまざまなパターンがあり、割当先や対価の支払いの有無で場合分けすることができます。会社が、株式を引き受ける者の募集をするときは、まず、募集株式の数やそれに対する払込金額、払込期日などの募集事項を決定しなければなりません。公開会社では取締役会の決議、非公開会社では株主総会の決議で募集事項を決定しますが、公開会社の場合でも、払込金額が株式を引き受ける者に特に有利な場合には、株主総会の決議が必要になります。

なお、新株予約権（次ページ）が行使された場合も、行使の際に支払った価格が新たに会社財産に加わります。

新株予約権

事前に決められた価格で株式を買い取ることができる権利

■ 新株予約権はどんな権利なのか

新株予約権とは、会社の株式を事前に決められた価格で会社から買い取ることができる権利のことです。買取りの対象は、新株でも、会社がすでに発行している自社株でもかまいません。

新株予約権を付与できる株式数、権利を行使できる期間については、会社側が自由に決めることができます。また、新株予約権が脅かされるような事態が生じた場合は、後述するように会社に対して予約権を買い取るように請求することもできます。

新株予約権を発行する際は原則として取締役会の決議が必要です。株式を公開していない会社は株主総会の決議が必要になりますが、株主総会で発行に関する主要な項目を決議すれば、具体的な項目の設定を取締役会に一任することも可能です。

新株予約権の発行に関するルールは株式と同じです。証券に関しては、不発行が原則となっています。新株予約権の行使は会社への請求と権利行使価格分のお金を払い込むことで完了します。最近では、ストックオプションとして新株予約権を発行することが増えています。その際には退職や新株予約権を行使できる期間を経過するなど、一定の条件が発生した場合は新株予約権が自然消滅したり、会社が無償で譲り受けて消却したりできるような規定が入るのが普通です。

ストックオプション
あらかじめ決められた価格で自己株式を購入できる権利を役員や社員に与えること。市場での株価が上がった時点で権利を行使し、取得した株式を市場で売れば、売却価格と取得価格の差額が利益になる。利益を上げるためには株価を上げなければならない。株価を上げるためには会社の業績を上げる必要がある。そのためには、役員や社員は仕事に励む必要がある。このような理屈でストックオプションは士気向上に結びつくことになる。

■ 買取請求権を行使することができる

新株予約権は独立した財産権ですので、会社の都合で権利が脅かされるおそれが出てきた場合、予約権の保有者は会社に予

新株予約権の発行手続きの原則的な流れ

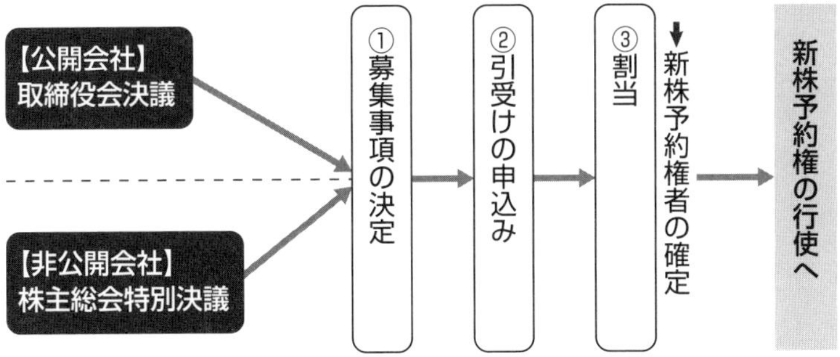

約権の買取りを請求することができます。以下のようなケースでは新株予約権者の買取請求が認められています。

・会社が組織変更した場合（会社法777条）
・合併により会社が消滅する場合（会社法787条、808条）
・会社分割により会社が分割する場合（会社法787条、808条）
・株式交換などにより会社がある会社の完全子会社になる場合（会社法787条、808条）

以上のような事由の場合に、会社は新株予約権の保有者に対してこれらの事由の効力発生日の20日前までに、もしくは、株主総会決議等の日から２週間以内（事由により異なります）に通知するか、公告しなければなりません。

新株予約権の保有者が買取請求をしてきた場合、会社は請求者と買取価格を協議します。買取金額で合意できた場合は、買取請求のきっかけになった事由の効力発生日、もしくは、設立会社の成立の日（事由により異なります）から60日以内に買取代金の支払が行われなければなりません。

親会社
他の企業（子会社）の経営権を実質的に支配している会社。子会社とされる株式会社の議決権のうち、過半数を所有している場合が親会社の典型例である。

子会社
他の会社（親会社）によって経営権を実質的に支配されている会社。ある会社（親会社）によって総株主の議決権の過半数を取得されている会社が子会社の典型例である。

親子会社
親会社と子会社の関係にある会社のこと。「Ａ社とＢ社は親子会社の関係にある」といった使い方をする。

11 株式譲渡

証券保管機構に預けていなければ名義の書換えが必要になる

■ 株式が譲渡されたときの手続き

株式の譲渡とは、株主としての権利を他者に移すことです。株式の譲渡は自由に行うことができるのが原則です。例外としてはまず、定款に株式譲渡制限のある場合が挙げられます。

株券発行会社でも不発行会社でも、株式の発行会社や当事者以外の第三者に対して譲渡の事実を証明し、譲り受けた人が株主の権利を主張するには、株主名簿の書換えが必要です。

なお、平成21年1月以降、上場企業の株式については株券の電子化に伴い、株券はなくなり電子情報に切り替わっているため、株式の売買が行われたとしても名義書換手続きは不要です。

譲渡制限を柔軟に活用

現行の会社法では定款によってさまざまなかたちの株式取得制限を導入することが可能である。株式の譲渡制限を定める一方で、既存の株主の権利を侵害しないように以下のルールが定められている。

①株式の種類ごとに譲渡制限ができる
②株式譲渡の承認機関として取締役会以外の機関についても認める
③承認機関の承認なくして譲渡できる場合もある
④会社側が株式の譲受人をあらかじめ指定できる

■ なぜ譲渡制限するのか

株式の譲渡制限とは、会社が株主に対して自社株式の譲渡に制限を設けることです。制度変革の大きな流れを一言で言いますと、「株式会社が投資家から投資を受けやすくすると同時に非公開会社が買収の危機を回避できるようにした」ということです。非公開会社とは発行されているすべての株式に譲渡制限がある会社です。多くの中小企業は株式譲渡制限に関する規定を設けています。

譲渡制限株式を譲渡する場合には次ページの図のような手続きが必要になります。株主は、会社に対する譲渡承認が否認された場合を見越して、あらかじめ別の譲受人（指定譲受人）を指定するように会社に請求することもできます。株式の買取り価格は1株当たりの純資産額とするのが一般的です。

株式の譲渡承認の手続き

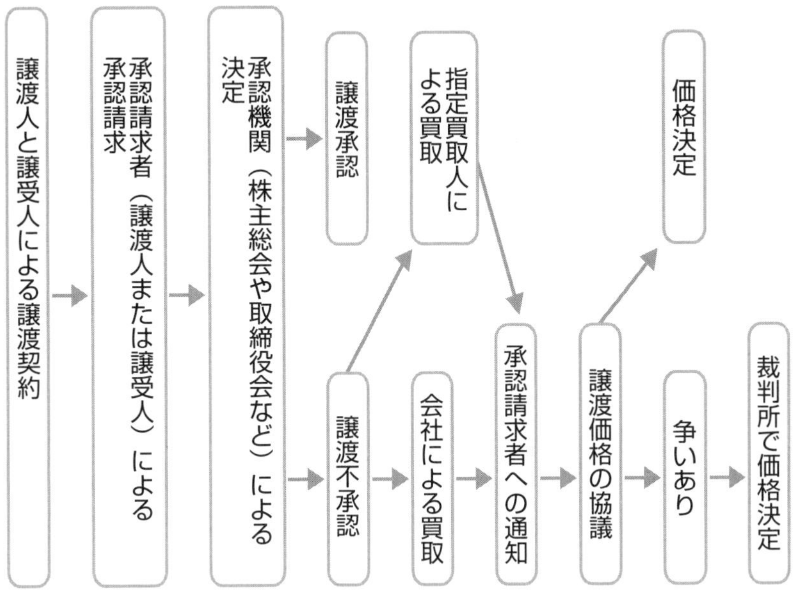

■ 譲渡制限を廃止するには

株式を上場か店頭公開することを決めた企業は、公開会社になるために、株式の譲渡制限を廃止しなければなりません。廃止にはまず、株主総会の特別決議により、定款を変更します。特別決議で承認された時点で譲渡制限の効力はなくなると考えられています。

次に登記の変更を行います。本店所在地では特別決議をしてから２週間以内、支店所在地では３週間以内に変更の登記をすることが義務付けられています。

上場

株式を株式市場（証券取引所）で誰もが自由に売買できるようにすること。

店頭公開

証券会社や金融機関の店頭を通じて株式の売買をできるようにすること。証券取引所での売買ではない点が上場との違い。

Column

想定問答（シナリオ）とリハーサルの重要性

株主総会は株主が議決権を行使する重要な場ですから、わかりやすく報告事項をまとめ、質問に対しては丁寧に対応し、議事の進行を滞りなく進める必要があります。事前準備を怠ると時間配分のバランスが悪くなり、重要事項について審議を尽くせなかったり、早々に質疑応答の時間を打ち切らなければならないなどの不都合が発生する場合があります。総会当日に議事をスムーズに進めるためには、議事進行を所要時間とともに考えてシナリオとして残しておきましょう。

株主総会を滞りなく進め、より開かれた株主総会とするために一番大切なことは、株主から出される質問に誠実かつ明確に答えること、です。そのためには、あらかじめ質問されることが想像できる事項を洗い出しておき、明確な回答を作成しておくことが重要です。もちろん、専門用語や業界用語などを並べ立てた回答例を作成しても意味はありません。想定問答を作る際には、このことを肝に銘じて、質問した株主だけでなく出席した株主全体が理解できるようなわかりやすい言葉を使った誠実な回答を作成しましょう。なお、あらかじめ各部門に告知して、問題点や質問されそうな内容をリストアップしてもらい、対策案なども出してもらうようにするとよいでしょう。

想定問答はリハーサル前には完成させておき、リハーサルでは株主役に質問させ、担当役員が実際に回答してみて、代理人弁護士に法的に問題ないか確認してもらいましょう。

株主総会を意義あるものにするためには、当日行わなければならない説明や報告を株主にわかりやすく行うことが重要です。そのためには、議事を進める議長や説明・報告を行う取締役など、株主総会の進行上重要な役割を果たす人が、全体の流れを頭に入れた上で、事前に練習しておくことが大切です。リハーサルでは、全体の時間配分に注意した上で、それぞれの役割の特徴をおさえておくようにしましょう。

PART 4

事業再編と倒産制度の知識

事業再編のしくみ

代表的な手法は、合併、買収、事業譲渡、会社分割である

M&Aを行う理由

たとえば、事業の拡大・縮小のため、事業の効率化のため、後継者問題の解決のためなどの理由から、M&Aを行う。これらの理由の中では、「事業の拡大・縮小のため」という理由が一般的である。M&A（合併、企業買収など）を活用すれば、事業を短時間のうちに一気に拡大できる場合がある。また、事業を譲渡する企業は、不採算の部門を売却することで、事業を縮小し、赤字の解消などをめざす。
最近、中小企業の経営者の間では、後継者問題を解決するためにM&Aを利用することが増えている。

■ どのような手段があるのか

会社法には、事業再編成の手続きとして、①合併、②事業譲渡、③会社分割、④株式交換、⑤株式移転、⑥株式交付、⑦組織変更が用意されています。このうち①②③④⑥は、M＆Aの手段として頻繁に利用されています。その他、M＆Aの最も単純な手段として、⑧株式譲渡があります。以下、M＆Aの代表的な手段についてみていきましょう。

・合併（100ページ）

複数の会社が統合して、ひとつの会社になることを合併といいます。合併の特徴は、個々の会社が持っていた権利義務（財産や負債など）を包括的に統合後の会社に引き継ぐことです。

・事業譲渡（102ページ）

相手企業が運営している事業のうち、必要な事業を、お金を支払って買い取る方法です。会社を丸ごと取得するのではなく、事業だけを取得する点が特徴です。

・会社分割（104ページ）

会社の事業の全部または一部を別の会社にそのまま引き継がせる手法です。合併と同様に事業に関連した個々の権利義務（財産や負債など）を包括的に他社に引き継ぐことが可能です。

・株式交換（106ページ）

相手企業の発行済み株式を100％取得して、完全子会社化する手法です。株式取得の対価が、原則としてお金ではなく、自社株式である点で、株式譲渡による買収とは異なります。株式交換による買収のメリットは、資金を調達できない場合でも買

代表的な組織再編行為の比較

	事業譲渡	合併		会社分割		株式譲渡	株式交付
		吸収合併	新設合併	吸収分割	新設分割		
株主総会の特別決議	事業の全部または重要な一部の譲渡、事業全部の譲受けの場合、必要	必要	必要	必要	必要	不要（譲渡制限株式の場合、譲渡承認は必要）	必要
株式買取請求権	あり	あり	あり	あり	あり	なし	あり
債権者保護手続き	なし	あり	あり	あり	あり	なし	一定の場合にあり
効力発生日	契約で定められた日	契約で定められた日	設立登記日	契約で定められた日	設立登記日	契約で定められた日	契約で定められた日
株主の変動	なし	消滅会社の株主は原則として存続会社の株主となる	消滅会社の株主は原則として新設会社の株主となる	原則としてなし	原則としてなし	株式の譲受人が譲渡会社の株主になる	親子会社の関係になる

収可能なことです。

・株式譲渡（株式売却。106ページ、94ページ）

株式の売買契約により相手企業の株式を譲り受け、支配権を獲得します。株式譲渡による買収のメリットは、手続きが簡単であることです。デメリットは、株式の取得に多額の費用がかかることです。

・株式交付（108ページ）

株式交換と同様に子会社になる会社の株式を取得する対価として、自社株式を交付する手続きです。株式交換と異なり子会社の株主のうち株式交付を希望する者のみを対象に行うことができます。

事業譲渡の特徴

事業譲渡の場合、対象となる事業の権利義務については、個別の処理（売買契約、債権譲渡、債務引受など）が必要である。一方、会社分割で事業を承継させる場合は、その事業に関する権利義務は包括的に承継会社に移転する。

合併のしくみ

吸収合併と新設合併がある

■ 合併とは

合併とは、複数の会社がひとつの会社になることです。会社法では吸収合併と新設合併があります。

吸収合併は、合併する複数の会社のうちの1社が存続して、他の会社を吸収する方式です。新設合併とは、合併する複数の会社のすべてが消滅して、新しい会社を作る方式です。合併では、吸収合併を利用するのが普通です。吸収合併の手続きの流れは次ページの図の通りです。

吸収合併は、合併契約により定めた効力発生日に効力が生じます。そして、新設合併は、設立会社の設立登記を経て、設立会社が成立した日に、効力が生じます。合併により消滅する会社の権利義務一切は、存続会社や設立会社に包括的に承継されます。一部の義務を承継しないなどと取り決めても無効です。

合併には通常の合併の他に、以下の3種類の合併があります。

①　簡易合併

簡易合併は、吸収合併に関して、存続会社における株主総会の特別決議を省略できる制度です。簡易合併の要件は、吸収合併について、存続会社が合併対価として交付する株式等の額が純資産額の5分の1以下であることです。

②　略式合併

略式合併は、吸収合併の存続会社が消滅会社の総株主の議決権の9割以上を保有している場合に、消滅会社の株主総会決議を省略できる制度です。

合併のメリット・デメリット

代表的なメリットとして、事業規模の拡大、事業部門の合理化による経費節減、事業の相互補完による競争力の強化の3点がある。
デメリットとしては、以下のものがある。
- 社風や企業の体質の違いなどによる現場の混乱
- 事業規模の拡大がマイナスに働く場合がある

三角合併

吸収合併を行う際、存続会社は自社の株式だけでなく、その親会社の株式を合併対価として交付できる。存続会社がその親会社の株式を交付するタイプの合併を三角合併と呼ぶ。

吸収合併の手続きの流れ

① 合併契約の締結	・存続会社と消滅会社が合併契約を結ぶ ・合併契約書の記載事項に不備がないようにする
↓	
② 事前開示	・株主や会社債権者のために合併に関する資料を備え置く ・存続会社と消滅会社の各本店に備え置く
↓	
③ 株主総会	・原則として存続会社、消滅会社双方で株主総会の特別決議が必要 ・簡易合併の場合には存続会社の総会決議を省略できる ・略式合併の場合には消滅会社又は存続会社の総会決議を省略できる
↓	
④ 反対株主の株式買取請求	・合併に反対する株主は会社に対して公正な価格での株式の買取りを請求できる
↓	
⑤ 債権者保護手続き	・債権者に対する公告を行う ・存在を知っている債権者には個別の催告が必要
↓	
⑥ 登記	・効力発生日から２週間以内に登記をする ・吸収合併の場合、存続会社については変更登記を、消滅会社については解散の登記を行う
↓	
⑦ 事後開示	・吸収合併の効力発生後、遅滞なく、事後開示書面を作成し、本店に備え置き、株主と債権者が閲覧できるようにする ・備え置く期間は、効力発生日から６か月間

事業譲渡のしくみ

譲渡する資産・負債は自由に決められるメリットがある

■ 事業譲渡とは

事業譲渡とは、会社の事業を他に譲渡（売却など）することです。これに対し、会社そのものを売る場合は、企業譲渡または企業売却（会社売却）といいます。

事業譲渡は、①会社を倒産から救う、②会社を清算する、③事業再編をするなどの場合に使われます。

事業譲渡の形態としては、①手がけている事業を全部譲渡する場合と、②複数ある事業のうち重要な事業を譲渡する場合があり、原則として株主総会の特別決議（86ページ）が必要になります。一方、事業を譲り受ける場合も、事業の全部譲受の場合には原則として株主総会の特別決議が必要になります。株主総会決議を経ずに行われた、事業の全部あるいは重要な一部の事業譲渡について、最高裁判例は、当然に無効であるという立場をとっています。

ただし、簡易事業譲渡と略式事業譲渡の場合には、株主総会の特別決議を省略できます。

事業を譲渡した会社は、事業譲渡の日から20年間、一定地域内で譲渡した事業と同一の事業を行うことが禁止されます（競業避止義務）。事業譲渡に合わせて、商号を引き継ぐこともできます、譲受会社は、会社法上、譲渡会社の債権者に対しても弁済責任を負うこともあるので気をつけなければなりません。

事業譲渡の活用される場面

事業譲渡は、①会社を倒産から救う、②会社を清算する、③事業再編をするなどの場合に利用されている。

商号

会社が事業上、自己を表示するために用いる名称のこと。たとえば、「○○株式会社」「□□合同会社」など、登記された会社の名称が商号である。商号の登記にあたっては、使用可能な文字が定められている他、株式会社であれば「株式会社」の文字が商号に含まれなくてはならないなどの規制がある。商号にローマ字を使用することはできるが、「株式会社」の部分を「Ｃｏ．，Ｉｎｃ．」などに代えて登記することは認められていない。

■ 事業譲渡の手続きの流れ

事業譲渡は以下の手続きの流れで行われます。

事業譲渡の手続き

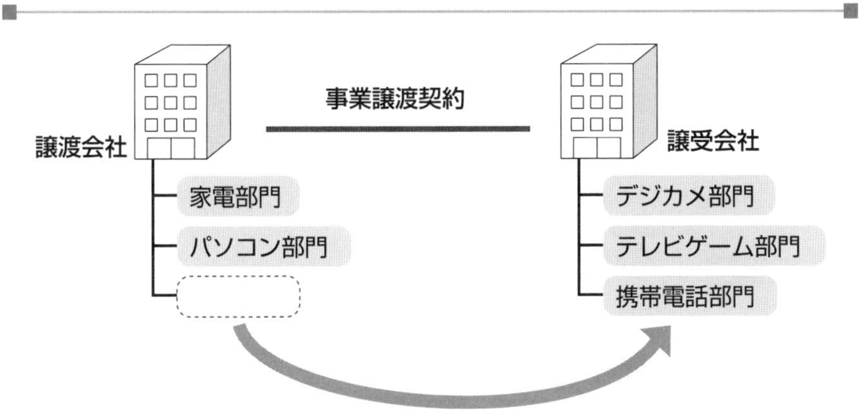

※譲渡会社から譲受会社に「携帯電話部門」が
譲渡されたケース

① 事業譲渡契約の締結

事業譲渡契約は、財産や設備といった単なる「モノ」の譲渡ではなく、事業そのものを譲渡する契約です。

② 取締役会決議

会社法では、「重要な財産の処分」「重要な財産の譲受け」については、取締役会の決議が必要とされています。

③ 株主総会の決議

前述のように、事業譲渡が「事業の全部の譲渡」または「事業の重要な一部の譲渡」にあたる場合には、株主総会の特別決議が必要です。

④ 反対株主の株式買取請求

事業譲渡に反対の株主は、会社に株式の買取を請求する権利があります。

⑤ 権利移転の手続き

事業譲渡の場合は、譲渡する事業に関連した個々の資産について、個別に権利を移転させる手続きが必要です。

独占禁止法との抵触

独占禁止法は、一定の規模以上の事業譲渡も規制の対象としている。具体的には、国内売上高合計額が200億円を超える会社が、国内売上高合計額が30億円を超える会社から事業の全部を譲り受ける場合等には、原則として、公正取引委員会への届出が必要になる。

会社分割のしくみ

吸収分割と新設分割の２つの方法がある

会社分割の注意点

吸収分割の場合に分割会社は承継会社から適正な対価を受け取らなければならない、という点である。たとえば、適正な対価を受け取らないで会社清算手続きをしてしまうような場合、分割会社は債権者から偽装倒産の疑いで裁判所に訴えられるおそれがある。最悪の場合、会社分割そのものが無効となる可能性があるので注意したい。

■ 会社分割とは

会社分割とは、ひとつの会社を２つ以上の会社に分けることです。会社分割には吸収分割と新設分割の２つの方法があります。吸収分割とは、会社が切り分けた事業を既存の他の会社に継承させる方法です。新設分割は、会社が切り分けた事業を新設した会社に事業を継承させる方法です。事業を分割する側の会社を分割会社、事業を継承する会社を承継会社と呼びます。

会社分割を使う場面としては、①会社を倒産から救う、②会社を清算する、③事業再編する、④事業再生するといった場面が想定されます。

会社分割を利用するメリットとしては、会社分割は、譲渡対価としての金銭の交付が不要であるという点があります。また、会社分割は、債務の承継にあたって、事業承継や現物出資と異なり、個々の債権者の承諾を得る必要がなく、現物出資の場合に要求されている検査役の調査も不要です。

■ 会社分割の手続きについて

会社分割を行うためには、吸収分割の場合は会社分割契約書、新設分割の場合は会社分割計画書を作成する必要があります。会社分割契約書、会社分割計画書の策定後に、利害関係者の承認を得なければなりません。さらに分割会社、承継会社とも会社分割の効力が発生する前日までに株主総会の特別決議（86ページ）による承認を受けます。株主総会の開催にあたり、それらに関する資料を会社分割の効力が発生する日まで会社の本

会社分割の手続き

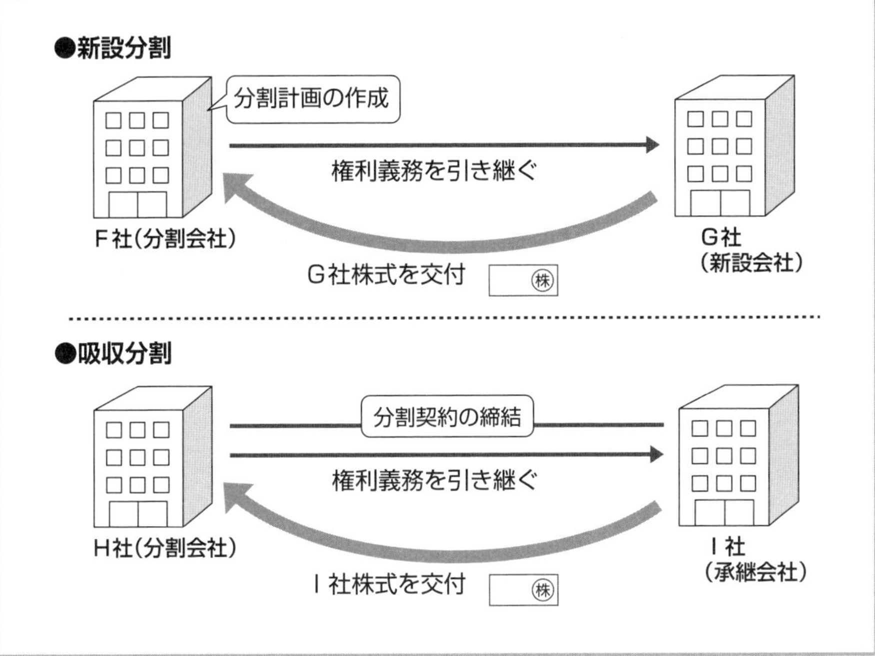

店に置き、株主や債権者が閲覧できるようにしておかなければなりません。

総会決議に反対する株主は、保有する株式を会社に対して買い取るように請求できます。

会社分割では、債権者の保護も必要です。会社分割によって不利益を被るおそれのある債権者は異議を申し立てることができます。会社分割では、従業員も承継の対象になりますので、従業員にも保護措置をとる必要があります。

最後に登記を申請します。吸収分割では、分割会社と承継会社の双方について変更登記を申請します。一方、新設分割では、分割会社について変更登記と、新しく設立会社についての設立登記を申請します。

労働契約承継法

会社分割に伴い、分割会社の従業員の雇用関係がどうなるかについては労働契約承継法に規定がある。

PART4
5

株式売却・株式交換・株式移転

それぞれの制度のメリット・デメリットを把握する

■ 株式売却（株式譲渡）とは

株式売却とは、会社の株式を第三者に売却（譲渡）することをいいます。株主が保有しているある企業の株式を他人に譲渡することを株式譲渡といいますが、事業再編における株式売却とは、会社の支配権の移転、資本注入を目的として、株式を売却（譲渡）することを指します。とくに、1～数人の大株主から株式を取得すれば支配権を獲得できるような会社のM&Aには、この手法が向いています。

株式売却のメリットは、合併などと比較して手続きが簡単なことです。そのため、事業再編の実務では、株式売却の手法が多用されています。売却手続きは、①株式の価格決定、②売却先との合意、③会社の承認（非公開会社の場合。23ページ参照）、④売買契約の締結、⑤株主名簿の書換と売買代金の受領の流れで進んでいきます。

株式売却のデメリット

・一部の株主が株式売却に反対すると会社支配が不完全になること
・大規模な企業を買収する場合などに多額の資金が必要になること

■ 株式交換・株式移転とは

持ち株会社制度を円滑に導入できるように作られたのが、株式交換と株式移転の制度です。ある会社が別の会社の株式をすべて買い取って完全子会社にしようとすれば、完全子会社にする予定の会社の株主から株式を取得しなければなりません。その際に、株式取得の対価として自社の新株か自己株式を交付する手法を株式交換といいます。株式交換の手続きの流れは合併の場合とほとんど同じです。具体的には、①株式交換契約の締結、②事前開示、③株主総会による承認、④反対株主の株式買

株式交換と株式移転のしくみ

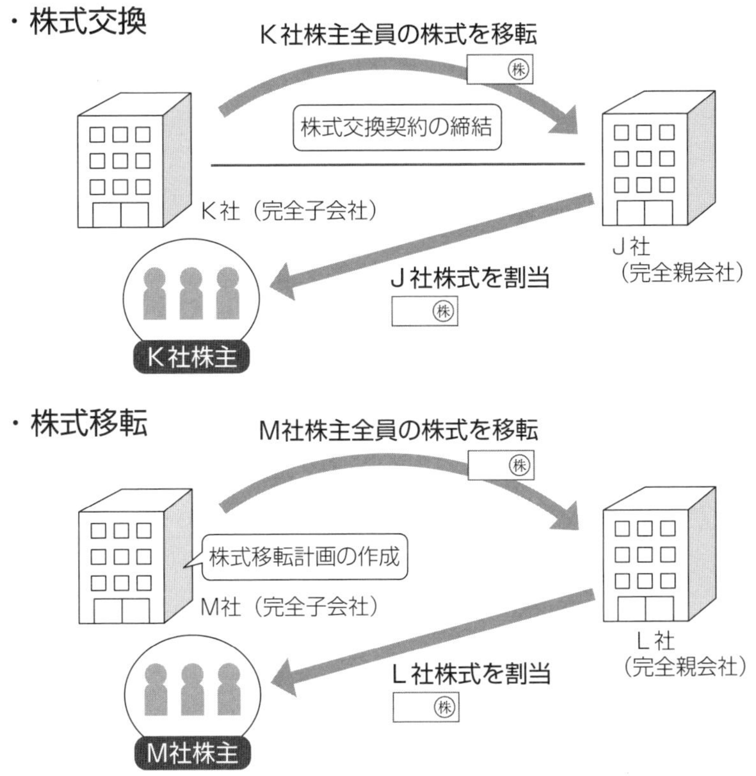

取請求、⑤債権者保護手続き、⑥登記、⑦事後開示の手続きを行います。

株式移転は、株式交換と同様に100％子会社を作るための制度です。株式移転は、新設した会社が完全親会社になる点で、既存の会社が完全親会社となる株式交換とは異なりますが、株式移転に反対の株主には株式買取請求が認められている点や、債権者保護手続きが必要になる場合がある点は、株式交換と同じです。また、手続きの流れも株式交換と基本的に同じです。

PART4
6

事業再編と
倒産制度の知識

株式交付

他の会社を子会社化する際の自社株式の交付に関する手続き

反対株主の株式買取請求権

本文記載のように、株式交付に反対する株式交付親会社の株主は、株式交付親会社に対して、自己が保有する株式を公正な価格で買い取るように請求することができる。

株式交付親会社／株式交付子会社

子会社株主に対して株式を交付する親会社を株式交付親会社といい、株式交付親会社の株式の交付を受ける子会社を、株式交付子会社という。

■ 株式交付とは

株式交付とは、株式会社が他の会社を子会社にする際に、子会社になる会社の株式を譲り受ける対価として、自社の株式を交付することです。株式交付親会社は、株式交付を行う際には、次ページ図の株式交付計画を作成しなければなりません。

株式交付は、大まかに以下の流れに従って行われます。まず、株式交付親会社は、株式交付子会社の株式の譲り渡しを希望する者に対して、株式交付親会社の商号や株式交付計画の内容などを通知します。これに対して、株式交付子会社の株式を、株式交付親会社に対して譲り渡すことを希望する者は、その名称・住所、譲り渡しを希望する株式の数などを記載した書面を、株式交付親会社に対して交付しなければなりません。これを受けて、株式交付親会社は、実際に株式交付子会社の株式を譲り受ける者を選定して、自社の株式を交付する数を決定します。

そして、株式交付計画で定めた効力発生日に、株式交付親会社は、株式交付子会社の株式を譲り受けることになります。また、株式交付子会社の株主のうち、株式交付親会社に対して、株式交付子会社の株式を譲り渡した者は、株式交付親会社の株式が割り当てられることから、株式交付親会社の株主になることになります。

■ 株式交付親会社における手続きと株式交付無効の訴え

株式交付親会社は、株式交付の効力が発生する前日までに、株式交付計画について株主総会の承認を得なければなりません。

株式交付計画の内容

株式交付計画の記載事項	
①	株式交付子会社の称号・住所
②	株式交付親会社が譲り受ける株式の数
③	株式交付親会社が交付する株式の数
④	③について、株式割り当てに関する事項
⑤	株式交付親会社が株式交付にあたり金銭などを交付する際に必要な事項
⑥	⑤について、金銭などの割り当てに関する事項
⑦	株式交付親会社が株式交付子会社の株式の他に、株式交付子会社の新株予約権や新株予約権付社債を譲り受ける際に、その内容・算定方法など
⑧	株式交付子会社の株式などの譲り渡しの申込期日
⑨	株式交付の効力発生日

また、株式交付計画を定めて、実際に株式交付の効力が発生した後６か月間は、株式交付計画の内容などを記載した書面、あるいは、ＰＣ上のデータなどを本店に備え置かなければなりません。株式交付が法令などに違反するために、株主に不利益が生じるおそれがある場合には、株式交付親会社の株主は、株式交付親会社に対して、株式交付を止めるように請求することができます。また、実際に株式交付が行われる際に、株式交付に反対する株主は、株式交付親会社に対して、株式買取請求を行うことが可能です。

株式交付後に、株式交付の効力を覆すには、株式交付の無効の訴えによらなければなりません。株式交付の無効の訴えは、株式交付の効力が生じた日から６か月以内に、株式交付親会社を被告として、訴えを提起しなければなりません。株式交付の無効の訴えは、株式交付の効力が生じた日に、株式交付親会社の株主あるいは、株式交付親会社に対して株式交付子会社の株式を譲り渡した者など、一定の者に限り提起できます。

倒産制度

倒産にも私的な手続と法的な手続がある

■ 倒産とはどんなことか

「倒産」という言葉に明確な定義はありませんが、通常、「一般的に債務の支払いが困難になった状態」を倒産といいます。一時的な債務超過や赤字経営は倒産に直結しない一方、たとえ黒字経営でも資金がショートすれば倒産します。また、債務の支払が困難な状態になるおそれが高い場合、民事再生や会社更生の申立てがされることがありますが、そうした法的手続等に移行したことをもって倒産と報道されることもあります。

債務超過
債務者の財産では、債務を完済することができないこと。具体的には、資産より負債のほうが多いことである。法人の場合、支払不能だけでなく債務超過も破産原因となる。

■ 法的整理と任意整理について

会社が倒産状態であれば、何らかの手立てを考えなければなりません。そのための「倒産処理手続」を見ておくことにしましょう。

倒産処理手続にもいろいろあります。まず、裁判所が関与する、法の規制に従った手続を法的整理、それ以外の手続を私的整理といいます。また、危機に瀕した事業者や会社を立ち直りの方向に向かわせる再建型の手続もあれば、最終的に消滅させる方向に向かわせる清算型の手続もあります。

再建型の手続としては、①特定調停、②民事再生手続、③会社更生手続が挙げられます。

また、清算型の手続の代表としては④破産手続があります。さらに、倒産状態ではない会社について自らの意思で事業を終結させるには、⑤通常清算という手続もあります。

私的整理は、任意整理とも呼ばれます。この手続は裁判所を

法的整理の種類

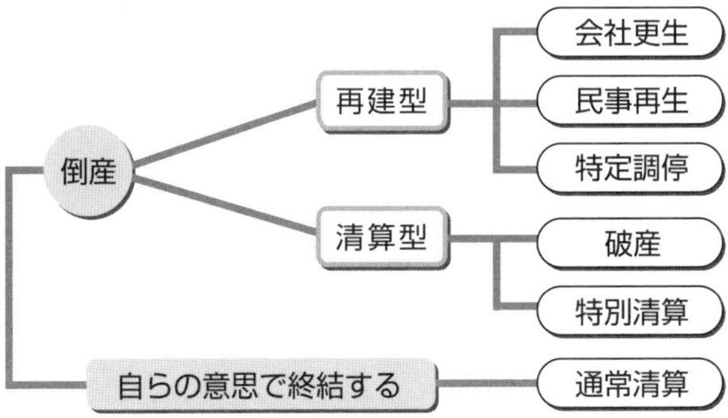

通さない、あくまでも関係者の同意にもとづくソフトな手続ですから、ロスも少なく柔軟な対応が可能です。清算型でも利用できますが、おもに再建型として利用されます。

可能であれば何としてでも私的整理を第一に考えたいというのが経営者・関係者の一致した希望でしょう。しかし、問題の企業の体質がどの程度まで悪化しているのか、また、その原因がどのようなものか、改善の可能性はあるのかなど、実現の度合いは企業ごとにおのずから決まってきます。

■ 再建型手続には４つある

ここでは、再建型の倒産手続について、①任意整理、②特定調停、③会社更生、④民事再生の順に簡単に見ていきましょう。

①　任意整理

法定の手続に拘束されない任意整理は、再建型手続きでは、頻繁に利用される方法です。迅速に処理することができます。手続は、基本的には当事者間の取り決めに基づきますので、関係者の状況に応じた柔軟な対応が可能です。中小企業再生支援協議会などの準則型の手続もあります。

その他の私的整理

中小企業再生支援協議会や事業再生ADRのように一定の準則に従って行う私的整理もある。

②　特定調停

特定調停法という法律に従って、経済的に破たんするおそれのある債務者が再生を果たせるように、債務者が負っている金銭債務に関する利害関係の調整を図ろうというものです。厳密にいえば倒産処理手続ではありませんが、再建に向けた話し合いのできる方法である事は確かです。個人・法人（会社など）を問わず利用できます。民事調停の特例制度であり、原則として、当事者間の合意（調停）によって解決します。

③　会社更生

窮地に陥っているが再建の見込みのある株式会社について、破産を避けて維持更生させようというものです。厳格な手続ですが、平成14年の法改正や、その後の運用見直しにより、以前よりも利用しやすい制度になっています。大企業の再建型手続としては最適な制度だといえます。

ただ、経営者は原則として会社から退陣させられてしまいます。もう少し柔軟にできる再建型手続ということで、民事再生という手続きが用意されています。

④　民事再生

債務者の事業を再生するために裁判所の監督の下で、債権者の権利行使を制約しつつ、再生計画の成立・遂行を図る手続です。破産や会社更生とは異なり、原則として債務者が財産の管理処分権を持ったまま民事再生手続を行っていきます。なお、民事再生は、株式会社以外の形態の会社でも、この手続を利用することができます。

■ 清算型の手続の全体像をつかむ

次に、清算型の倒産手続等について、①私的整理（任意整理）、②破産、③特別清算、④通常清算、⑤休眠会社化の順にそれぞれ見ていきましょう。

①　私的整理（任意整理）

事業を終結させて、財産関係を清算しようという場合にも、私的整理は利用可能です。法的整理と異なり、私的整理について直接規定する法律はありません。たとえば、各債権者との間に債務の50%を10年で返済するというような個々の合意ができた場合などが挙げられます。

② 破産

破産は、支払不能や債務超過にある債務者について、会社に残っている全財産を裁判所から選任された破産管財人の手で処分し、すべての債権者に公平に配分しようという手続です。特に、債務者自身で申し立てをする破産手続を自己破産といいます。破産管財人には、通常は弁護士が選任され、それまでの会社の経営者がその任務にあたることはありません。ただ、原則としてはすべて金銭換価をするので、一定の時間がかかるというデメリットがあります。

③ 特別清算

解散し、清算手続に入った株式会社に、清算手続を遂行していくのに著しい支障を生じさせるような事情があるとき、または債務超過の疑いがあるときには、特別清算という手続に移行することがあります。ただ、清算型の事案が100件あるとすれば、そのうちの９割以上は破産手続で行われ、残りの１割弱が特別清算で行われているというのが実情です。

④ 通常清算

債務超過に陥っていない状態で自らの意志で株式会社を解散・消滅させる手続が会社法の規定する通常清算の手続です。

⑤ 休眠会社化

一切の事業活動を停止させてしまって、会社としての実体をなくしてしまうという方法もあります。会社は、登記簿上は存在し続けますが、目を覚ましてまた活動をはじめるということはあまりありません。

廃業（自主廃業）

経営者自身の判断で事業を止めること。自主清算とも呼ばれている。経営者が、企業の経営が傾いてきたため、事業をたたもうと考えた場合に、自分の意志で実行に移すことができることが特徴である。しかし、本来企業が事業を廃止することは、取引先や身内である従業員に対して、多大な迷惑になる。そのため、借入れがない場合や、仮に借入れなどがあっても、それを自力で返済できる規模・状態である場合など、関係者に迷惑がかからないときに「廃業」を選択することが許されると考えられている。

裁判所を通さない債務整理

3年程度で返済できれば任意整理を検討する

■ 最初に検討したいのが任意整理

任意整理は私的整理とも呼ばれ、すべての会社や個人を対象とした倒産処理方法です。私的整理という言葉通り、法の適用を受けないで当事者同士の話し合いで処理を進めていきます。

任意整理であれば法定の手続に拘束されることはありませんし、取引先や従業員や世間に知られずに進めることもできます。また、清算するにしても再建するにしても債権者や利害関係者の状況に応じて柔軟な条件を採用することもでき、迅速に処理することも可能です。ただし、再建型の任意整理で処理するためには、以下の条件を満たしていることが必要です。

① 債務整理後の事業の黒字化の見通しがあること
② 債務整理後の負債総額が弁済の見通しが立つ範囲内に収まること
③ 経営者に再建への意欲や資質があること
④ 債務整理中の資金繰りが確保できること
⑤ 債権者の同意を得ることができる見込みがあること

清算型と任意型

任意整理は、会社の再建目的（再建型）、会社の清算目的（清算型）のどちらの目的でも利用することができる。再建型の場合、再建計画を策定して、計画を実行していくことになる。他方、清算型の場合、財産を換金して配当を実施していくことになる。
どちらの場合も、債権者の同意を得ることが必要になる。

■ どんな手続きをするのか

弁護士が介入した任意整理は、①弁済計画の立案、②受任通知の発送、③債権者との交渉、④同意書の提出という流れになっています。

① 弁済計画の立案

会社の財務状態を精査した上で、債権者に提示する事業計画や弁済計画を立案します。

任意整理と法的整理の比較

	メリット	デメリット
任意整理	・銀行だけを対象にすれば取引先に影響を与えないですむ ・対外的に知られないですむ ・柔軟な手続や弁済計画にすることができる	・債権者全員の同意が必要になる ・整理屋などの介入のおそれがある ・手続の公平性・透明性について債権者の信頼を得にくい場合がある
法的整理（法的な倒産手続）	・裁判所により手続の公平性・透明性が確保される ・担保権の実行を中止できることがある	・取引先も含めたすべての債権者が巻き込まれる ・対外的に知られてしまう

※法的な倒産手続には、清算型（破産、特別清算）と再建型（民事再生、会社更生）がある。

② 受任通知の発送

会社は、弁護士に依頼して、債務整理を行う旨の受任通知を債権者に発送します。受任通知の発送前には、債務整理の大まかな方針を立てておき、債権者から説明を求められた時に答えられるようにしておきます。

③ 債権者との交渉

債務整理に至った経緯や債務整理案を債権者に説明し、債権者の同意を得るために説得します。債務整理案は、大口の債権者と協議の上作成します。債権者説明会を開くこともあります。

④ 債権者からの同意書の提出

債務整理案に同意する債権者から、同意書を提出してもらう段階です。債権者の全員から同意書の提出があれば、債務整理案は成立し、後は債務整理案通りに配当や債務の弁済を行うことになります。同意書を提出しない債権者がいる場合には、特定調停や法的整理の利用を検討しなければなりません。

中小企業が利用できる任意整理手続き

中小企業を対象とする以下のような任意整理手続きもある。

・中小企業再生支援協議会

産活法に基づき、中小企業の企業再生を支援するために、各都道府県に設置された公的機関。支援対象は、事業再生に意欲があり、再生の可能性がある中小企業。

・地域経済活性化支援機構（REVIC）

地域経済を支える企業等の再建を支援するために、平成21年に官民出資で設立された株式会社（以前の名称は企業再生支援機構）。支援の期間は、最長5年とされている。

PART4
9

事業再生ADR

私的整理ガイドラインによる私的整理と似ているが、メインバンク主導ではない

ADR

Alternative Dispute Resolutionの略。裁判に代わる代替的紛争解決と呼ばれるシステムで、民間の機関などによる紛争解決の方法。当事者が訴訟を行うと、解決のために不必要に費用や時間がかかる場合も多い。このような場合に柔軟で迅速な解決を図るべく、当事者に弁護士などが加わって裁判機関の関与なく話し合いによる解決をめざしていくのがADRである。民事調停などの司法型、国民生活センター紛争解決委員会などの行政型、弁護士会仲裁センターなどの民間型がある。

■ どんな制度なのか

事業再生ADRは、事業再生に関する債権者と債務者の紛争を公正・中立な立場の人物（手続実施者）が仲介することで解決する手続きです。手続きは、私的整理ガイドラインによる私的整理と類似していますが、メインバンク主導の手続きではありません。事業再生ADRでは、債権者会議で選任される手続実施者が、公平・中立の立場から事業者と債権者の間を仲介します。事業再生ADRのメリットとして以下のものがあります。

①　商取引を円滑に継続しやすいこと

事業再生ADRでは、原則としてすべての債権が対象となる法的手続と異なり、金融債権などに対象を限定することができ、また、対外的に公表しなくてもよいため、商取引を円滑に継続し、事業の毀損を避けることができます。

②　「メイン寄せ」の問題が生じにくいこと

事業再生ADRは、メインバンク主導で進められる私的整理ガイドラインとは異なり、他の債権者がメインバンクに多額の債権放棄を求めるような、いわゆる「メイン寄せ」の問題が生じにくくなっています。

③　手続の公平性・透明性・信頼性を確保できる

純粋な私的整理と異なり、手続実施者が公平・中立の立場から関与し、法令に基づいて手続が進められるため、債権者の信頼を得やすくなります。

④　債務免除（債権放棄）についての税制上の優遇措置

事業再生ADRでは、純粋な私的整理とは異なり、期限切れ

事業再生ADRの手続きの流れ

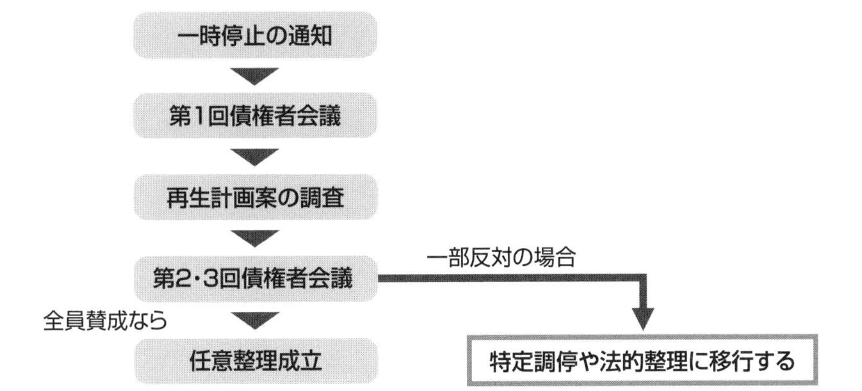

欠損金の優先利用や資産評定による評価損の損金算入という、税制上の優遇措置が認められています。その結果、債務免除額に対する税負担が軽減されます。また、債権者が債権放棄を行う場合には、その損失は税務上の損金に算入できます。

■ 手続きの流れはどうなっているか

事業再生ADRは事業価値があり、債権者からの支援で事業再生が可能な企業を対象としています。そのため、専門家による有料（一律50万円）の事前審査を行うしくみになっています。

正式な申込み後の手続きは、私的整理ガイドラインによる私的整理とよく似ていますが、この私的整理とは異なり、メインバンクが手続きを主導するのではなく、債権者会議で選ばれた手続実施者が、公平・中立な立場から、債権者間の調整や再生計画案の調査・報告などを行います。

債権者会議ですべての債権者から同意が得られると、私的整理は成立します。成立後は、再生計画どおりに事業の再構築や債務の返済を行うことになります。

私的整理ガイドライン

任意整理に関する基準を明確にして、適正かつ迅速に不良債権処理を進めることを目的にしている。
ガイドラインの対象となり得るのは、次のような条件を満たす会社である。

- 過剰債務をおもな原因として、経営難に陥り自力再建が困難である。
- 事業価値があり、再建の可能性がある。
- 法的整理では、事業再建に支障が生じる。
- 債権者にとって、法的整理よりも経済的合理性が期待できる。

ガイドライン手続きは、債務者の申出→債権者会議→再建計画の成立という流れで進む。なお、ガイドラインには、法的拘束力はない。

民事再生手続き

再生計画案を債権者に納得してもらう

■ 民事再生手続とは

民事再生は、原則として、債務者である会社の経営陣が業務執行や財産管理を続けながら、会社の再建を図る手続です。具体的には、債権の支払いを引き伸ばしたり、一部をカットすることを債権者に認めてもらいます。

民事再生手続は法人だけでなく、個人も利用することができますが、一般には、法人がメインであり、個人事業者や個人は民事再生の特則である個人再生手続を利用する場合が多いといえます。

なお、再生手続が開始すると、債務者は再生債務者、債権者は再生債権者となり、債権は再生債権と呼ばれるようになります。本書では、こうした用語も用いますが、煩雑さを避けるために適宜、単に「債務者」「債権者」「債権」と呼ぶこともあります。

民事再生手続きの申立てを行うことができるのは、債務者と債権者です（これらの者を申立権者といいます）。債務者会社は、以下の２つの場合に民事再生の申立てができます。

① 債務者に破産手続開始の原因となる事実が生ずるおそれがあるとき

② 債務者が事業の継続に著しい支障をきたすことなく弁済期にある債務を弁済することができないとき

債権者は、上記の①の場合にしか民事再生を申し立てることができません。②ができない理由は、②は会社の内情に通じた会社自身にしか判断することができないからです。

破産手続開始決定

裁判所が行う破産手続を開始する旨の決定のこと。破産手続開始決定により、株式会社は解散する。なお、かつては破産宣告という名称であったが、意味はまったく同じである。

民事再生手続きのポイント

- 利用者はすべての法人と個人である
- 申し立てることができるのは債務者と債権者である
- 財産などの管理処分権は原則債務者にある。経営者は交代しない
- 破産原因（支払不能）がなくてもよい
- 監督機関として監督委員が選任される

■ 原則として経営陣が経営を続ける

破産手続きにおいては、破産管財人が選任されて、手続開始後の財産管理等はすべてこの破産管財人が行うことになります。

これに対して、民事再生手続きにおいては、原則として、手続開始後も債務者である会社の経営陣が業務遂行と財産管理を行います。このような手続きを、DIP（Debtor In Possession）型手続きといいます。

DIP型手続が認められている趣旨は、特に中小企業などの再建手続きには、現在の経営者の営業力や技術上のノウハウを活用する形で、再建を図ったほうが、迅速な再建につながると考えられているためです。

DIP型手続きが採用された理由

会社の業務に詳しくない管財人を選任して、会社の再建をまかせると、迅速に手続きを進めることができず立ち直らせることができないおそれがあることから、会社の内情に精通している既存の経営陣にまかせるほうがよい、という価値判断から採用された制度である。会社更生でも管財人に現経営陣を選任するDIP型の運用がされることもある。

■ どんなことがおこるのか

申立権者から民事再生手続きの申立てが行われ、裁判所がその申立てを認めることを開始決定といいます。この申立てから開始決定までは通常約１～２週間程度かかります。

この間、申立てを行った会社の取引先が、会社の財産状況に不安をいだいて、他の取引先を出し抜いて、自分にだけ代金の支払いを求めることなどがないように（これを認めると他の取引

保全処分
再生手続開始決定前の不公平な債権回収等を防止するための処分であり、いくつかの種類があるが、通常、租税、給料、一定の少額債務などを除いて債務者に対して債務の弁済を禁止する弁済禁止の保全処分が発令される。

先との関係で不公平となります）保全処分という手続きが裁判所によって行われます。他に強力な処分として中止命令・取消命令があります。これは、一般債権者が個別的に行った、仮差押えや強制執行（競売等）について、中止や取消命令を裁判所が下すことです。さらに強力な処分として、包括的に、再生債権者の強制執行等を、一切禁止する包括的禁止命令があります。

民事再生手続きは、次ページの図の流れに沿って行われます。開始決定を出してもらうための３つの要件とは、第１に、債務者に手続開始原因があること、第２に、申立権者による適法な申立てであること、第３に、申立ての棄却事由が存在しないことが必要です。第１の要件については、①「債務者に破産手続開始の原因となる事実が生ずるおそれがあるとき」か、②「債務者が事業の継続に著しい支障をきたすことなく弁済期にある債務を弁済することができないとき」に、手続開始原因があることになります。

■ 再生計画の効力が生じるまでの流れ

再生計画案は、再生債務者をどのようにして再生させるかを具体的に定めたものです。この再生計画が、再生債権者、裁判所に認められるかによって、民事再生が成功するかどうかが決まります。したがって、再生計画案は非常に重要なものです。

再生計画案は、①再生債務者が作成し、②裁判所に提出した上で、③再生債権者による再生計画の決議を得て、④裁判所による認可決定を受けると、再生計画としての効力が生じます。

通常の再生手続きにおいては、債権者集会で、再生計画案の決議を得なければなりません。再生計画を可決するには、次の２つの要件を満たす必要があります。

・出席議決権者の過半数の同意
・議決権者の議決権総額の２分の１以上を有する者の同意

債権者集会によって再生計画が可決されても、裁判所による

民事再生手続きの流れの一例

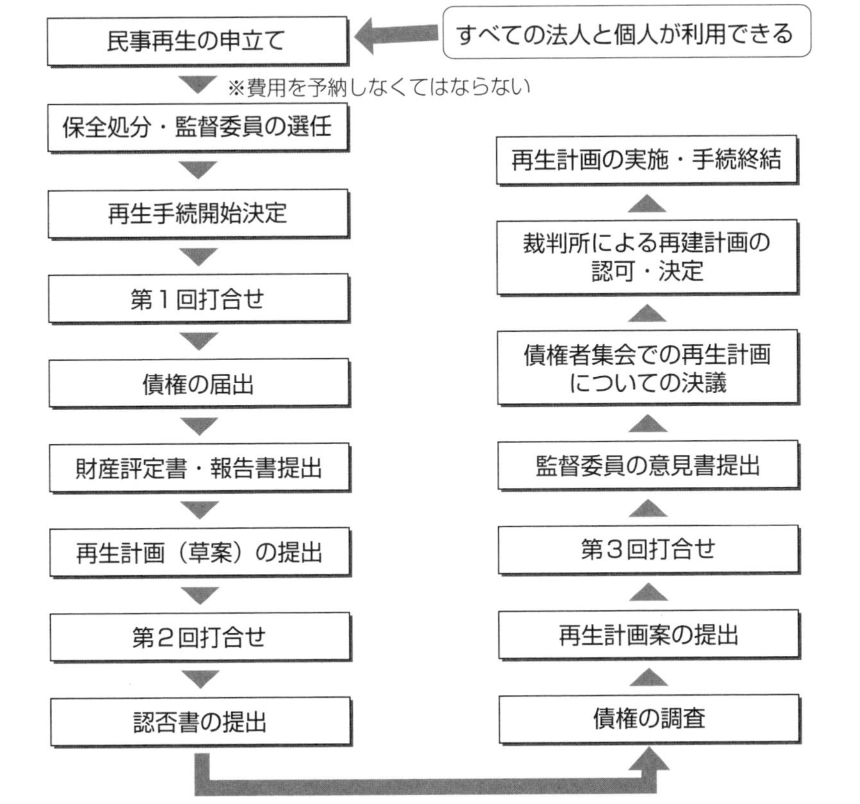

再生計画の認可決定の確定がなされなければ、再生計画は効力を生じません。

再生計画の認可決定を受けた後、即時抗告期間を経過すると、再生計画は確定し、その効力が生じます。

再生債務者は、再生計画の効力発生後は、適正に再生計画を遂行する必要があります。監督委員は、再生計画認可決定後、３年間は再生計画を監督することによって、再生債務者が、不適切に計画を遂行することを防ぎます。

会社更生手続き

おもに大企業の利用を想定している再建手続きである

■ どんな特徴があるのか

会社更生は、民事再生と同じく、経営難に苦しんでいる会社を立て直すための手続きです。以下、会社更生手続きの特徴を4つ紹介します。

①　株式会社のみが利用できる制度であること

民事再生手続きは、あらゆる法人、自然人が手軽に利用できる制度であるのに対し、会社更生は、おもに大企業の利用を想定しており、株式会社のみが利用できる制度になっています。

②　管財人が会社の経営権、処分権を持つ

旧経営陣は退陣するのが原則です。例外的に、会社の経営破たんに責任のない取締役がそのまま管財人に選任されるケースもあります。

③　担保権、租税債権さえも権利行使を制約されること

民事再生では、担保権は別除権として自由に行使できます。また租税債権も再生手続きによって影響を受けず自由に行使できます。しかし、会社更生では、担保権や租税債権でさえ権利行使を制限されます。

④　会社の資本、組織の変更を手続中に実施できること

通常、会社が会社分割、合併等の組織再編を行う場合、会社法の規定に従い、株主総会の特別決議を得るなどの手続きが必要になります。しかし、会社更生では、更生計画案に組織変更を盛り込むと、会社法の手続きによることなく会社分割や合併などの組織再編を実施できます。

別除権

破産や民事再生の手続きによらないで権利を行使できるもので、抵当権や根抵当権などがある。別除権を持っている債権者は、債権の届出をすることなく、抵当権などを実行して、債権を回収できる。

開始決定がなされた場合にしなければならないこと

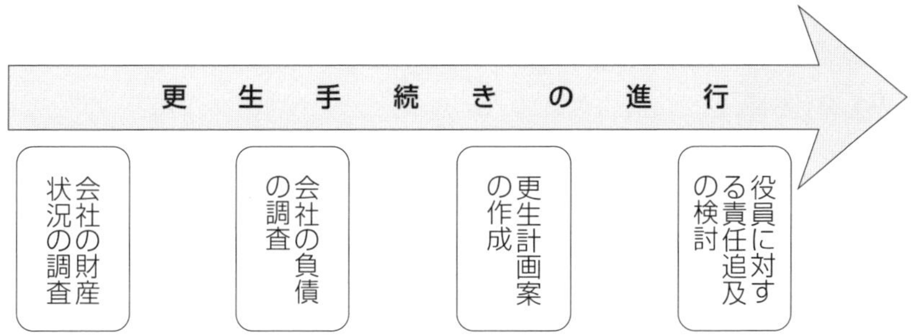

■ 会社更生の流れ

申立てを受けた裁判所が会社更生手続きを正式に開始する旨の決定を更生手続開始決定といいます。更生手続開始決定は、申立てをすれば必ず出るというものではありません。具体的には、更生計画案の作成・可決・認可の見込みがないことが明らかな場合などには開始決定が出ません。

更生手続開始決定が出た後に、更生手続きがとん挫すると破産手続きに移行する場合があります。裁判所は、更生開始決定を出すと同時に更生管財人を選出します。多くの更生会社は、経営改善のため大幅なリストラを行う必要があります。

管財人は、債権届出期間満了後の所定の期間内に、更生計画案を裁判所に提出する決まりになっています。管財人が作成した更生計画案については、債権者等、株主の議決に付し、一定数の賛同を得て、可決される必要があります。更生計画案は、その後の裁判所による認可決定によって効力を生じます。更生計画が実行され、更生計画で定められた金銭債権の３分の２が弁済された場合などには、裁判所は更生手続きの終結決定を出します。

破産手続き

支払不能に加えて債務超過も破産となる

■ 法人が破産するときの手続き

支払不能と債務超過

支払不能とは、債務者が一般的に債務を弁済できない状態をいい、債務超過とは、資産より負債のほうが多いことをいう。個人は支払不能のみが破産原因となるが、法人は支払不能と債務超過が破産原因となる。

法人の破産とは、支払不能や債務超過にある法人について、残っている全財産を裁判所から選任された破産管財人の手で処分し、すべての債権者に公平に配分しようという手続きです。

破産手続きは、地方裁判所に対する申立て（破産手続開始の申立て）からはじまります。申立人が貸主（債権者）である場合を債権者破産、借主（債務者）自身が破産の申立てをする場合を自己破産といいます。

借金の支払いができない状態を広い意味で支払不能といいます。個人の破産の場合は、支払不能が破産原因でしたが、株式会社や合同会社の場合には、さらに債務超過も破産原因になります。債務超過というのは、債務の評価額の総計が、資産の評価額の総計を上回ってしまっていることをいいます。合名会社や合資会社については、債務超過は破産原因ではありません。法人が破産する場合は一般に管財事件になります。

法人が破産手続開始決定を受ければ、その法人は解散しなければなりません。破産手続が終了すれば法人自体が消滅してしまいますから、個人の破産の場合のように、後に免責ということは問題になりません。

■ 破産手続きにはどんな特色があるのか

ここで破産手続の特色について簡単に見ておきましょう。

① 債務者は管理処分権を失う

管理処分権が、破産管財人に帰属します。したがって、債務

破産制度の特徴

適用対象	法人・個人
申立原因	・支払いをすることができないとき（支払不能） ・債務超過（法人のみ）
申立権者	債権者、債務者、取締役など
内　　容	破産管財人が債務者の総財産（破産財団）を換価処分し、債権者へ公平に配分する

者は財産の管理処分権を失います。

② 法人は手続終了後消滅する

法人の場合、破産手続終了後は消滅してしまいます。

③ 公租公課が優先される

破産では、原則として総財産を換価し分配するのですが、公租公課（税金など）の支払いについては優先されます。

換価
財産の価値を金銭に見積もり、金銭に換えること。

④ 担保権者（別除権者）の権利行使は妨げられない

質権や抵当権を持つ債権者は、破産手続によらず担保権を実行できます。担保権を実行して回収できなかった部分は、破産手続において権利を行使することができます。

⑤ 金銭による平等弁済

破産管財人によって、総財産は金銭に換価されます。そしてその金銭が債権額に応じて債権者に平等に分配され、弁済されることになります。

破産管財人
裁判所に選任され、債務者の財産を管理し、最終的には債務者の財産を債権者に公平に分配する役目を負う。一般には、弁護士が選任される。

⑥ 時間と費用がかかり、配当率は一般的に低い

倒産時の混乱で書類などが散逸し、まず破産者の財産を把握することに時間がかかります。破産手続の終了までには時間がかかり、配当があったとしても本来の債権額の数％程度にしかならないことがほとんどです。

■ 管財事件の手続の流れ

破産者に、配当できる財産や不動産がある場合には、裁判所は破産管財人を選任して、破産者の財産の換価・配当という手続をとります。この手続が本来の破産手続です。このように破産管財人が選任される場合を管財事件といいます。

管財事件は通常、以下のような手続きで進行していきます。

① 予納金の納付

破産手続きを行うには予納金を納める事が必要です。予納金が無事に納められれば、破産手続開始決定と同時に破産管財人が選任され、さらに債権届出期間、債権者集会期日（財産状況報告集会）、債権調査期日（期間）が決められます。これ以降は、破産管財人が財産の換価、契約の終了などすべての破産管財業務を行うことになります。

予納金

裁判所に破産手続を進めてもらうために必要な費用のこと。
申立人があらかじめ裁判所に納めることになる。予納金を納められないと、破産手続開始申立ては却下される。

② 破産管財人の選任

破産管財人に選任されるのは、弁護士です。選任は裁判所が行います。破産管財人が選任されると破産者の財産を管理・処分する権限はすべて管財人に移ります。管財人は破産者の財産を迅速・正確に調査して、すべての債権者に公平に分配できるように手続を進めていきます。

③ 債権届出期間の決定

裁判所は破産手続開始決定の日から２週間以上４か月以内の日を債権届出期間として指定します。債権者はこの期間に債権を届け出ることにより破産債権者となります。

④ 債権者集会（財産状況報告集会）の期日の指定

破産手続では、破産債権者による決議がなされます。債権者の意思を尊重し、公平を図るためです。そこで、財産状況などを債権者に報告する場として、債権者集会が行われます。原則として裁判所は破産手続開始決定と同時に第１回債権者集会の期日を指定します。ただ、債権者集会は必ず開催しなければならないわけではありません。

債権者委員会

債権者によって構成された委員会。債権者の考えなどを破産手続きに反映させるためのもの。裁判所などに意見を申し立てることができる。債権者の意思を決定する債権者集会とは異なる。

管財事件の手続きの流れ

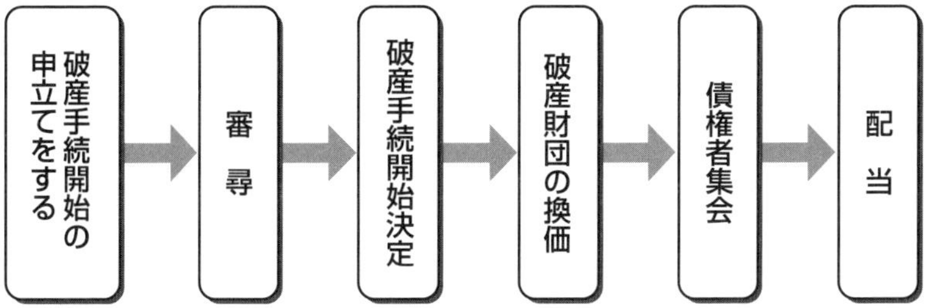

⑤　**債権調査期日の指定**

債権届出期間の最終日との間に１週間以上２か月以内の間をおく必要があります。債権の存在や債権額・順位などを確定し、将来、債権者に配当するための準備がなされます。

⑥　**破産財団の換価・配当**

破産者に残っている財産は破産財団という形にひとまとまりにされ、やがて売却され金銭に換えられます。換価の対象となる物は、ⓐ土地・建物などの不動産、ⓑ自動車、ⓒ商品在庫、ⓓ家具・日用品などの動産、ⓔ有価証券などがおもなものです。ただし、不動産は多くの場合、抵当権などの担保権が設定されていて、余剰価値がないことが多いものです。

破産管財人は裁判所の監督の下で、破産財団に含まれる財産を現金にして債権者に分配する準備をするのです。破産管財人は、原則として債権額に按分比例して、届け出ている債権者に順次分配していきます。これが配当です。配当が終了すると破産手続終結決定が出されて手続が終了します。

破産財団

破産手続開始のときに所有する一切の財産のこと。

按分比例

基準となる数量などに比例して、ものを分けること。

13 解散・清算手続き

会社解散後、債権債務を整理して残余財産を株主に分配する

■ 解散とはどのようなものなのか

解散は、会社の法人格を消滅させるきっかけです。あくまで「きっかけ」なので、解散すれば直ちに会社が消滅するわけではありません。会社を消滅させるには、解散後に清算という手続きを経る必要があります。清算は、債権債務の後始末や、残余財産の株主への分配などを行う手続きです。

なお、解散しても清算手続きが行われない場合もあります。会社が破産した場合と合併した場合です。破産の場合は、破産手続きによって処理されます。一方、合併の場合は、被合併会社は、解散と同時に消滅し、清算手続きは行われません。

会社法では、会社が解散する原因が７つ規定されています。

① 定款で定めた存続期間の満了
② 定款で定めた解散事由の発生
③ 株主総会の決議
④ 合併により会社が消滅する場合
⑤ 破産手続開始の決定
⑥ 裁判所による解散命令
⑦ 休眠会社のみなし解散の制度

株式会社が①から③までの事由によって解散した場合には、清算が完結するまで、株主総会の決議によって、株式会社を継続（会社継続といいます）することができます。その中では、株主総会決議による解散が実務上最もよく行われています。

みなし解散

みなし解散は、会社に関する最後の登記があってから12年間経過した会社を「休眠会社」として強制的に解散させてしまう制度である。実体のない会社の登記を放置しておくと、現実に会社として活動しているかのように見えてしまい登記の信頼性が損なわれる。そこで、一定期間、登記を変更していない会社を休眠会社とみなして、その登記を職権で抹消する扱いにしている。

解散事由の発生後の手続き

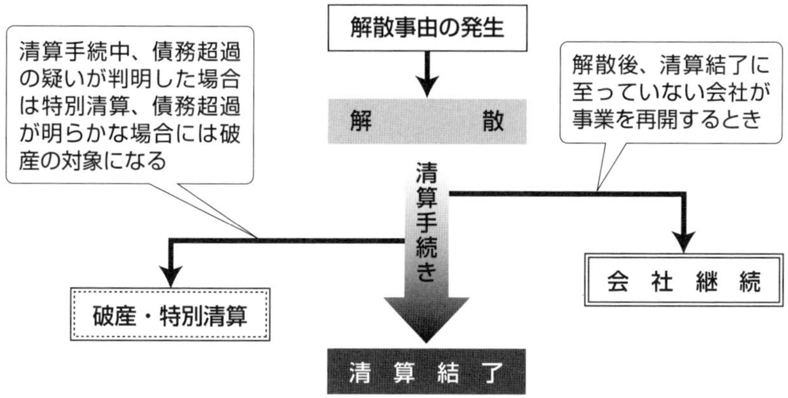

■ 清算手続とは

清算手続とは、解散会社について、その法律関係を整理し、会社財産を換価処分することです。つまり、解散した会社の後始末をすることです。清算手続きには、通常の清算手続き（通常清算）と次ページで述べる特別清算があります。清算会社は、清算の目的の範囲内で権利義務をもちます。

清算会社の職務を行うため、清算人が置かれます。定款や株主総会の決議による場合以外は、原則として取締役が清算人になります。また、定款の定めにより、清算人会、監査役、監査役会を置くこともできます。

会社法では、清算人は１名以上いればよいものとされています。ただし、監査役会を設置している株式会社は、清算人会の設置が義務付けられており、清算人が３名以上必要です。

会社法では、代表清算人を置くかどうかは任意とされています。代表清算人を選んだ場合は、その人が清算株式会社を代表します。代表清算人を定めない場合には、清算人全員が清算株式会社を代表します。清算人は、①現務の結了（完結）、②債権の取立て・債務の弁済、③残余財産の分配を行う他、清算会社を代表します。清算人は、任務を怠って会社に損害を与えたときは、その損害を賠償する責任を負います。会社を代表すべき清算人が、解散及び清算人就任登記、清算結了の登記の申請を行うことになります。

清算人の行う手続き

清算人は以下のような手続きを行う。
- 会社の財産調査
- 現在の業務を終了させること
- 官報公告等
- 財産の換価
- 債権の回収
- 負債の返済
- 残余財産の株主への分配
- 商業登記の手続き

■ 清算手続きの流れ

株主総会決議によって解散した場合を例にとって、清算手続きの流れを説明します。

まず、株主総会で解散決議を行いますが、この決議の際に、清算人の選任も併せて行う場合が多いようです。清算人が解散決議後すぐに行うべきことが２つあります。解散及び清算人の登記の申請と、債権者に対する官報公告等です。

債権者に対する公告期間が経過したら、債権者に債務を弁済します。そして、債務の弁済後に、残った財産があれば、株主に分配します。残余財産の分配が終わり、清算事務が終了したときは、清算人は決算報告を作成して、株主総会の承認を得ます。決算報告が株主総会で承認されると清算手続きは終了となり、会社（法人格）は消滅します。

清算人は、株主総会で決算報告が承認された時から、２週間以内に、清算結了の登記を申請しなければなりません。

■ 特別清算に移行することもある

清算人により、現務の結了、債権の取立て・債務の弁済、残余財産の分配が行われた後に決算報告をし、株主総会の承認を受け、清算結了の登記を行います。もっとも、①清算の遂行に著しい障害をきたす場合、②債務超過の疑いがある場合には、申立てにより、特別清算の手続に移行します。特別清算では、裁判所の監視の下、会社債権者間の実質的な平等を図りながら、

清算の開始と清算手続きの流れ

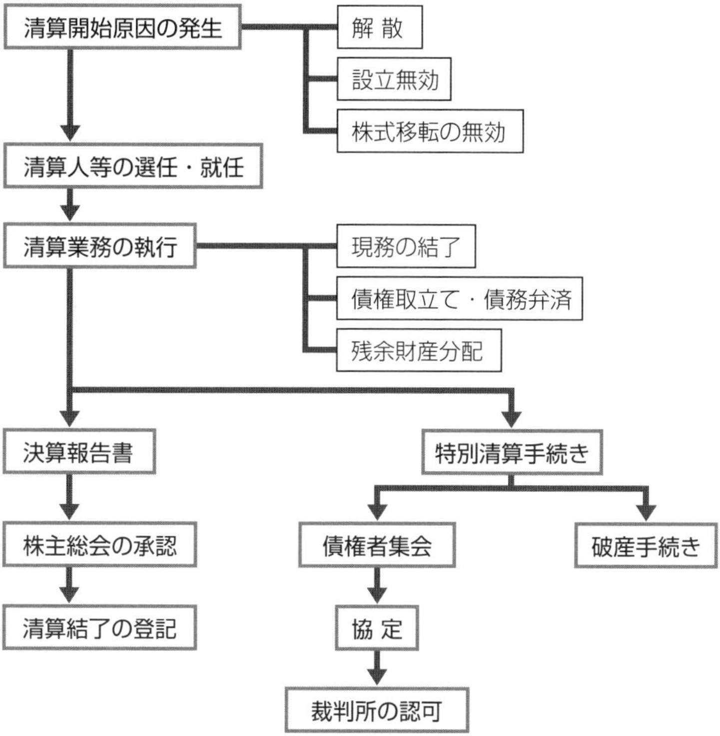

厳格に手続が進められます。債権者集会が招集され、清算会社と協定をし、裁判所の認可を受けて協定内容が実行に移されていくことになります。なお、特別清算開始後、協定の見込みや協定の実行の見込みがないとき、特別清算によることが債権者の一般の利益に反するときには、裁判所は、破産手続開始の決定をしなければなりません。

債務超過
会社財産で債務を完済できない状態。

Column

M&Aや会社の売却先の相談先

会社の売却では、売却先を探すのが一苦労です。経営者個人の人脈で探す場合、よほど運がよくないと成功しないといえるでしょう。

一般に、売却先が見つかりやすい場合とは、購入のために支払った以上の利益が出せると判断できる場合です。組織やビジネスモデルなど一部の業務を変えれば、収益を上げられると判断される場合（会社に収益力がある）や、会社を清算してもかなりの優良な資産が残る（バランスシートがしっかりしている）場合です。

会社の売却先を探す方法としては、①自分で探す、②法律や税務の専門家（顧問税理士や弁護士）に頼む、③商工会議所に相談する、④取引銀行に相談する、⑤専門のM&A仲介会社に頼むといったものがあります。⑤については、コンサルティング料金や仲介手数料、売却が成功した際の成功報酬など費用がかかります。料金はいろいろですが、成功報酬の場合、売却金額の２～５％程度が一般的で、料率は売却金額に応じて決まります。

上記の②～⑤のどれを依頼先にするかについては、規模の小さな会社の場合は、②で十分な場合が少なくありません。しかし、ある程度の規模の会社になると、株主や取引先など、利害関係者が多くなりますので、仲介の専門家に頼まざるを得なくなるケースもでてきます。多いケースが③と⑤です。④の取引銀行への相談は、銀行にもＭ＆Ａのサービス部門はありますが、経営意欲を疑われてしまうと、その後の取引に支障が生じかねませんので、相談には注意が必要です。

仲介を相談する場合、注意すべきことは、①自分の意思を明確に伝える、②着手金と成功報酬の金額を認識しておく、③自分の希望にかなった仲介機関を選ぶといった点です。

PART 5

働き方改革に対応した労務管理の法律知識

PART5
1
働き方改革に
対応した労務管理
の法律知識

労働法の全体像と働き方改革法

長時間労働の是正や多様な雇用形態を実現するための改正

■ 労働法とは

労働者の働き方について定めているルールが労働法です。労働基準法など、多数の法律と命令、通達などの総称です。おもな労働関係の法律には以下のものがあります。

① 労働基準法

労働関係の法律の中でも根幹に位置する重要な法律です。個々の労働者の保護を目的に、法定労働時間や法定休日、年次有給休暇（有休）などの労働条件についての最低基準を定めています。

② 労働契約法

労働者と使用者が労働契約を結ぶ上で守らなければならないルールが定められています。

③ 労働安全衛生法

労働者の安全と健康の確保と、快適な職場環境の形成を目的とする法律です。企業は、労働者のメンタルヘルス対策や職場復帰の支援にも取り組む必要があります。

④ 育児・介護休業法（育児休業、介護休業等育児又は家族介護を行う労働者の福祉に関する法律）

育児や介護を行う労働者に対する、休業や働き方に関するさまざまな配慮を規定したルールが定められています。

⑤ 男女雇用機会均等法（雇用の分野における男女の均等な機会及び待遇の確保等に関する法律）

募集・採用から退職・解雇に至るすべての過程で、労働者の性別を理由に賃金や昇進などで差別することを禁じた法律です。

労働法の役割

労働法は、労働者が生活と健康を守りながら仕事をすることを保障するという重要な役割を果たしている。

総合的で継続的な推進

働き方改革法では、異なる事情を抱えた労働者の個々の事情に応じた雇用の安定や職業生活の充実を確保し、その結果として労働生産性を向上させるとともに、労働者の能力が十分に発揮できるように、国の講じるべき措置や会社側の責務などが明らかにされた。
具体的に、国は、労働時間の短縮をはじめとする労働条件の改善や、異なる雇用形態をとる労働者間の不均衡の改善、多様な雇用形態の実現を通じて、労働者の生活と仕事の両立を支える義務を負う。

労働法の全体像

労働法

- 労働条件の基準などについて規定する法律
  - 労働基準法、パートタイム・有期雇用労働法、最低賃金法、男女雇用機会均等法、育児・介護休業法など
- 雇用の確保・安定を目的とする法律
  - 労働者派遣法、雇用対策法㈱、職業安定法、高年齢者雇用安定法など
- 労働保険・社会保険に関する法律
  - 労災保険法、雇用保険法、健康保険法、厚生年金保険法など
- 労働契約・労使関係を規定する法律
  - 労働契約法、労働組合法、労働関係調整法など

㈱ 2018 年成立の法改正（働き方改革）により、正式名称が「労働施策の総合的な推進並びに労働者の雇用の安定及び職業生活の充実等に関する法律」に変わりました。

⑥　パートタイム・有期雇用労働法（短時間労働者及び有期雇用労働者の雇用管理の改善等に関する法律）

短時間労働者や有期雇用労働者の役割の重要性を考慮して、正社員に代表されるフルタイムの無期雇用労働者との均衡のとれた待遇を確保することを目的とした法律です。

⑦　高年齢者雇用安定法

この法律により、65歳未満の定年を定めている企業は希望者全員を65歳まで継続雇用することが義務付けられています。

■ 働き方改革法とは

2018年６月に、「働き方改革を推進するための関係法律の整備に関する法律」（働き方改革法）が成立し、2019年４月１日以降、順次施行されています。働き方改革法は、①働き方改革の総合的で継続的な推進、②長時間労働の是正と多様で柔軟な働き方の実現、③すべての雇用形態で労働者の公正な待遇を確保するという３つのおもな目的があります。

特に、会社側は、以下で取り上げる②長時間労働の是正と多様な働き方の実現や、③労働者の公正な待遇の確保に向けた労働環境の整備に取り組む責務を負います。

■ 長時間労働是正などに関する改正

前述した②長時間労働の是正と多様で柔軟な働き方の実現については、具体的に、労働基準法の改正をはじめとする労働時間に関する制度の見直し、労働時間等設定改善法における勤務間インターバル制度の普及促進、労働安全衛生法における産業医などの機能の強化を中心とした改正が行われました。

このうち、労働時間に関する制度の見直しについては、法定労働時間を超える時間外労働について、原則として１か月45時間、１年360時間という上限が明記されました。そして、働き方改革の目玉のひとつとして、「特定高度専門業務・成果型労働制（高度プロフェッショナル制度）」が新設されました。これは、高度で専門的な業務を担う高年収（年収1075万円以上）の労働者について、所定の要件を満たす場合に、労働時間や休日、深夜労働の割増賃金に関する規定を適用せず、職種の特性に適した多様な働き方を認める制度です。

■ 公正な待遇の確保に関する改正

前述した③雇用形態にかかわらず労働者の公正な待遇を確保することについては、パートタイム・有期雇用労働法、労働契約法、労働者派遣法など、あらゆる雇用形態において、不合理な待遇を禁止する規定が整備されました。これらの改正は、原則として2020年４月１日から施行されます。

特にパートタイム労働法の改正で、短時間労働者と有期雇用労働者の雇用管理が一体化された点が重要です。正規雇用労働者との間の不合理な待遇差の禁止や、個々の待遇を決定する際に、職務内容の性質・内容を考慮することが明確化されました。

公正な待遇の確保

短時間労働者、有期雇用労働者、派遣社員について、他の正社員など（正規雇用労働者）と異なる雇用条件にて雇用する場合に、使用者側は労働者側に、異なる労働条件を採用する理由を説明する義務が明記された。

働き方改革の全体像とおもな内容

● 30以上の関係法律 ●

働き方改革を推進するための関係法律の整備に関する法律 → 改正

- 労働基準法
- 雇用対策法
- 労働安全衛生法
- 労働時間等設定改善法
- 労働契約法
- 労働者派遣法
- ⋮
- パートタイム・有期雇用労働法

働き方改革のおもな内容

① 働き方改革の総合的・継続的な推進（施行：2018年7月6日）

- 国　労働時間の短縮など労働条件の改善、均衡のとれた雇用形態の実現に関する施策を講じる
- 会社側　長時間労働の是正、公正な待遇の確保などの労働環境の整備

② 長時間労働の是正・多様な働き方の実現（施行：原則2019年4月1日）

労働時間の見直し

- **時間外労働の上限規制を明文化⇒原則、月45時間・年360時間**
- **特定高度専門業務・成果型労働制（高度プロフェッショナル制度）の新設**

⇒一定の年収（1075万円以上）の専門的な知識が必要な業務に就く労働者について、労働時間、休日、深夜労働に対する割増賃金などの規定を適用しない

勤務間インターバル制度の促進

⇒事業主が勤務間インターバルの確保に努める義務を負う

産業医などの機能の強化

⇒事業者は、産業医に関する報告義務や、産業医に対する情報提供義務などを負う

③雇用形態に関わらない労働者の公正な待遇の確保（施行：原則2020年4月1日）

⇒あらゆる雇用形態における、不合理な待遇を禁止する

- **パートタイム労働者と有期雇用労働者が一体的に保護されることになった**

勤務間インターバル制度

終業時刻から翌日の始業時刻までの休息時間を確保する制度

■ 勤務間インターバルはどんな制度なのか

勤務間インターバル制度とは、労働者が１日の勤務が終了（終業時刻）してから、翌日の勤務が開始（始業時刻）するまでの間に、一定時間以上の間隔（インターバル）を空けなければならないとする制度です。終業時刻から翌日の始業時刻までの間に休息時間（勤務間インターバル）を設けて、労働者の長時間労働を解消し、生活時間や睡眠時間を確保することが目的です。

たとえば、始業時刻が午前９時の企業が「11時間」の勤務間インターバルを定めている場合、始業時刻の通りに労働者が勤務するためには、遅くとも前日の終業時刻が午後10時前でなければなりません。もし前日の終業時刻が午後11時である労働者がいた場合には、そこから11時間（勤務間インターバル）は翌日の勤務に就くことができず、始業時刻を少なくとも午前10時まで繰り下げ（１時間の繰り下げ）なければなりません。

企業が勤務間インターバル制度を導入する場合、大きく２つの意義があります。１つは、一定の時刻に達すると、それ以後、労働者は残業ができなくなるということです。一定の勤務間インターバルを置かなければ、翌日の定時の就業が認められないため、労働者は、一定の時刻に達すると終業しなければなりません。これにより、長時間労働の削減につながります。

もう１つは、一定の休息時間が確保され、労働者の生活時間や十分な睡眠時間を確保することを助け、労働者のワークライフバランスを推進する作用を持ちます。

また、労働時間の上限規制は週単位・月単位である一方で、

勤務間インターバル制度のメリット

最近では、フレックスタイム制や裁量労働制が充実しており、これらの制度と併せて勤務間インターバル制度を導入すると、労働者は、自らの意思で労働時間を管理し、ワークライフバランスを保つことが可能になることが期待される。

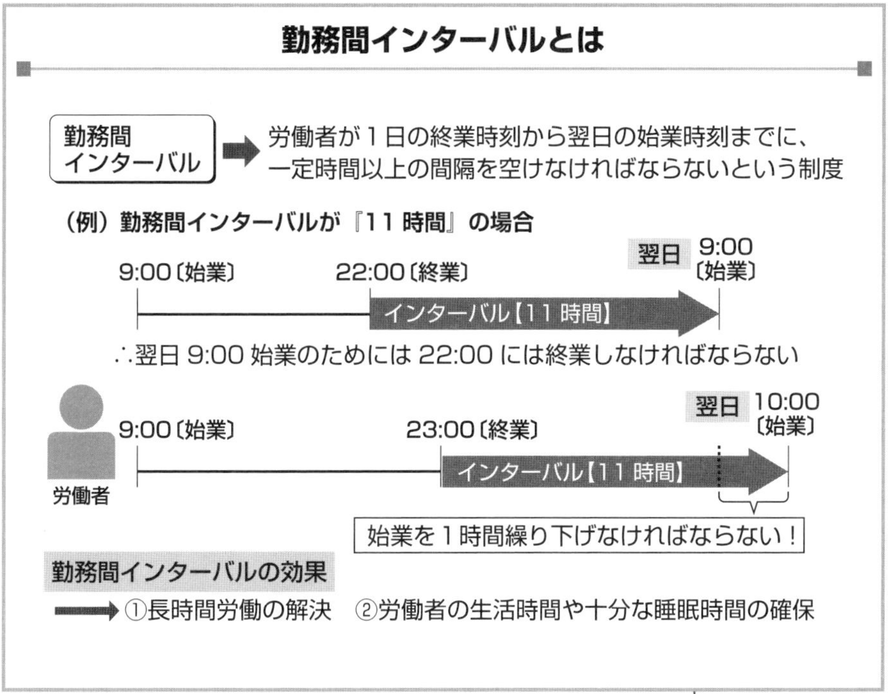

勤務間インターバルは、翌日の就業時間までの休息確保を問題にする制度です。そのため、労働時間の上限規制では見落としがちな、短期間における労働者の過重な労働を防ぐという効果も期待できます。

勤務間インターバル制度を導入すると、労働者の側は、いわば強制的に一定の休息時間（勤務間インターバル）を確保することが可能になります。そのため、長時間労働を直接的に解決することができるというメリットがあります。

■ 導入促進のための助成金など

2017年の「就労条件総合調査」において、勤務間インターバル制度を導入していると回答した企業の割合は、1.4%（就業規則などに規定されている企業に限定しています）にすぎません。

勤務間インターバル制度を導入していない企業は、「人員不足などにより、勤務間インターバル制度を導入すると事業に影響が生じる」などといった明確な理由があるわけでなく、「これといった理由はない」などといった不明確な理由から導入していないケースが多いという実態がありました。

つまり、勤務間インターバル制度は、労働者の長時間労働を改善するための重要な制度であるにもかかわらず、いまだにその重要性が企業に伝わっていなかったということです。

そこで、厚生労働省は、勤務間インターバル制度を導入した企業のうち、一定の条件を満たす企業に対して、企業が申請することで、勤務間インターバル制度を導入するにあたって、企業が負担した費用の一部を助成する「時間外労働等改善助成金（勤務間インターバル導入コース）」という制度を設けています。

ただし、助成金の財源には限りがあり、希望する企業すべてに助成金が支給されるわけではありません。そのため、助成対象になる企業規模が限定されています。たとえば2019年度では、サービス業の場合は、資本・出資額いずれかが5000万円以下であり、常時雇用する労働者の人数が100人以下の企業に限定されています。その上で、助成金の支給を受けるため、企業において労務管理担当者に対する研修や、労働者に対する研修および周知・啓発活動を行うなど、一定の取り組みを行うことが必要です。さらに、助成金の支給を受けるためには、成果目標の設定が求められている他、少なくとも９時間以上の勤務間インターバルを置くことが必要です。

■ どんな問題点があるのか

勤務間インターバル制度によって始業時刻が繰り下げられた場合、繰り下げられた時間分の賃金に関する問題点が指摘されています。

たとえば、繰り下げられた時間については、労働免除とする

勤務間インターバル導入コースによる助成を受けるための要件

企業は以下の取り組みのうち、最低１つ以上を実施しなければならない。

① 労務管理者に対する研修
② 労働者に対する研修、周知・啓発
③ 社会保険労務士などの外部専門家による指導を受ける
④ 勤務間インターバル制度導入に向けた就業規則や労使協定の作成や変更
⑤ 人材確保に関する取り組み
⑥ 労務管理用の機器またはソフトウェアの導入や更新
⑦ テレワークに用いることができる通信機器などの導入や更新
⑧ 労働者の労働能率向上に役立つ設備や機器の導入・更新
⑨ デジタル式運行記録計（デジタコ）の導入・更新

勤務間インターバル導入コースとは

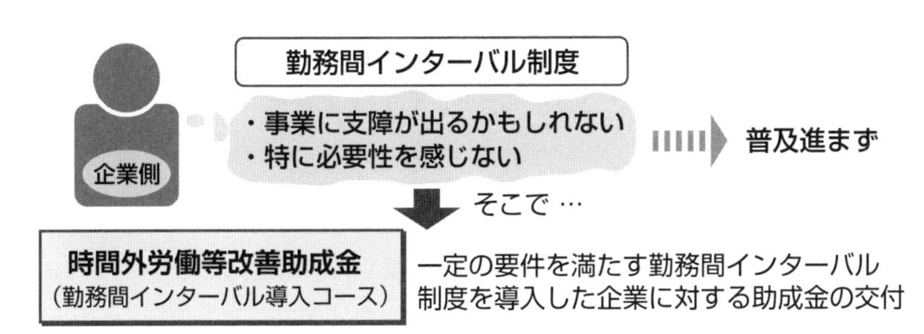

という方法が考えられます。労働免除が認められると、繰り下げられた時間分については、労働者は賃金を控除されることがありません。しかし、これを企業側から見ると、労働者ごとに労働時間の繰り下げなどの管理を適切に行う必要があるとともに、労働者同士の公平性にも配慮しなければなりません。

このように、勤務間インターバル制度は、労働者の健康や安全を確保するのに役立つ制度である一方で、労働者にとって重大な関心事である賃金に対して影響を与えるおそれがあるため、その導入に際しては、労使間で事前に明確な合意に至っている必要があります。

■ 就業規則にも規定する必要がある

2018年の労働時間等設定改善法の改正で、企業は、勤務間インターバル制度の導入が努力義務として課されています。つまり、長時間労働の改善について、企業側の意識の向上が求められているということです。そこで、企業が勤務間インターバル制度を導入する場合には、就業規則などに明確に規定を置き、特に繰り下げた時間に相当する賃金の問題などについても、明らかにしておく必要があります。

残業時間と限度時間

医学的な見地から算出された限度時間がある

■ 月45時間を超える場合は要注意

会社としては、労働者が健康障害を起こさないようにするため、労働者の労働時間を適切な時間内にとどめるように管理しなければなりません。よく言われる基準として「１か月に45時間までの残業時間」があります。月45時間は時間外労働の限度基準としても採用されています（次ページ図）。

また、１か月の残業時間が80時間を超えているかどうかも１つの目安となります。この数字は、通常の人が１日６時間の睡眠をとった場合に、残業時間に充当できる時間（１日４時間の残業時間）を基準として、１か月あたり20日間働くものとして算出された数字です。

１か月の残業時間が100時間を超えている場合には、健康上のリスクは相当高まっているといえます。月100時間の残業は、１日５時間の残業を１か月あたり20日間行ったのと同等です。

なお、2018年の労働基準法改正により、月100時間を超える時間外・休日労働をさせると、原則として刑事罰の対象になることにも注意が必要です。

タイムカードによる管理が難しい場合

タイムカードなどでの管理が難しい会社では、自己申告制を導入していることも多い。自己申告制の場合、必要に応じて実態調査をする体制を整えるなど、労働者の申告が本当に実態にあっているのかを確認できるしくみが必要である。また、自己申告制を適正に実施するための基準が厚生労働省より示されている。

■ 明示的な指示がない場合

労働者が残業をしても、上司が残業を命じた場合でなければ、会社としては残業と認めないとする会社は多いようです。このような会社であっても、会社側が業務上必要であると判断して、労働者に残業を命じた場合は特に問題は生じません。この場合に残業代を支払わなければ、明らかに法律違反となるからです。

三六協定の締結事項と限度時間（2018年改正による）

締結事項

①時間外・休日労働を必要とする具体的事由　②業務の種類
③労働者の数　④延長時間、労働させる休日　⑤有効期間　など

期 間	1か月	1 年
限度時間	45時間	360時間

かつての告示には「2か月81時間」「3か月 120 時間」の限度時間もあった。

一方、上司が労働者に残業を命じていないにもかかわらず、勝手に労働者が残業した場合、会社としては残業代の支払義務はないと考える経営者は多いようです。

しかし、労働者がしていた業務によっては、その労働者が会社に残って業務をしていた分について、残業代を支払わなければならないケースもあります。

■ どんな対策を講ずるべきか

まず、業務上必要な残業は事前申請制にすることが考えられます。就業規則上「不要な残業をすること、させることの禁止」「業務外目的での終業時刻後の正当な理由のない在社禁止」などを定め、その違反を懲戒事由とすることも有効です。事実上のサービス残業を強いることも許されません。

また、会社は労働者の労働時間を適正に管理しなければ、労働基準監督署による指導の対象となる場合があります。労働時間を把握するには、経営者や上司など労働者を管理する者が直接労働者の労働時間を現認する（見て確認する）という方法があります。現認が難しい場合は、タイムカードやICカードによる客観的な記録方法によって労働時間を把握しましょう。

就業規則の作成・変更

常時10人以上の事業場では就業規則を作成しなければならない

■ 労働者10人以上の会社では就業規則の作成が義務

常時10人以上の労働者を使用する使用者は、就業規則を作成し、行政官庁（労働基準監督署）に届け出なければなりません。就業規則は、共通の事項を定めて個々の労働契約の内容を補充するものですが、就業規則の基準に達しない労働者に不利な内容の労働契約は、その部分について無効になります。就業規則に記載される事項には、以下の３種類があります。

① 絶対的必要記載事項

必ず記載しなければならず、そのうちの１つでも記載がないと常に労働基準法違反となります。始業・終業の時刻、休憩時間、休日、休暇、賃金の締切り・支払時期に関する事項などをいいます。

② 相対的必要記載事項

規定することが義務付けられてはいないものの、何らかの定めをする場合は、必ず記載しなければならない事項です。退職手当や安全衛生の事項などをいいます。

③ 任意的記載事項

記載することが任意とされている事項です。たとえば、就業規則制定の目的や趣旨、用語の定義、従業員の心得、職種や職階などがこれに該当します。

■ 就業規則の変更により労働条件を不利益に変更する場合

就業規則を変更した場合は、作成する時と同様、労働基準監督署に届出をする義務があります。変更する際には、労働者代

作成義務違反

就業規則の作成義務に違反すると、30万円以下の罰金が科せられる。

10人未満の場合

就業規則の作成義務はないが、法律上の義務のあるなしに関係なく、効率的な労務管理のために就業規則を作成しておくことは重要だといえる。

労働者代表

その事業場に労働者の過半数で組織する労働組合があるときはその労働組合のこと。ただし、その事業場に労働者の過半数で組織する労働組合がないときは、労働者の過半数を代表する者が労働者代表となる。

就業規則の作成・変更にあたっての注意事項

作成義務	常時10人以上の労働者を使用している事業場では、就業規則の作成義務がある
意見聴取義務	作成・変更に際しては、労働者代表（過半数組合または過半数代表者）の意見を聞かなければならない（同意を得る必要はない）
周知義務	労働者に周知させなければならない
規範的効力	就業規則で定める基準に達しない労働契約の部分は無効となり、無効になった部分は就業規則で定めた基準による

表の意見を聴いた上で「意見書」を添付する必要があります。

しかし、就業規則の変更が労働者に不利益になる場合は、労働者代表の意見を聴くだけでは足りず、労働契約法の原則に従った「合意」を得られなければ、原則として変更することはできません。

■ 労働者の合意を得ずに不利益変更ができるケース

一定の要件を満たした場合には、労働者との合意を得ないまま、就業規則を変更し、労働条件を不利益に変更することが可能です。

ただし、この場合は、変更後の就業規則の内容を労働者に周知させる（広く知らせる）ことが必要です。さらに、就業規則の変更内容が、①労働者の受ける不利益の程度、②労働条件の変更の必要性、③変更後の就業規則の内容の相当性、④労働組合等との交渉の状況、などの事情を考慮した上でのものであり、合理的であると認められなければいけません。

このような要件を満たす変更であれば、労働者を不当に不利にする就業規則の変更とはみなされず、労働者との合意を得ずに変更することも可能です。

労働者代表の同意は不要

就業規則の内容にもっとも影響されるのは、その事業場で働く労働者であるため、労働者側の意見を聴くのは当然なことだといえる。しかし、労働基準法で義務付けているのは、労働者代表への意見聴取と意見書の提出だけである。
ただし、従業員のやる気をそぎ、円滑な事業活動に支障をきたすことになる可能性があるため、ある程度の意見調整は必要である。

PART5
5

働き方改革に
対応した労務管理
の法律知識

雇止めの制限と無期転換ルール

有期労働者は無期労働契約への転換の申込みができる場合がある

■ 有期労働者の雇止めの制限等

解雇
契約期間中に使用者が一方的に雇用関係を終了させることをいう。

有期労働者は、所定の契約期間が満了すると、原則として雇用契約が終了しますが、契約期間を更新することが可能です。もっとも、労働契約の期間満了に伴い、使用者が雇用関係を一方的に終了させる「雇止め」は、解雇には該当しません。しかし、有期労働契約を繰り返し更新した後に突然更新を拒絶することによる紛争が多発しているため、有期労働契約の更新についてのルールが置かれています。

つまり、①有期労働契約が継続して更新され、労働契約を更新しないことが解雇と同視できる場合や、②有期労働者が労働契約の更新に対する合理的な期待をもっている場合、使用者による有期労働契約の不更新（雇止め）が制限されます。

そして、①有期労働契約の不更新が解雇と同視できるかどうか、②労働者が労働契約の更新に対して合理的期待をもっているかどうかは、更新の回数、労働契約の内容、雇用の継続に対する使用者の言動などから判断します。①②のいずれかがあると判断されると、合理的理由を欠き、社会通念上相当でない雇止めが無効となり、有期労働契約の更新を承諾したとみなされます。これを雇止め法理と呼ぶことがあります。

なお、有期労働者に関連する事項としては、2018年の労働契約法改正で、有期労働者の労働条件を不合理に無期労働者と異なったものに定めてはならないという内容の規定が削除されました。これはパートタイム・有期雇用労働法に、パートタイム労働者や派遣労働者を含む非正規社員について統一的に同じ趣

有期労働者から無期労働者への転換（無期転換ルール）

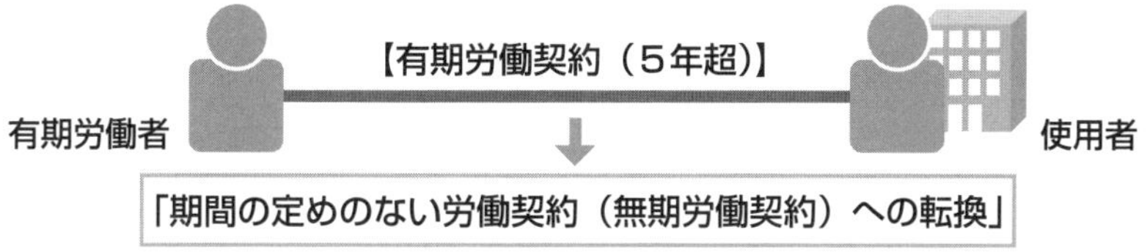

☆ ６か月以上のクーリング期間（未契約期間）をはさんでいる場合、クーリング期間前の契約期間は通算されない。

☆ 使用者は、労働者による転換の申込みを自動的に承諾したとみなされるため、使用者の側が転換の申込みを拒否することはできない。

旨の規定が置かれ、また、不合理な待遇差の禁止に関する規定が拡充されたことによるものです。

■ 無期労働契約への転換

同じ使用者と締結していた複数回の有期労働契約の通算期間が５年を超えれば、有期労働者は労働契約を無期のものに転換するよう申し込むことができます。これを無期労働契約への転換といいます。

使用者が誰かというのは、労働の実質を見て判断するため、派遣労働者が５年以上働いた場合であれば、派遣先が使用者とみなされることもあり得ます。なお、複数回の有期労働契約の通算期間が５年を超えていれば、有期労働者はいつでも無期労働契約への転換の申込みができます。

使用者は、労働者のこの申込みを自動的に承諾したとみなされるので、使用者側がこの申込みを拒否することはできません。無期労働契約に転換した際の労働条件は、原則として、有期労働契約を締結していたときと同じになります。

無期転換ルールの特例

本文記載の無期転換ルールには、以下の特例がある。

① 専門家の特例

対象となる専門家は、大学や研究開発法人の教員や研究者、技術者、リサーチアドミニストレータなどがある。これらの専門家が大学や研究開発法人、研究機関などと有期労働契約を締結した場合、専門家の申し出により無期労働契約に転換が可能になるまでの期間は10年とされている。

② 特別措置法による特例

有期労働者が高度な専門技術を有する者や継続雇用制度の高齢者である場合、一定期間内は無期労働契約への転換申込権が発生しないという特例が設けられている（都道府県労働局長の認定が必要）。

配置転換・転勤命令

職種を限定して採用した場合は承諾が必要

■ 配転命令権の行使

配置転換とは、使用者が労働者の職場を移したり、職務を変更することをいいます。一般的には「配転」と略称されます。配転のうち、勤務地の変更を伴うものを特に「転勤」といいます。転勤は、生活の場の変更を余儀なくされることもあり、労働者やその家族にとって影響は少なくありません。

このため、労働基準法による国籍・社会的身分・信条による差別、男女雇用機会均等法の性別による差別、労働組合法の不当労働行為（181ページ）などに該当する配転命令は認められません。つまり、使用者が労働者を差別的に取り扱ったり、労働組合の正当な活動を不当に侵害したりするために配転命令権を行使することは許されないということです。

■ 配転命令権の限界

従来、配転命令権は、使用者の労務管理上の人事権の行使として、一方的決定や裁量に委ねられていると解釈されていました。たとえば、「会社は、業務上必要がある場合は、労働者の就業する場所または従事する業務の変更を命ずることがある」と就業規則に一般条項を定めている場合、使用者は一方的に配転命令権を行使できたのです。

ただ、最近は配転命令権の行使が労働契約の範囲を超える場合は、使用者側から労働契約の内容を変更する申し出をしたものととらえ、労働者の同意がない場合、配転は成立しないと考える立場が有力です。労働契約の内容の変更に該当するかどう

配転命令が権利濫用になる場合

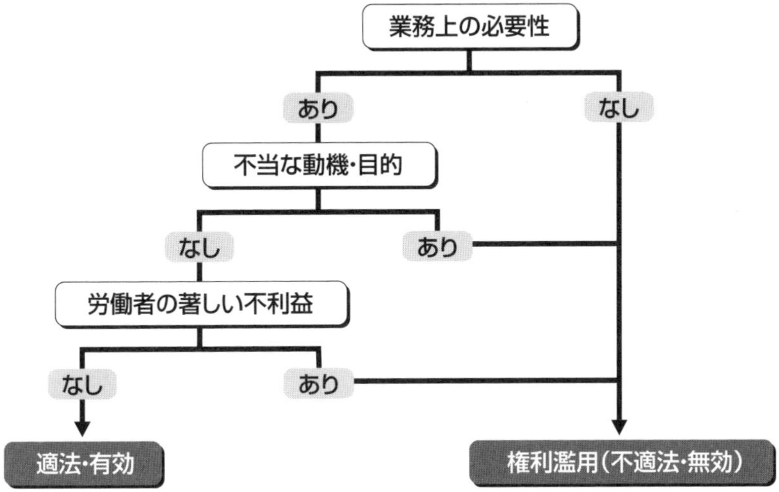

かについては、配転によって勤務地あるいは職種が変わったかどうかによって判断されます。

■ 勤務場所の限定

たとえば、長期的な雇用を予定した正規従業員との間では、社員と会社との間で勤務地を限定する旨の特約がある場合を除いて、全国的な転勤を予定して採用するのが一般的といえます。このような場合は、住居の変更を伴う配転命令であっても使用者は業務上必要な人事権として行使することができます。

これに対して、現地採用者やパート社員などのように採用時に勤務地が限定されている場合は、本人の同意なしに一方的に出された配転命令は無効とされます。また、勤務地が労働契約で定まっていない場合の配転命令は、業務上の必要性や労働者の不利益を考慮した上で有効性が判断されます。

職種の限定

採用時の労働契約・労働協約および就業規則などによって、あるいは、労働契約の締結の過程で職種を限定する合意が認められれば、原則として他の職種への変更を伴う配転については労働者の承諾が必要となる。

7 在籍出向・転籍

労働者の個別の同意が必要である

■ 労働者の同意があるか

一言で「出向」といっても、そのタイプは2つあります。ひとつは、労働者が雇用先企業に身分（籍）を残したまま一定期間、他の企業で勤務するもので在籍出向といいます。在籍出向では、通常、出向期間終了後は出向元へ戻ることになります。もうひとつは、雇用先企業から他の企業に完全に籍を移して勤務するもので移籍出向または「転籍」といわれます。

■ 在籍出向命令の有効性

労働者にとっては、労働契約を締結しているのは雇用元、つまり出向元の企業ですので、労働契約の相手方でない別の企業の指揮命令下で労働することは、労働契約の重要な要素の変更ということになります。そのため、出向命令を下すためには労働者の同意が必要とされています。

就業規則、労働協約に在籍出向についての具体的な規定があり、それが労働者にあらかじめ周知され、労働条件等で不利益が生じないように制度が整備されている場合は、包括的な同意があったものとされます。実際の判例には、出向規定の整備、出向の必要性、労働条件の比較、職場慣行などを総合的に考慮して包括的な同意があったかどうかについて判断したものもあります。ただし、在籍出向について、労働者の包括的な同意があったとしても、無制限に出向命令が有効となるわけではありません。出向の命令が、その必要性や対象労働者の選定についての事情等から判断して、権利を濫用したものと認められる場

権利の濫用

形式的に見ればその権利を行使することができても、本来その権利を行使すべき目的から外れている場合などを意味している。民法1条3項でも権利の濫用は禁じられている。

出向と転籍の違い

	出向（在籍出向）	転籍（移籍出向）
労働者の身分	雇用先企業に残る（雇用先との雇用契約が継続する）	他の企業に移る（新たに他の企業と雇用契約を結ぶ）
期間経過後の労働者の復帰	通常は出向元に戻る	出向元に戻ることは保障されていない
労働者の同意	必要	必要
同意の程度	緩やか（個別的な同意は不要）	厳格（個別的な同意が必要）

合には、その出向命令は無効となります（労働契約法14条）。結局、有効な出向命令として認められるためには、労働者の同意の存在と具体的出向命令が人事権の濫用にあたるような不当なものでないことが必要といえます。

■ 労働者の個別かつ明確な同意

「転籍」は、雇用先企業から他の企業に身分（籍）を移して勤務するもので移籍出向ともいわれます。タイプとしては、現在の労働契約を解約して新たな労働契約を締結するものと、労働契約上の使用者の地位を第三者に譲渡するもの（債権債務の包括的譲渡）があります。転籍では、労働契約の当事者は労働者本人と転籍先企業になります。したがって、労働時間・休日・休暇・賃金などの労働条件は当然に転籍先で新たに決定されることになります。

転籍を行う際には労働者の個別的な同意が必要と考えられています。就業規則や労働協約の転籍条項を根拠に包括的な同意があるとすることは原則として認められていません。一定の要件を満たす場合に、個別的同意がなくても転籍命令を有効とする裁判例も見られますが、極めて異例です。

転籍と個別の同意

以下の事情が認められた場合に、個別的同意がなくても転籍命令を有効とする判例もあるが、あくまで例外といえる。

①転属は会社の人事体制に組み込まれて永年継続されてきた制度だった。
②従業員の募集において転籍先を勤務場所の一つに定め、採用面接の際にも明示していた。
③以上の①②より入社時に転籍について包括的な同意があったといえる。
④労働条件等から転籍が著しく不利益であったり、入社後の不利益な事情変更により入社時の包括的な同意を根拠に転籍を命ずることが不当と認められるなどの特段の事情もなかった。

休職

使用者が一定期間の労働義務を免除する処分をいう

■ 休職とは

一般に休職とは、労働者側の事由により、働くことができなくなった場合に、使用者が一定期間の労働義務を免除する処分をいいます。休職は、就業規則や労働協約などに基づいて、使用者が一方的な意思表示により発令する形式をとるのが一般的です。休職にもさまざまなケースがあり、どのような場合に休職を発令できるかは、個々の企業によって異なります。休職中は、無給であっても問題はありませんが、社会保険料は負担しなければなりません。保険料額も休職前の標準報酬月額に基づいて支払わなくてはならず、会社にとって負担となることも事実です。休職期間を決めるにはこれらも配慮しておく必要があります。

休職に関する規定を作成する際の注意点

休職期間満了後の退職についての定めは、休職期間が満了すると退職となる、と漠然と規定するのではなく、「休職期間が満了しても本人が復職できない場合に退職とする」などと、具体的な条件を示すようにする。条件を具体的に記載せずにただ「休職期間が満了したことをもって退職するものとする」といった抽象的な規定を置いた場合、裁判などで争われた場合に、規定自体が無効と判断される可能性がある。

■ 休職後の取扱い

休職期間中に休職事由がなくなれば、休職は終了して職場復職となります。また、休職期間が満了したときも職場復帰が原則となります。いずれの場合も会社は理由なく復職を拒むことはできません。ただし、「会社が指定した医師の診断を受ける必要がある」旨の規定を就業規則に明記し、その診断書を参考に会社が復職の判断をすることは認められます。

復職をめぐる労使間のトラブルが多いことから、休職事由消滅の際の取扱い、休職期間満了後の取扱い（復職手続き、休職期間の延長、退職、解雇など）については、就業規則や私傷病休職取扱規程などで明確にしておくことが望ましいといえます。

休職の種類

私傷病休職	業務外の負傷・疾病で長期間休業する場合
事故休職	私的な都合による場合
起訴休職	刑事事件で起訴された社員を一定期間休職させる場合
懲戒休職	従業員が不正行為を働いた場合
出向休職	他社への出向に伴い、自社を休職する場合
専従休職	労働組合の役員に専念する場合
自己都合休職	海外留学や議員など公職への就任に伴う場合
ボランティア休職	ボランティア活動で休職する場合

最近では、特に、精神疾患者の私傷病休職について、考慮した規定が重視されています。

休職期間の満了時に休職事由が消滅していない場合の取扱いについては、就業規則で「自然退職とする」と定めている場合には自然（自動）退職となります。一方、「解雇とする」と定めている場合、解雇することができますが、解雇予告の手続き（157ページ）は必要です。

■ どんな場合に休職命令を出すのか

休職はほとんどの場合、労働者本人からの請求が休職を発令するきっかけになりますが、客観的に就業できない状況にもかかわらず、本人に休職する意思がないときは、会社が命令で休職させることがあります。ただし、休職命令は不利益処分になりますので、十分な注意が必要です。

会社が休職命令を出して休職させるためには、まず就業規則に規定する必要があります。次に実際の事案の中で休ませるだ

産業医

企業などで労働者の健康管理、健康診断の実施、健康障害の調査、再発防止のための対策の樹立などを行う医師。常時50人以上の労働者を使用するすべての業種の事業場において産業医の選任が義務付けられている。

けの根拠が必要です。会社が契約する産業医の面談を受けさせ、産業医の意見を基にして休職の命令を出します。

■ 休職中の社員の管理

私傷病休職中は、出勤しないで療養に専念することになるので、休職者との連絡をしなくなってしまうこともあり得ますが、病気静養中だからといって休職者との接触を敬遠するのではなく、十分な情報提供をして、精神的な孤独や復職できるかなどの不安を解消することや相談できる場を設けることが重要です。

休職者がうつ病などの疾患を発症している場合、復職には時間がかかります。責任感の強い休職者ほど完治していなくても復職しようとします。しかし、無理して復職すると再発してしまいますので、主治医の意見を基に休職者、労務担当者、産業医でしっかりと話し合い、通常の勤務ができる状態であるかを確認することが必要です。タイミングを誤り、早く復職させてしまうと再発のリスクが高まります。順を追って職場復帰を考えるようにしましょう。最悪の場合、休職者が自ら生命を断つようなこともあり得ます。そのような悲劇を防ぐためにも、休職者の不安を少しでも取り除くように情報を提供し、復職に希望を持たせることがとても大切なことです。

復職の決定

復職の判断については、休職者の主治医が作成した「職場復帰可能」という診断書が一つの基準になるが、会社の契約する産業医を交えて検討するなどした上で、最終的には会社として復職の可否を判断することになる。

■ 休職が難しい社員に対して減給や降格はできるのか

体調が思わしくなく、本来は休職してもよいくらいの状況で、本人が休職を希望せず、また会社命令で休職させることも難しいとなった場合、会社の対応が問われることになります。体調を考慮し、業務を軽減したという事実だけでは減給や降格は難しいでしょう。職務内容が大幅に軽減され、他の社員とのバランスを欠くようなときは、本人と相談し、真に納得してもらえる状況下で同意を求める必要があります。その時期としては、やはり就業規則に記載された規定に従うことになります。降格

休職・復職を繰り返す社員に対する処置

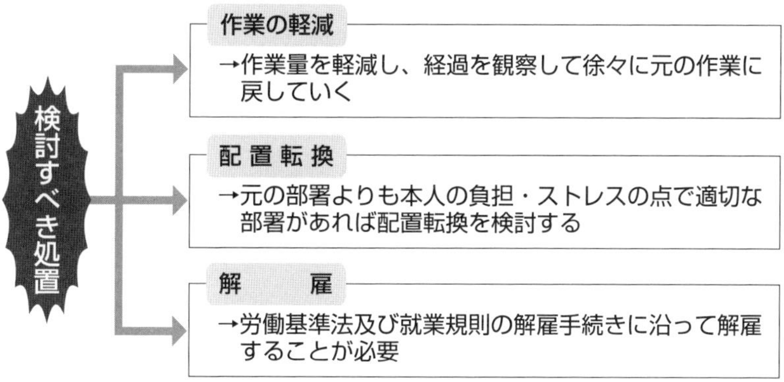

については、特に、役職を外すだけにとどまらず、給与に直接影響を及ぼすような降格については、減給と同様の手続きが必要です。

■ 休職と復職を繰り返す社員にどう対処すればよいか

通常、欠勤を繰り返す場合は一度休職させ、健康を快復させてから勤務させます。ところが、体調不良で休職をし、復帰したと思ったらまた休職するといったように、休職を繰り返すケースもあります。

うつ発症の原因が職場にある場合、元の職場に戻すこと、以前と同じように負荷のかかる仕事をさせることが問題になることがあります。このような場合は配置転換をしたり作業を軽減したりして、ストレスの原因を排除することが必要になります。

なお、休職を繰り返す社員を解雇することは、それが私傷病であれば可能です。もちろんその旨を就業規則に規定しなければなりません。

解雇・退職

解雇は希望退職と退職勧奨を行った後に行う

■ 解雇も辞職も退職の一形態

労働契約が解消されるすべての場合を総称して退職といいます。辞職、解雇も、退職の１つの形態だといえます。

辞職は、労働者が一方的に労働契約を解除することであり、解雇は、使用者が一方的に労働契約を解除することです。

辞職や解雇以外の退職には、①労働者と使用者の合意により退職する場合（合意退職）の他、②定年に達した場合、③休職期間が終了しても休職理由が消滅しない場合、④労働者本人が死亡した場合、⑤長期にわたって無断欠勤及び音信不通が続いている場合など、法令や就業規則などの定めにより当然に退職する場合（自然退職）もあります。

退職強要
退職勧奨のしかたがあまりに強引でしつこい場合など、行き過ぎた退職勧奨のこと。
退職勧奨が退職強要と扱われると従業員から慰謝料を請求されることもある。

会社が社員を辞めさせる場合、解雇によって辞めさせる方法以外に、退職勧奨と呼ばれる方法があります。退職勧奨とは、使用者である会社側が労働者である社員に対して、会社を辞めてもらうように頼むことです。辞めるように頼まれた社員はそれに応じて辞めることもできますが、断ることもできます。

■ 退職の申入れは口頭でもよい

民法によると、月給制の無期雇用労働者は、月の前半に申し出れば月末での辞職が可能です（民法627条２項）。退職手続きは、就業規則で決められているのが通常です。退職願を提出しなくても、「○月○日で退職します」と自分の意思を使用者側に口頭で伝えるだけで法的には有効ですが、証拠を残す意味では書面のほうが適切でしょう。

解雇予告日と解雇予告手当

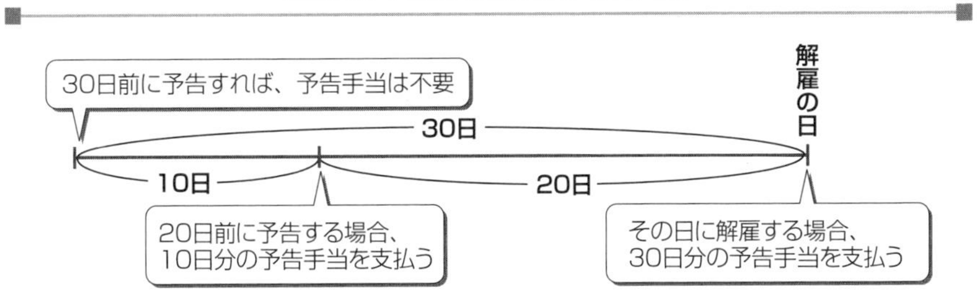

■ 解雇予告とは

労働者を解雇する場合、会社は少なくとも30日前までに、解雇を予告しなければなりません。この制度を解雇予告といいます。解雇予告は、口頭で伝えても法的には有効ですが、後の争いを避けるためには、書面でも解雇を通知したほうがよいでしょう。「解雇予告通知書」といった表題をつけ、解雇する相手、解雇予定日、会社名と代表者名を記載した上で、解雇の理由を記載します。

ただし、社員側の責任による懲戒解雇の場合など、やむを得ない事情があって解雇する場合には解雇予告は不要です。

また、解雇する労働者の30日分以上の平均賃金を解雇予告手当として支払うことで即日解雇することもできます。

懲戒解雇と解雇予告

「天災事変その他やむを得ない事由があって事業の継続ができなくなった場合」や「社員に責任があって雇用契約を継続できない場合」には、前述した解雇予告や解雇予告手当の支払いが不要となる(労働基準法20条1項ただし書)。したがって、解雇する社員に懲戒解雇事由がある場合には、「社員に責任があって雇用契約を継続できない場合」に該当するので、労働基準監督署長の認定を受ければ解雇の予告は必要ない。

■ 解雇理由証明書とは

解雇理由証明書は会社から解雇した社員に対して交付する書面で、解雇した元社員から求められた場合、解雇通知書を渡していたとしても、交付しなければなりません。解雇理由証明書には、解雇した相手（解雇予告期間中に交付する場合には、解雇の予告をした相手）、解雇した日時（解雇予定日）、解雇の理由を明記します。

PART5
10

普通解雇・懲戒解雇・整理解雇

普通解雇の認められない場合について知っておく

■ 普通解雇を行う場合

解雇とは、会社が社員（従業員）との労働契約を解除することです。解雇は、その原因により、普通解雇、整理解雇、懲戒解雇などに分けることができます。普通解雇は適性が著しく低いと認められるような場合に行われるもので、リストラによる整理解雇や制裁としての懲戒解雇とは意味合いが異なります。

普通解雇は、民法628条により、やむを得ない事由があれば、就業規則等の定めがなくても行うことができます。ただし、後に述べるように、客観的に合理的な理由があり、社会通念上相当であると認められるものでなければなりません（労働契約法16条）。なお、労働者に解雇事由を明示するとともに、使用者の解雇権の濫用を防止する観点から、就業規則等に解雇事由を明示するのが一般的です。また、解雇のたびに、一から合理性や相当性を検討するよりも、一般的に合理性・相当性が認められる解雇事由について就業規則等で定めておいたほうが、使用者側としても解雇の適法性を判断しやすいといえます。

普通解雇
能力不足による解雇など、やむを得ない解雇事由がある場合に行われる解雇のこと。整理解雇、懲戒解雇以外の解雇は普通解雇となる。

整理解雇
経営不振による合理化など経営上の理由に伴う人員整理のことで、リストラともいう。

懲戒解雇
会社の秩序に違反した者に対する懲戒処分としての解雇のこと。

■ 普通解雇の正当理由について

解雇の効力が裁判で争われた場合、客観的に合理的な理由を欠き、社会通念上相当と認められない解雇の効力は有効と認められません（労働契約法16条）。

普通解雇の正当理由としては、①ケガや病気などにより心身に障害を負い、業務に耐えられない労働者の休職期間が満了した場合、②長期欠勤や勤務不良、または心身虚弱など、勤務成

解雇が認められない場合

- 合理的な理由のない解雇
- 差別的待遇による解雇
- 産休期間および産後に働き出してから30日以内の解雇
- 労災によるケガや病気を治すための休職期間および働き出してから30日以内の解雇
- 育児休業や介護休業を取得することを理由とする解雇
- 労働組合との協議協約を無視した解雇や不当労働行為による解雇

績や仕事の能率が著しく低い労働者で、就業に耐えないと判断される場合、③その他著しく会社秩序を乱すなど適格性を欠く場合、などが挙げられます。

会社が、客観的に合理的な理由を欠き、社会通念上相当と認められない解雇をした場合は、権利を濫用したものとしてその解雇は無効となります。雇用の契約の期間が定められている場合は、原則として、その契約期間の途中でその社員を解雇することはできません。契約期間内は雇用が保障されているからです。期間満了時に更新を拒絶することはできますが、労働者の雇用関係継続への合理的な期待が認められる場合などには、更新拒絶（雇止め）は禁止されています。更新を拒絶する場合には事前の説明など労働者に対して十分配慮するようにしましょう。

解雇権の濫用

合理的な理由のない解雇は、解雇権の濫用となり、解雇は認められない（労働契約法16条）。

雇止め

期間の定めのある労働契約において、契約期間の満了をもって労働契約の更新を拒否することを雇止めという。

■ ときには懲戒解雇で対処することもある

労務の提供が不十分である社員を解雇する場合、普通解雇とする場合がほとんどですが、中には懲戒処分としての解雇を検討せざるを得ない悪質な行動を起こす社員もいます。ただ、社員がどんなにひどいことを行ったとしても、就業規則や雇用契約書に懲戒解雇に関する規定が置かれていない場合には、その社員を懲戒解雇とすることはできません。

会社は、就業規則や雇用契約書に、どのようなケースが懲戒解雇となるかを明示する必要がありますが、その内容は合理的な内容であれば会社の裁量で定めることができます。合理的な内容であることが必要ですから、たとえば、「一度遅刻をしたら、懲戒解雇処分とする」といったバランスの悪い内容の規定は認められない可能性が高いといえます。このような規定を根拠として該当者を懲戒解雇処分にしたとしても、その社員が懲戒解雇が無効であると訴訟を起こした場合には、会社側が敗訴する可能性が高いでしょう。

■ 整理解雇で対処することもある

会社側が社員の雇用を維持することができないようなやむを得ない事情がある場合に行われる解雇を整理解雇といいます。整理解雇を行う場合には、普通解雇をする場合よりも厳しい要件をクリアしなければなりません（次ページ）。

具体的には以下の①～④の要件を満たしてはじめて整理解雇は有効なものとして認められることが多いといえます。

① 人員削減の必要性

会社の存続のためにやむを得ず人員削減せざるを得ないという事情が必要です。

会社の実態から判断して、会社の存続のために人員整理を決定するに至った経緯に無理もない事情があると認められれば、整理解雇の必要性を認めるのが判例の傾向です。

② 解雇回避努力義務

解雇された労働者は大きな打撃を受けますから、解雇を避けるための経営努力なしに解雇はできません。

③ 解雇者を選ぶ方法の合理性

整理解雇の対象者を選ぶ際には、客観的で合理的な整理解雇

諭旨解雇

懲戒解雇の一種だが、労働者の反省を考慮し、退職金などで不利にならないように依願退職の形式をとる解雇のこと。

社員の解雇を検討する際の手段と検討事項

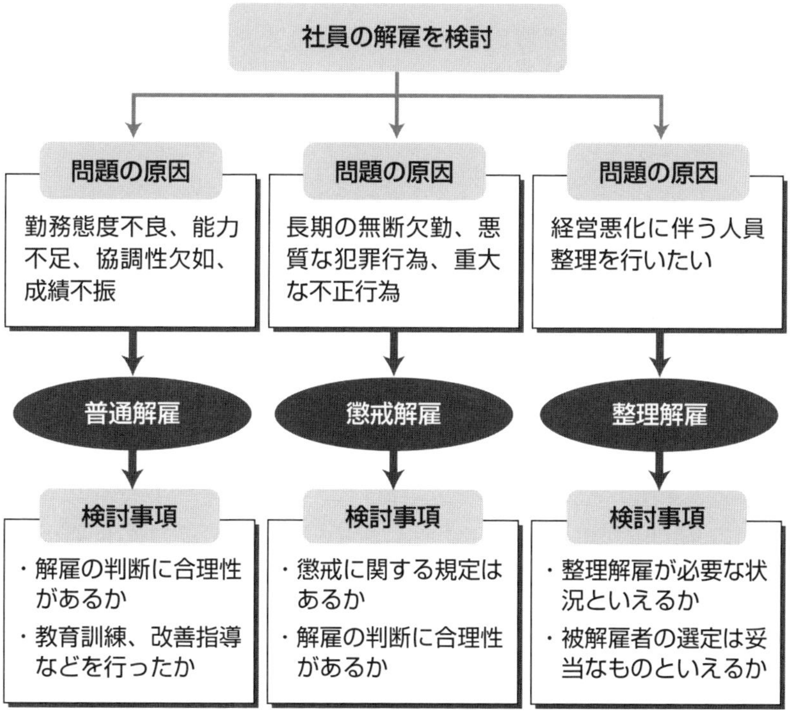

基準を設定し、これを公正に適用する必要があります。

たとえば、女性や高齢者、特定の思想をもつ者を選んだ解雇は認められませんが、欠勤日数、遅刻回数などの勤務成績や勤続年数などの会社貢献度を基準とするのは合理的な方法といえるでしょう。

④　解雇の手続きの妥当性

使用者と組合との協議のない解雇、組合の同意を義務付ける労働協約がある場合に組合の同意を得ずにする解雇は無効となります。

PART5
11
働き方改革に対応した労務管理の法律知識

メンタルヘルス対策とストレスチェック

企業は原則として従業員のストレスチェックが義務付けられる

■ どのように接したらよいのか

職場でメンタルヘルス（精神面の健康）が悪化する要因としては、「仕事量が多く拘束時間が長い」「雇用形態の複雑化」「人間関係の希薄化」などの要因が考えられます。

労働者がメンタルヘルスを損なうようになると、業務上でもさまざまな変化が見られるようになります。勤務態度の悪化や業務上のミスに対して、強く非難したり、制裁を与えるなどの方法は、労働者のストレスを増やし、状態を悪化させるおそれがあります。会社は、どのような形でサポートできるかを具体的に考え、必要な対応策を示すといった技術を身につけることが必要です。

雇用形態の多様化に伴うメンタルヘルスへの影響

人員削減の一方、不足する労働力を補う目的で拡大した雇用形態の多様化は、メンタルヘルスの面でも問題視されている。たとえば非正規雇用の労働者は、給料の低い単純な仕事しか与えられず、常にいつ解雇されるかわからない不安があるなど、精神的なストレスを抱えることも多くなる。

■ ストレスチェックの義務化

会社は、職場におけるストレスチェック（労働者の業務上の心理的負担の程度を把握するための検査）が義務付けられています（当面のところは、従業員が常時50名未満の事業場は努力義務）。

おもな内容は、以下の通りです。

① 会社は、常時使用する労働者に対し、１年以内ごとに１回、定期に、医師等（医師、保健師その他の厚生労働省令で定める者）による心理的負担の程度を把握するための検査（ストレスチェック）を行わなければなりません。

② 会社はストレスチェックを受けた労働者に対して、医師等からのストレスチェックの結果を通知します。一般の健康診断とは異なり、従業員の極めて個人的な事項ですので、プラ

ストレスチェック実施後の流れ

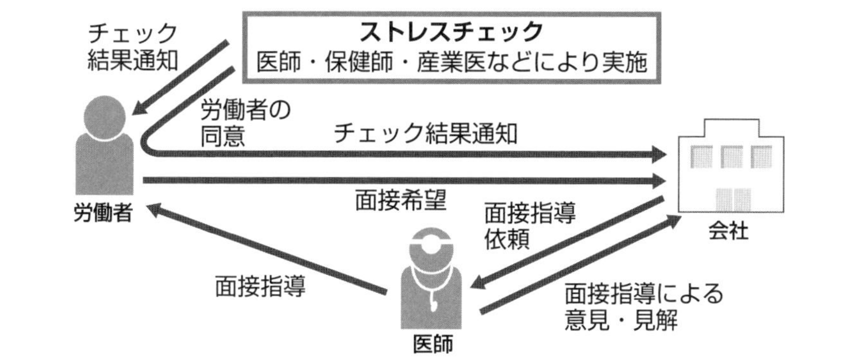

イバシーを保護する必要性が高いといえます。そのため、結果は医師や保健師等から直接、労働者に対して通知されます。医師や保健師等は、労働者の同意なしでストレスチェックの結果を会社に提供してはいけません。

③　ストレスチェックを受けて医師等の面接指導を希望する労働者に対して、面接指導を行わなければなりません。この場合、会社は当該面接内容を理由に労働者に不利益な取扱いをしてはいけません。

④　会社は、面接指導の結果を記録しておかなければなりません。

⑤　会社は、面接指導の結果に基づき労働者の健康を保持するために必要な措置について、医師等の意見を聴く必要があります。

⑥　医師等の意見を勘案（考慮）し、必要があると認める場合は、就業場所の変更・作業の転換・労働時間の短縮・深夜業の回数の減少などの措置を講ずる他、医師等の意見の衛生委員会や安全衛生委員会への報告その他の適切な措置を講じなければなりません。

⑦　ストレスチェックまたは面接指導の従事者は、その実施に関して知った労働者の秘密を漏らしてはいけません。

メンタルヘルス疾患の兆候

社員の遅刻・早退・欠勤の増加の他、感情のコントロールができなくなるのも、メンタルヘルス疾患の特徴のひとつである。メンタルヘルスの変調により集中力が低下し、必要な判断ができなくなることがあり、それにより、業務に支障が出るようなミスを犯すことが多くなる。

セクハラ・マタハラ

セクハラには対価型と環境型がある

■ セクハラとは

職場におけるセクハラ（セクシュアル・ハラスメント）とは、性的な言動により、職場における労働者の就業環境を害することをいいます。おおまかに職場におけるセクハラは、①対価型（性的な言動を拒否した場合に労働者が不利益を被る場合）、②環境型（性的な言動により就業環境を不快にすることで、労働者の就業に見過ごすことができない程度の支障が生じる場合）に分類されます。

対価型の具体例としては、職場における地位（上司の立場など）の高い者が、自身の性的な言動を労働者側が拒否したことを理由に、その地位を濫用して、解雇・降格・減給などの不利益を与える場合や、配置転換を行う場合などが挙げられます。

他方、環境型の具体例としては、故意に女性労働者の胸や腰に触れるなど、直接的な身体接触を伴う行為により、女性労働者にとっての就業環境が悪化し、業務に悪影響が出る場合などが挙げられます。さらに、直接的な身体接触がなくても、職場にわいせつなポスターを掲示する場合や、従業員の性的経験・外見・身体に関する事柄について発言する行為も、環境型セクハラにあたります。

対価型・環境型を問わず、セクハラについては、男性（加害者）から女性（被害者）に対するセクハラが目立ちますが、女性から男性に対するセクハラや、同性から同性に対するセクハラも存在します。

訴訟になった場合

セクハラ問題などは、会社も法的責任を問われるおそれがある。最悪の場合には訴訟に発展するおそれがある。裁判で争うとなると、一定の法律知識や訴訟対策が必要になる。問題がこじれそうな場合は早めに会社の顧問弁護士などに相談してみるとよい。

セクハラにあたる行為

①言葉によるもの
性的な冗談やからかい、食事・デートへの執拗な誘い、意図的に性的な噂を流す、性的な体験等を尋ねる
②視覚によるもの
ヌードポスターを掲示する、わいせつ図画を配布する
③行動によるもの
身体への不必要な接触、性的関係の強要

■ 会社にはセクハラ防止義務がある

会社内でセクハラが行われた場合、セクハラを行った本人以外にも、セクハラを防止できなかったことを理由に、会社も法的責任を負うことがあります。

男女雇用機会均等法11条は、職場で行われる性的な言動に対する事業主の対応により労働者が不利益を受け、労働者の就業環境が害されることのないよう、事業主が必要な体制の整備その他の雇用管理上必要な措置を講じなければならないと定めています。この措置義務に違反し、厚生労働大臣の指導を受けたにもかかわらず、それに従わなかった場合には、行政上の責任として、会社名が公表されることもあります。

なお、厚生労働省では、措置義務について、「事業主が雇用管理上講ずべき措置」として10項目を示し、会社の事情に応じた対策を実施するよう促しています。10項目には、以下のような内容が含まれています。

①　セクハラに対する事業主の方針を明確にすること

会社のトップである事業主が「セクハラに対し、厳格な姿勢で臨む」と表明することで、セクハラ対策をより効果的なものにすることが望まれます。具体的な方法としては、社内ホームページ・社内報、就業規則などに職場におけるセクハラに対する方針およびセクハラの内容を明示して従業員に広く知らせる方法などが挙げられます。

② 相談窓口の設置など、必要な体制を整備すること

セクハラについての相談窓口や相談マニュアルなども用意しておかなければなりません。マニュアルは、窓口の担当者が内容・状況に応じて柔軟に対応するためにあらかじめ作成しておく必要があります。相談を受けた際には、事実関係の有無と状況を迅速かつ正確に把握しなければなりません。なお、対応する際には、相談者と行為者のプライバシーを守るように尽力し、相談者に不利益があってはなりません。

セクハラの事前予防

セクハラを防止するためには、以下の事項について周知徹底が必要である。
① どんな行為がセクハラにあたるのか。
② セクハラを誘発する発言や行動にはどんなものがあるのか。
③ セクハラの問題が起こることによってどんな影響があるのか。
また、会社がセクハラに対して毅然とした対応をすることを端的に示し、実際にセクハラをした社員に対しては、就業規則などに照らし、厳重な懲戒処分などが与えられることを示しておくとよい。

③ セクハラ問題が起きた場合に迅速かつ適切な対応をすること

相談窓口に相談が届いた場合、できるだけ迅速に事実関係を調査し、適切な対応をすることが求められます。３か月程度をめどに解決を図るようにしましょう。

また、民事上の責任として、会社は使用者責任（民法715条）を負います。使用者責任とは、従業員が職務中の不法行為により他人に損害を与えた場合に、使用者である会社もその従業員とともに損害賠償責任を負うという法的責任です。

さらに、会社は、従業員との労働契約に基づく付随義務として、従業員が働きやすい労働環境を作る義務を負っています。しかし、セクハラ被害に対して加害者の処分などの適切な対応をとっていない場合、会社が労働契約に基づく付随義務に違反したとして、被害者に対して債務不履行責任（民法415条）を負う可能性があります。

■ マタハラとは

マタニティハラスメント（マタハラ）とは、妊娠・出産・育児休業などに関係するさまざまな嫌がらせのことです。たとえば、採用の際に「妊娠・出産の予定はないか」と質問する、産

被害者の加害者・会社に対する責任の追及

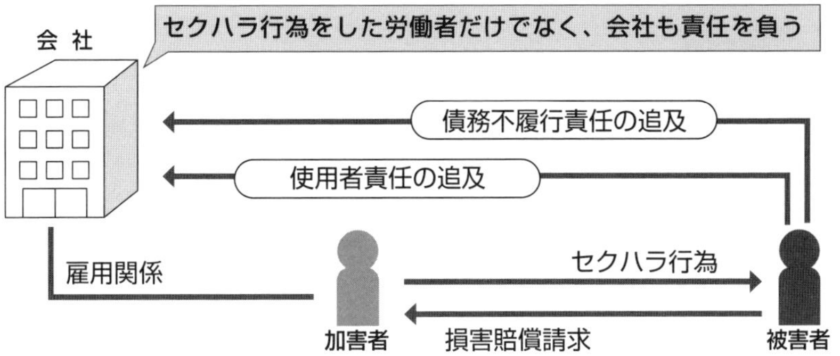

前産後休業や育児休業を請求するとあからさまに嫌な顔をする、職場復帰の際に勤務を継続できないような遠隔地の部署への異動を言い渡す、「妊娠・出産すると残業や出張ができないから困る」などと言い、遠回しに退職を勧奨するといったことが挙げられます。

この他、妊娠で体調を崩し短時間勤務や職場変更を求めている女性について、「妊娠は病気ではない」などと言って要求を拒否する、非正規雇用の女性について、妊娠や出産を理由に契約更新をしないといったこともマタハラに該当します。なお、女性におけるマタハラ被害だけでなく、育児休業の取得などに関して男性が不当な扱いを受ける場合もあることに注意を要します。

男女雇用機会均等法は、事業主にマタハラによって就業環境が害されることのないよう雇用管理上の措置を講じることを義務付けており、厚労省は措置義務に関する具体的な指針を定めています。また、育児・介護休業法は、この法律に基づく育児休業などの申出や取得を理由とする解雇その他不利益な取扱いを禁止しており、マタハラはこの規定に違反する行為です。

PART5
13

パワハラ

パワハラは早期に解決することが重要である

■ パワハラの定義

パワハラ（パワー・ハラスメント）の定義について、厚生労働省は「同じ職場で働く者に対して、職務上の地位や人間関係などの職場内の優位性を背景に、業務の適正な範囲を超えて、精神的・身体的苦痛を与える又は職場環境を悪化させる行為」としています。暴行・傷害などの身体的な攻撃はもちろん、脅迫・暴言・無視・仲間外しなどの精神的な攻撃や、人間関係からの隔離など、幅広い行為を含んだ概念です。

パワハラを行った従業員は、その被害を受けた者に対して不法行為に基づく損害賠償責任を負う可能性があります。さらに、会社も使用者責任として、従業員が業務中にパワハラによって損害を与えた場合は、その従業員とともに、被害者に対して損害賠償責任を負うこともありますので、会社としてパワハラ対策を十分に講じておく必要性があります。

また、2020年６月施行の労働施策総合推進法の改正により、事業主に対してパワハラ防止のための雇用管理上の措置が義務付けられます（中小企業は2022年３月までは努力義務）。具体的には、パワハラ防止の社内方針の策定・周知・啓発、苦情に対する相談体制の整備、被害者へのケアや再発防止などが求められることになります。

■ 具体的なパワハラの形態と対策

パワハラには以下のようなさまざまな形態があります。

①　**相手に対する言葉による侮辱**

パワハラ概念の多様性

本文記載のように、上司の部下に対する行為に限らず、同僚の間でも何らかの優位性を背景に相手に苦痛を与える行為をすればパワハラになる。部下の上司に対する行為がパワハラになる場合も考えられる。
さらに、同じ職場の従業員同士の間でなくても、顧客や取引先などから、取引上の優劣を悪用して、従業員の人格や尊厳を傷つける言動がパワハラにあたることもある。

退職予定者や退職者に対するパワハラ対策

パワハラを受けたと主張する社員が会社を辞める決意を固めている場合や、辞めてしまった場合には、社内での穏便な解決が図れなくなる。その結果争いが拡大し、労働局のあっせんや労働審判に発展したり、裁判を提起されるリスクが高まり、問題解決が困難になる場合もある。そのため、パワハラ問題は早期に小さな目のうちに摘む必要がある。

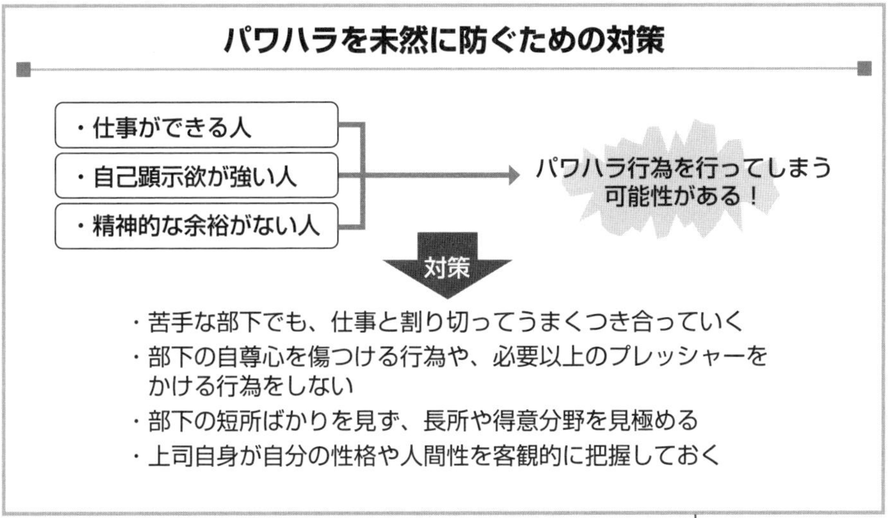

仕事中であるか否かを問わず、同じ職場にいる者に、「バカ野郎」「給料泥棒」「くそばばあ」などの侮辱的な言葉をかけることはパワハラになります。

② 他人が見ている前での侮辱

他人が見ている前で、同じ職場にいる者を侮辱する言葉を発することは、より悪質なパワハラです。

③ 無視

部下が気に入らないため、上司が部下を無視することはパワハラになります。

④ 報復人事

相手が気に入らないからといって、報復としてその部下を左遷することはパワハラになります。また、自分の意見を聞かない部下を配置転換することも同様です。

⑤ 解雇のためのパワハラ

会社都合で従業員を解雇する場合、会社は解雇予告または解雇予告手当の支払いが必要になるため、会社がこれらの手続が不要な、自己都合退職に追い込もうとすることがあります。

問題が起こりやすい職場

労働政策研究・研修機構（JILPT）が公表している「職場のいじめ・嫌がらせ、パワー・ハラスメント対策に関する労使ヒアリング調査」によると、パワハラ発生の背景・原因として「過重労働とストレス」「職場のコミュニケーション不足」「人間関係の希薄化」「業界特有の徒弟制度関係」などが挙げられている。

⑥　遂行不可能なことの強制

期限内には到底終了させることができない大量の仕事を押しつけるなど、遂行不可能な仕事を強制することはパワハラになります。特に、仕事を教育・指導中に多く見られます。

⑦　嫌がらせ目的での権限行使

業務と関係のない命令や、部下に対する嫌がらせなど不当な目的により発せられた命令は、上司による権限の違法な行使であり、そのような命令はパワハラにあたります。

⑧　能力や経験と無関係の仕事を命じる

上司が、能力の高い部下に対し、あえて誰でもできるような仕事を命じることはパワハラになります。

⑨　部下の上司に対する嫌がらせ

多くの場合、肩書きや職位が高い者ほど職場で優位に立ちますが、業務上必要な知識や経験が豊富で、その者の協力がなければ円滑な業務遂行が困難な場合、同僚や部下の言動であってもパワハラの問題が生じます。

■ 従業員への周知徹底・教育研修を行う

パワハラを防止するためには、会社の方針を周知徹底した上で、従業員（役員や管理職も含む）に適切な教育研修を行う必要があります。

従業員への周知徹底をするには、就業規則や従業員の心得の中にパワハラ防止のための項目を作成することが重要です。

従業員に対する研修は、役員・管理職とその他の一般の社員を分けて行います。従業員を直接指揮監督する役員・管理職に対する研修では、自分自身がパワハラの加害者になる可能性があることを意識させる内容の研修を行うことが必要です。

■ 社内調査をしっかり行う

社内で行うパワハラに関する調査には、事前の調査と、パワ

詳細なルールを作成する

就業規則の本則にパワハラに関する詳細な規程を盛り込むと、就業規則が膨大になる。別途ハラスメント防止規程などを作成し、そこで詳細なルールを定めるとよい。

社員に対する研修

一般の社員に対する研修では、パワハラの被害者となった場合にはどうするか、同僚からパワハラの相談を受けた場合の対応方法などを中心に研修などを行うことになる。

就業規則中のパワハラ防止規程の例

第○条（パワー・ハラスメント行為に対する対応）
パワー・ハラスメントについては、服務規律及び懲戒処分の規定の他、「ハラスメント防止規程」により別途定める。

ハラが起きた後に行う事後調査とがあります。

まず事前調査の方法としては、社内でアンケートなどを行い、職場のパワハラの実態について把握し、予防・解決のための課題を検討します。特に、従業員に対する調査では、過去にパワハラがあったか、現在パワハラが行われている場合には、具体的に被害者はどのような被害を受けているのか、パワハラ対策として会社に要望することはあるか、といった項目を挙げて、回答を求めます。他方で、管理職に対する調査では、一般の従業員と比べて、管理職はパワハラを行いやすい立場にあるので、異なる項目の調査が必要になります。

パワハラ問題で一番難しいのは、事案発生後に行う事実関係についての事後調査です。相談窓口の担当者、あるいはパワハラ対策委員会などが、被害者と加害者の双方から事情を聴取して事実関係を見極めることが重要です。

調査を行ってもパワハラの事実関係を確認できず、調査を終わらせることもあり得ます。その際には、パワハラを受けた被害者とされる相談者に対しては、十分に調査を実施した上で調査を終了させ、会社としての対応を終えることを説明することが大切です。また、調査終了後に相談者が労働局や裁判所などの公的な機関に訴える可能性を、会社として想定しておく必要があるため、弁護士など労働問題の専門家を入れてパワハラ問題に対応することも必要です。

14

安全衛生管理

労働者の健康維持と作業環境の確保に取り組む

総括安全衛生管理者

総括安全衛生管理者は、工場長など事業場において、事業の実施を実質的に統括管理する権限と責任をもつ者が該当する。

統括安全衛生責任者

請負にかかる建設業や造船業で、全労働者数が常時50人以上（ずい道などの建設、橋梁の建設、圧気工法による作業では常時30人以上）の場合、統括安全衛生責任者の選任が必要である。

■ 労働安全衛生法とは

労働安全衛生法は、事業場の業種や規模によって安全・衛生の管理責任者を選任することを義務付けています。安全・衛生管理責任者の選任が義務付けられているのは、各事業場で安全や衛生についての知識や経験のある責任者を中心に労働災害を防止し、労働者の健康の保持などに取り組む体制を作るためです。

■ どのような安全衛生管理体制が必要なのか

安全衛生管理体制には、一般の会社に要求される安全衛生管理体制と、請負の関係で働く場合（建設業や土木業など）の安全衛生管理体制の２つがあります。具体的には、次ページの図で示す安全衛生管理体制を整えなければなりません。

・一般の会社の安全衛生管理体制

一般の会社の安全衛生管理体制では、一定の業種、規模（労働者数）の事業場について管理責任者の選任と委員会の組織化を求めています。総括安全衛生管理者とは、安全管理者、衛生管理者を指揮し、安全衛生についての業務を統括管理する最高責任者です。工場長などのようにその事業場において、事業の実施を実質的に統括管理する権限と責任をもっている者が該当しますが、選任義務のない事業場の場合は、事業主がその責任を負うことになります。

・請負の関係で労働させる場合の安全衛生管理体制

建設や造船を請け負う業者で、労働者数が常時50人以上（ずい道等の建設、橋梁の建設、圧気工法による作業では常時30人

労働安全衛生法で要求されている安全衛生管理体制

業　種	事業場の規模・選任すべき者
製造業（物の加工を含む）、電気業、ガス業、熱供給業、水道業、通信業、自動車整備および機械修理業、各種商品卸売業、家具・建具・じゅう器等小売業、燃料小売業、旅館業、ゴルフ場業	①10人以上50人未満 安全衛生推進者 ②50人以上300人未満 安全管理者、衛生管理者、産業医 ③300人以上 総括安全衛生管理者、安全管理者、衛生管理者、産業医
林業、鉱業、建設業、運送業および清掃業	①10人以上50人未満 安全衛生推進者 ②50人以上100人未満 安全管理者、衛生管理者、産業医 ③100人以上 総括安全衛生管理者、安全管理者、衛生管理者、産業医
上記以外の業種	①10人以上50人未満 衛生推進者 ②50人以上1000人未満 衛生管理者、産業医 ③1000人以上 総括安全衛生管理者、衛生管理者、産業医
建設業および造船業であって下請が混在して作業が行われる場合の元方事業者	①現場の全労働者数が50人以上の場合（ずい道工事、圧気工事、橋梁工事については、30人以上） 統括安全衛生責任者、元方安全衛生管理者（建設業のみ） ②ずい道工事、圧気工事、橋梁工事で全労働者数が常時20人以上30人未満、もしくは鉄骨造・鉄骨鉄筋コンクリート造の建設工事で全労働者数が常時20人以上50人未満 店社安全衛生管理者（建設業のみ）

以上）である場合には、統括安全衛生責任者を選任しなければなりません。その他、必要に応じて、元方安全衛生管理者、安全衛生責任者、店社安全衛生管理者を選任することになります。

過労死・過労自殺

過重業務や異常な出来事といった基準で判断する

■ 過労死の認定基準

長時間労働や激務などによって疲労が蓄積したために、脳血管障害や心臓疾患などの健康障害や精神障害による自殺により死亡することを過労死といいます。過労死を予防するための会社側の手段として、法定労働時間の周知徹底、出・退勤時間の管理といった労働時間の管理、労働安全衛生法上の安全衛生管理体制の構築、労働者と話し合う機会の用意といった取り組みが大切です。実際に裁判となったケースでは、会社が従業員の健康に配慮する義務に違反したとして、会社の責任を認める判例も増えていますが、労働者側の落ち度を一定範囲で認める判例もあります。

過労死については、激務に就いたことでもともとの持病が急激に悪化し、脳や心臓の疾患などを発生させた場合には、業務が有力な原因となったと考えられ、労災の対象となります。

具体的には、厚生労働省の「脳血管疾患及び虚血性心疾患等（負傷に起因するものを除く）の認定基準」に基づいて労災認定が行われます。認定基準では業務において次のような状況下に置かれることによって、明らかな過重負荷（脳・心臓疾患の発症を誘発する可能性があると思われる出来事）を受け、そのことによって発症したと認められる場合に、「労災」として取り扱う、としています。

①　異常な出来事

発症直前から前日までの間に、急激で著しい作業環境の変化が生じた場合などをいいます。

過労死の対象疾病

過労死の対象疾病として以下のものが挙げられている。
・脳血管疾患
脳内出血（脳出血）、くも膜下出血、脳梗塞、高血圧性脳症
・虚血性心疾患等
心筋梗塞、狭心症、心停止（心臓性突然死を含む）、解離性大動脈瘤

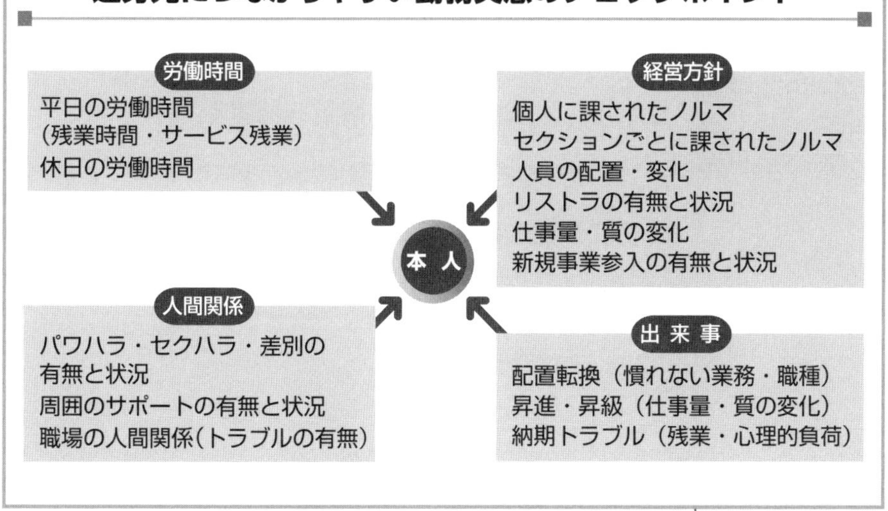

過労死につながりやすい勤務実態のチェックポイント

② 短時間の過重業務

発症前約１週間の間に、特に過重な業務に就労することによって身体的・精神的負荷を生じさせたと客観的に認められる場合をいいます。

③ 長期間の過重業務

発症前約６か月間の間に、著しい疲労の蓄積をもたらす特に過重な業務に就労することによって身体的・精神的負荷を生じさせたと客観的に認められる場合をいいます。

■ 過労による自殺について

厚生労働省の「心理的負荷による精神障害の認定基準」により、業務により一定の精神障害を発病したと認められる者が自殺した場合は精神障害によって正常な認識、行為選択が著しく阻害され、または自殺行為を思いとどまる精神的な抑制力が著しく阻害されている状態にあったと推定して労災として認められることになっています。

労働者災害補償保険のしくみ

仕事中・通勤中のケガ・病気を補償する

■ 労災保険の目的とは何か

労働者が仕事中や通勤途中に発生した事故などによって負傷したり、病気にかかった場合に治療費などの必要な給付を行うのが労災保険制度です。

労働者災害補償保険（労災保険）は政府（国）が保険者（保険を監督し、取り扱う者）となります。実務上は労働基準監督署などが事務処理を行っています。

労災保険は事業所ごとに適用されるのが原則です。つまり、本店（本社）の他に支店や工場などがある会社については、本店は本店だけで独自に労災保険に加入し、支店は支店で本店とは別に労災保険に加入することになります。ただ、支店や出張所などで労働保険の事務処理を行う者がいないなどの一定の理由がある場合は、本店で事務処理を一括して行うこともできます。

労災保険は、原則として労働者を１人でも使用する事業を強制的に適用事業とすることにしています。

労災保険の届出は保険関係が成立した日から10日以内に行わなくてはいけません。労働者を雇ったにもかかわらず、故意または重大な過失により届出を怠っていた場合に、労働災害が生じ、労災保険給付が行われると、遡って保険料が徴収（追徴金も含む）されるだけでなく、労災保険給付に要した費用も徴収されますので注意が必要です。

労災保険は労働者として働いている者すべてに適用されます。

暫定任意適用事業

個人経営の事業で労災保険への加入が強制されていない以下の事業。
①農業・畜産・養蚕の事業で、常時使用労働者数が５人未満のもの
②林業で労働者を常時使用せず、年間使用延労働者数300人未満のもの
③常時使用労働者数が５人未満の事業で、総トン数５トン未満の漁船による事業と特定水面で操業する総トン数30トン未満の漁船による漁業

労災認定の申請手続き

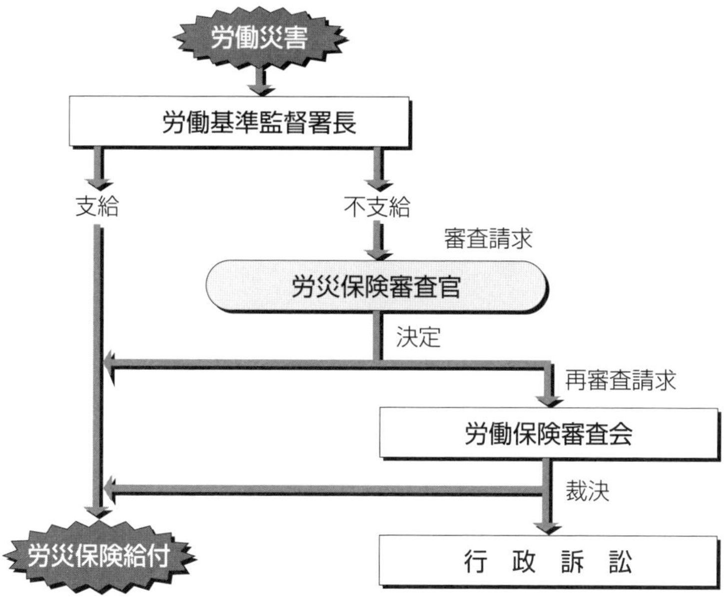

■ 業務災害と通勤災害の内容

労災保険は労働者が仕事中（業務上）または通勤途中に負傷した場合などに必要な保険給付を行います。

業務災害とは、事業主の支配下または管理下にあるときに負傷や病気の原因となる事故が発生した場合をいい、労災保険による給付が行われます。通勤災害とは、会社までの通勤途中（往復）に、負傷や病気の原因となる事故が発生した場合をいい、労災保険による給付が行われます。ただ、私的な理由で通常の通勤路から外れた（逸脱）場合や帰宅前に飲み屋によって帰る場合などは、その後に災害が発生したとしても労災の支給がなされませんので注意が必要です。労災事故が発生した場合には上図の流れで申請や不服申立てをすることになります。

17

残業代不払い訴訟と対策

不払いは民事上、刑事上の責任を問われる

■ 残業代不払い問題

新聞やニュースで残業代を支払わない会社の存在が問題視され、実際に訴訟件数が増えています。労働者が勤務時間外に働いている場合で、会社が労働基準法で定められている時間外労働手当を支払わない場合をサービス残業といいます。

残業代不払いの問題点は、そのままにしておくと、労働者側から請求があったり労働基準監督署に申告された場合に、一度に多額の未払い賃金を支払わなければならなくなる可能性が高いことです。特に弁護士などに依頼した労働者から不払い分を請求された場合には、消滅時効にかからない過去2年分までさかのぼって請求される場合があります。さらに、退職日以降支払日までの期間は14.6％の遅延損害金が発生する他、悪質な場合は裁判所に未払残業代と同額の付加金の支払いを命じられる場合があります。また、労働基準法によると、時間外労働や休日労働の割増賃金の不払いに対しては、6か月以下の懲役、30万円以下の罰金という刑事罰が科されます。

遅延損害金
債権の返済期日までに支払わない場合に、損害賠償として債権者が請求する金額のこと。

労働時間
労働者が使用者の指揮命令（監督）のもとにある時間のこと。始業時刻から終業時刻までの拘束されている時間から休憩時間を除いた時間が労働時間（実労働時間）。休憩時間は拘束時間内であっても、使用者の指揮命令から完全に開放されていて、自由に利用することができるため、労働時間には含めない。労働時間の計算にあたってはこの実労働時間を基礎とする。

■ 会社側の対抗手段

労働者から訴訟を起こされた場合には、まず、会社としては、労働者が主張している残業時間というものが、本当に労働基準法上の労働時間に該当しているかどうかを検討する必要があります。労働時間に該当していないと判断できる場合で、それを裏付けるような証拠がある場合にはそれを準備して、労働時間にあたらないことを主張することになります。

残業代不払い訴訟で主張する事項

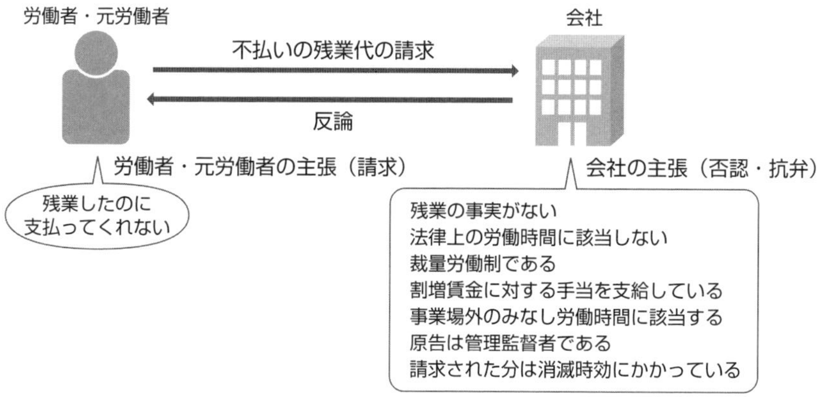

一方、労働時間に該当したとしても、割増賃金を支払わなければならない労働時間に該当しない場合には、労働者の主張する内容が残業時間にはあたらないことを説明できるような書面などの証拠を提出します。たとえば裁量労働制や事業場外のみなし労働時間制、あるいは年俸制であるといった事項が該当します。割増賃金手当を支給している場合には、そのことを主張することになります。

また、訴訟を起こした労働者が管理職の地位にある者であった場合には、通常は残業代を支払う義務はありませんので、労働者が監督・管理の権限を有する管理監督者であることを裏付ける証拠を用意します。ただし、いわゆる名ばかり管理職については、労働基準法上の管理職とは認められませんので注意が必要です。訴訟を含めた労働者とのトラブルに備えるという意味でも、会社は、タイムカードや就業規則、雇用契約書、協定の書面、業務日報、報告書といった書類の整理・管理を日頃から徹底しなければなりません。

割増賃金

法律で定める労働時間を超えたり、法律で定める休日または深夜に労働をさせた場合に通常の賃金にプラスして出さなければならない賃金のこと。

裁量労働

必ずしも労働の成果が労働時間と関連することがない職種の労働。これらの仕事では、始業時刻や終業時刻を決めて労働時間を定めても成果・結果が出なければ意味がない。デザイナーや記者などの専門性が高い業務や経営企画部門などの企画立案等の業務について、裁量労働制を導入することができる。

組合への対応の仕方

団交の申入れは原則として受けること

■ たとえばどんな場合に問題になるのか

経営者が頭を悩ませることの一つに、労働組合からの要求にどう対応するかということがあります。経費の面や対応にかかる時間、労力などのことを考えると、頭の痛い問題だといえるでしょう。

労働者が労働組合を通じて団体交渉を申し入れてきた場合、対応方法がよくわからないから、と団体交渉の申し入れをその場で断ってしまうようなことはしないようにしましょう。会社は正当な事由がない限り団体交渉を断ってはならず（誠実交渉義務）、団体交渉の申し入れを受けた段階で無視したり断ると、会社側が負っている誠実交渉義務に違反する可能性があるからです。対応に不安がある場合には、申入れのあった段階で、労働関係の専門家に相談するのも一つの方法です。申入れを拒否できるのは、交渉を重ねた結果、双方に譲歩の意思がないことが明白になった場合、団体交渉で協議すべきでない事項の場合、組合の担当者に代表権限がない場合などに限ります。対応する際にはあまりに人数が多いと収拾がつかなくなるので、多人数で交渉を行わないようにし、交渉の場所は他の社員の動揺を避けるため、通常の就業場所とは離れた場所で行うとよいでしょう。

団体交渉権

労働者が、労働条件の決定などで、団結して資本家（使用者）と交渉する権利のこと。

■ ユニオンとはどう交渉すればよいのか

ユニオンとは、企業内組合とは異なり、それぞれが異なる企業に勤めている一個人から成る労働組合のことです。労働組合のない会社の従業員であっても、ユニオンに加入している場合

労働組合の種類

企業別組合	同じ企業に勤務する労働者を組合員として組織する組合
産業別組合	鉄鋼業、運送業、建設業など同じ産業に属する企業で働く労働者を組合員として組織する組合
職業別組合	看護師やパイロットなど同じ職業を持つ労働者を組合員として組織する組合
一般(合同)組合	企業や産業、職業などの枠にとらわれず、労働者であれば個人で加入できる組合

には、労働組合の組合員として活動できます。

労働者には団結権・団体交渉権・団体行動権という労働三権が認められています。労働三権は憲法28条で認められた権利です。この規定を受けて定められた労働組合法によって労働者は保護されています。労働組合法は、会社が組合員に対して不当な扱いをすると不当労働行為に該当すると定めている他、解雇などをめぐって争いとなった場合に、労働組合から労働委員会に労働争議のあっせん等の申立てを行うことも認めています。ユニオンが会社に対し団体交渉を申し入れてきた場合、会社は無視することはできません。

不当労働行為
憲法が保障している労働者の基本的な権利である団結権、団体交渉権、団体行動権を労働三権というが、「不当労働行為」とは、使用者が労働組合の団結権を侵害する行為であり、労働組合の正当な活動を不当に侵害する行為のこと。

■ 従業員の不安をあおるような発言や行動を控える

労働者にとって一番困ること、怖いことは、突然解雇されたり、賃下げを告げられたりして、自分たちの身分や生活が脅かされることです。従業員による強硬な手段を防ぐためにまず必要なことは、「従業員に不要な不安感や恐怖感を抱かせない」ということです。したがって、経営者側は厳重に情報管理して不用意に情報を漏えいしないように気をつけなければなりません。

労働基準監督署の調査

違法行為の調査のため、調査や出頭を命じられる

■ どんなことを調査するのか

労働基準監督署は、労働基準法などの法律に基づいて、労働者の労働条件を確保し、違反がある場合には改善の指導を行う労働基準行政の機関です。労働基準監督署が事業所に対して行う調査の目的は、労働基準法をはじめとする労働関係の法律の規定に違反するところがないかどうかを確認することにあります。

労働基準監督署は労働基準法等の違反の有無について調査を行いますが、中でも労働時間に関する調査は非常に多く行われています。具体的には、違法な長時間労働の有無や適正な残業代が支払われているかという点について、就業規則や三六協定、賃金台帳、出勤簿・タイムカードといった書類を確認したり、事業所に勤務する労働者や関係者に対する聞き取りを実施するといったことが行われます。

労基署に書類送検された一例

- 労働者に違法な時間外労働を行わせた上、労働基準監督官に虚偽の報告をしたため送検されたケース
- 割増賃金などを支払わなかったため是正勧告したが、支払わなかったため送検されたケース
- 割増賃金の不払いを隠ぺいすることに加担した社会保険労務士が送検されたケース
- 事業主側は時間外割増賃金を支払っていると主張したが認められず、送検されたケース

■ 調査や指導の種類

労働基準監督署が行う調査の手法には、「呼び出し調査」と「臨検監督」の２つがあります。

呼び出し調査とは、事業所の代表者等を労働基準監督署に呼び出して行う調査です。事業主あてに日時と場所を指定した通知書が送付されると、事業主は労働者名簿や就業規則、出勤簿、賃金台帳、健康診断結果票など指定された資料を持参の上、調査を受けることになります。

臨検監督とは、労働基準監督署が事業所へ出向いて立入調査を行うことをいいます。事前に調査日時を記した通知が送付さ

労働基準監督署が行う調査・指導の流れ

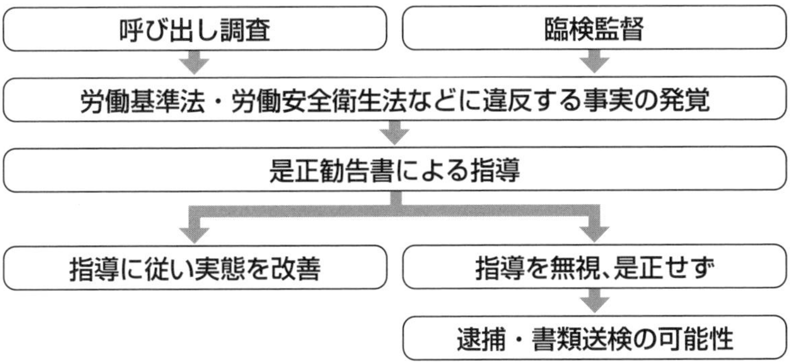

れることもあれば、長時間労働の実態を把握するために、夜間に突然訪れることもあります。

また、調査が行われる理由のおもなものとしては、「定期監督」と「申告監督」があります。

定期監督とは、調査を行う労働基準監督署が管内の事業所の状況を検討した上で、対象となる事業所を選定して定期的に実施する調査のことです。申告監督は労働者の申告に基づいて行われる監督です。これらの調査の結果、労働基準法などに違反している点が発見された場合、まずその点を改善するよう、是正勧告書という書面によって指導がなされます。是正勧告に従わずにいると改善の意思が見られないと判断され、再監督が行われることもあります。

事業所が、労働基準監督署の調査を受けた場合には、違反行為の疑いを払しょくするために、違反行為をしていないこと、適法な対応を行った証拠書類を提示して冷静に説明しましょう。

是正勧告に対応しない場合

調査を終えた監督官が悪質なケースであると判断すると、送検（管轄の検察庁に事件を送ること）する場合もある。監督官が発した是正勧告に従わない場合も、労働基準法上の罰則規定に従って、罰金刑や懲役刑に処せられることがある。調査を拒否したり調査後の是正勧告に従わないままでいると、結局強制捜査を受けたり、送検されるなど、長い目で見て、会社にとってマイナスとなる。したがって、労働基準監督署から連絡が入った場合には、とにかく迅速かつ誠実な対応を心がけるようにしたい。

Column

副業とその禁止規定

本業とは別に、アルバイトとして飲食店やコンビニで勤務するなどの他に、最近では、インターネットを用いたブログ作成など、労働者が、容易に副業ができる環境が整っています。「正社員になれば副業は原則禁止じゃないの？」と疑問に思う人も多いのではないでしょうか。実際、就業規則において正社員の副業を「原則禁止」または「会社の許可が必要」と規定している企業は多いようです。ただ、憲法では「職業選択の自由」を謳っています。

我が国の法令上、副業禁止が明記されているのは公務員だけで、民間企業に勤務する労働者の副業を禁じる規定はありません。労働基準法に副業を禁止する規定がないということは、意外に知らない人が多いかもしれません。むしろ副業を全面的に禁止することは、特別な事情がない限り合理的ではないとする裁判例もあります。

そのため、就業規則などで副業を禁止するかどうかは、基本的には会社しだいといえます。会社の承諾を得ないで、副業として他人に雇われる（アルバイトなど）場合や、労働者自身が事業を営むことで、会社に不利益を与えることを嫌う会社の中には、就業規則などで副業を懲戒事由にしていることもあります。会社側が副業を禁じる理由としては、「本業の勤務体系をふまえると、副業により疲れがたまって本業に支障をきたす」「競合他社での副業で本業の情報が漏えいするおそれがある」「副業の内容によっては、企業の信用やブランドを毀損する」などが挙げられます。副業禁止の就業規則を破って、会社側から懲戒処分（懲戒解雇処分など）を受けた労働者が、会社を相手取って提訴した訴訟においても、上記のような理由で会社に損害を与えたり、労務の提供に支障が生じるとして、会社側の正当性を認めた裁判例もあります。

PART 6

トラブルにならない
契約の基本と
消費者法の知識

契約書に記載しておいたほうがよい条項

争いが生じやすい事柄は明文化する

■ 契約書の作成形式は自由である

契約書作成の目的は、ある物事についてのとりきめが「法的な約束ごと」であることを明確にすることです。さらに、契約後のお互いの行動を定め、その結果しだいでは双方に法的に強制力を負わせる証明にもなります。契約書によって双方の義務や権利、責任をはっきりとさせておくことで後に生じるトラブルを予防することができるのです。

法律が、特に要求している場合を除いて契約書作成の形式は自由です。縦書き、横書きのいずれでもかまいません。最近の取引関係の書式は、横書きが多いようです。

契約書には一般的に「表題」「前文」「本文」「後文」「作成年月日」を記載します。この中で、「本文」は「一般条件（一般条項）」と「主要条件（主要条項）」に大きく分けられます。「一般条件」とは、裁判管轄、秘密保持義務など、たいていの契約で定めておく項目のことを指します。「主要条件」は、その契約の特徴的な契約条件です。

あいまいな規定を作らない

主要条件も重要だが、トラブル発生時などには損害賠償責任や裁判管轄などの一般条件の重要性を認識させられる。いずれも、いい加減に書いて、あいまいな部分が残ってしまうと、アピール力のない契約書になるばかりか、最悪の場合、トラブルになることがある。あいまいな表現を残したまま契約を結んだ場合、契約当事者はそれぞれの側に有利な解釈を主張することになる。双方が譲らず、裁判に持ち込むことになれば、互いにお金や労力を費やさなければならない。実際起こりうるさまざまなケースに即して、具体的で詳細な規定にしておくことは、このような事態を防ぐためにも大切である。

■ 争いが生じやすい事柄

契約上のトラブルが後日発生することを防ぐためには、将来争いが生じやすい事項につき、あらかじめ適切な規定を設けておくことが大切です。

①　履行期日、存続期間

履行期日は、売買・請負などの場合に問題となり、存続期間は、賃貸借・雇用などの場合に問題となります。

契約書のスタイル

表　題	契約書のタイトル （商品売買契約書、継続的取引契約書、など）
前　文	契約当事者、契約概要
本　文	主要条件、一般条件
後　文	作成した契約書数、所持する当事者の情報
日　付	契約書作成日
署名押印	当事者の署名と押印

② 主要な債務の具体的内容

たとえば、商品売買の場合は品質、種類、数量、輸送方法、送料負担、危険移転時期などの特定、業務委託の場合は業務範囲などの特定が重要です。また、代金や報酬についても、支払条件、支払方法、消費税額、振込手数料負担などの詳細の定めも必要です。

③ 契約解除

契約解除は解除権の行使によってなされます。解除権には、法律で認められた法定解除権と契約で定める約定解除権があります。法定解除権は、業者が約束を守らず商品を引き渡さないというように、債務不履行がある場合に認められます。

他方、約定解除権は、法律で認められたものとは別に当事者の契約により認められるものです。契約では、何かトラブルが生じた時に素早く契約関係から離脱できるようにあらかじめ解除できる事由を細かく設定しておくのが通常です。

④ 期限の利益（期限の利益喪失条項）

期限の利益とは、「期限が来るまでは履行しなくてよい」という債務者の利益のことです。分割払いの債務を想定するとわかりやすいでしょう。

解除、解約、撤回

解除とは、一方当事者の意思表示によって契約の当初にさかのぼって契約を消滅させること。
解約とは、賃貸借契約や雇用契約など、継続的に続く契約において一方当事者の意思表示により、ある時点から将来に向かって契約関係を消滅させることを意味する。
他方、契約の効力がまだ完全に生じていない段階で、すでに行った行為を解消することを撤回という。たとえば、契約の申込みをしたが相手方がまだ返事をしていない段階で契約を取り止める場合には申込みを撤回することになる。

期限の利益喪失条項とは、支払の怠慢など、債務者の信用が失われるような一定の事由が発生した場合には、債務者は期限の利益を喪失し、債務の全額を直ちに支払うという内容などの約款（定型化されたとりきめのこと）です。債務者側から見ると支払を怠ると残額を一括請求されることになります。

事業者にとっては販売した商品の代金の回収ができないという事態は避けなければならないため、このような条項をおくのが通常ですが、割賦販売法では期限の利益を直ちに失わせる手続きをとることを禁止している取引もあります。支払が滞ってもまずは債務者と連絡をとり、事態が改善しない場合に期限の利益を喪失させるのが無難でしょう。

⑤　損害賠償・違約金

契約上の債務の不履行によって債権者に損害が生じたときは、債権者はその損害の賠償を求めることができます（民法415条）。契約で、あらかじめ損害賠償額を定めたり違約罰の定めを置くことも可能ですが、消費者契約法や特定商取引法によって暴利をむさぼるような金額を定めることは禁止されています。

⑥　契約不適合責任

売買の目的物に隠れた欠陥があった場合には、買主は売主に対して、代替品納入・補修・代金減額や損害賠償を求めたり、瑕疵により契約の目的が達成できない場合には契約を解除したりできます（民法570条）。このような制度を契約不適合責任といいます。この規定は当事者の契約でこの規定を排除したり修正することができます。

⑦　諸費用の負担

その取引によって生じる費用や租税（税金）などの負担をどのようにするかは、明確に定めておくべきです。

⑧　秘密保持条項

秘密保持条項とは、契約の履行をする上で知られた重要な企業情報を、第三者へ開示、漏えいすることを禁止する規定です。

不公正な取引にあたらないようにする

契約条件を決定する際は、独占禁止法違反にあたらないことを必ず確認する必要がある。独占禁止法の適用事例、ガイドラインなどは、公正取引委員会のホームページ（http://www.jftc.go.jp/）で参照することができる。

期限の利益喪失条項

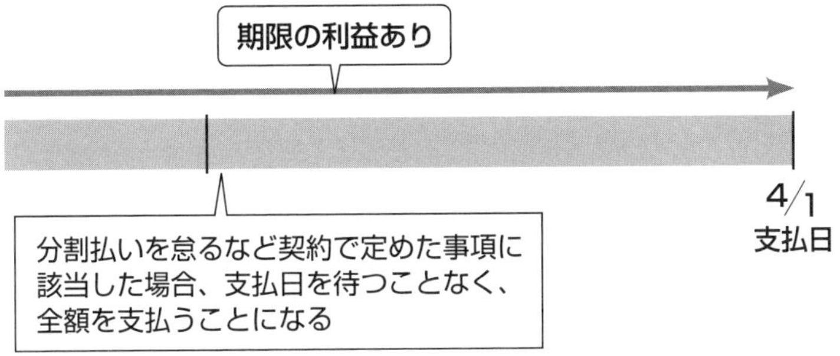

秘密保持条項

（秘密保持義務）

甲が、職務の遂行上知り得た乙の経営内容、内部事項、秘密情報、その他業務に関する一切の情報は、これを漏えいしてはならない。

2　前項の秘密保持義務は、甲の転職又は退社後も、同様とする。

3　甲が、前２項の規定に違反した場合、甲は、それにより乙が被った損害を賠償しなければならない。

企業にとって、秘密の保持は非常に重要な問題です。しかし、あらゆる情報を秘密としてしまうと、かえって範囲が不明確になり、本当に重要な情報が漏えいする危険性があります。そのため、秘密保持条項では、秘密にするべき情報の範囲を明確にするとともに、可能であれば、条項に具体例を挙げるなど、対象を絞り込む必要があります。

⑨　完全条項

完全条項とは、この契約書の記載事項のみが完全な合意であり、契約書に記載されていない内容や契約が締結されるまでに交わされた合意や約束は、すべて無効とする規定です。

消費者契約法のしくみ

消費者の立場と権利を守る法律である

■ 消費者契約法とは

消費者契約法は一般の消費者と事業者が契約する際に、消費者に不当に不利な契約が結ばれないようにするためのルールを定めた法律です。消費者と事業者の間で締結される契約は、すべて「消費者契約」となります。個人宅への飛び込み営業や個人相手に商品を紹介している担当者は消費者契約法のルールを理解して営業活動に取り組む必要があるでしょう。

事業者
法人だけでなく、飲食店や販売店、塾経営や弁護士・司法書士事務所などの個人事業主も事業者として扱われる。

事業者は、消費者契約の条項を定める際には、消費者契約の内容が消費者にとって明確でわかりやすいものになるように意識する必要があります。

また、消費者契約の締結について勧誘をする場合には、消費者の理解を深めるために、消費者契約の内容についての必要な情報を提供するように努めなければなりません（消費者契約法３条）。説明しなかったからといって直ちに刑罰が科されるわけではありませんが、後で契約を取り消されてしまう可能性が出てきます。また、契約書で不当に事業者の責任を免除・軽減する規定を置くことも禁止されています。

■ 消費者取消権とは何か

消費者取消権とは、消費者と事業者の間で締結された消費者契約を、消費者側から取り消すことができる権利です。

たとえば、事業者が商品販売の勧誘をするに際し、消費者に対して重要事項について事実と異なることを告げ（不実告知）、その結果、告げられた内容が事実であると誤認した場合や将来

消費者取消権が行使されてしまうケース

内　容	具体例
不実告知	「この機械を付ければ電気代が安くなる」とウソをつき、売りつける場合
断定的判断の提供	「この株は必ず値上がりします」と不確定な将来の株価変動に対し断言する場合
不利益事実の不告知	先物取引で「大幅に利益が出ます」とだけ顧客に伝え、「商品の値下がりで大きく損をすることもある」ことをわざと言わなかった場合
不退去	セールスマンが「商品を買うまで帰らない」と家に居座る場合
退去妨害	店に鍵をかけ、「帰りたい」と言っている顧客が商品を購入するまで店から出さない場合
過量契約	一人暮らしの高齢者に敷布団や掛け布団を何十枚も売りつける場合

※「重要事項」とは、消費者が消費者契約を締結するかどうかについての判断に通常影響を及ぼしている内容のこと。たとえば、消費者契約の目的となるものの質、用途、対価などがある。さらに、契約の目的となるものが消費者の生命、身体、財産その他の重要な利益についての損害または危険を回避するために通常必要であると判断される事情も含まれる。

まだどうなるかがわからない事柄についてそれがあたかも確実であるかのような説明をした結果（断定的判断の提供）、その事実を確定的なものと信じて取引した場合には、消費者は契約を取り消すことができます。

取り消された場合、消費者がすでに支払った商品代金があれば、事業者はその商品代金を消費者に返還し、消費者がすでに受け取った商品があれば、消費者はその受け取っている商品を事業者に返還することになります。

なお、平成31年６月施行の法改正により、実際の被害事例をふまえて、上図の類型に加えて、取消権を行使できる不当な勧誘行為の類型が追加されています。たとえば、就活セミナー商法、デート商法、霊感商法などをカバーするものです。

消費者取消権の行使期間

消費者が追認（取り消すことができる行為を取り消さずに認める行為）することができる時から１年間、または取り消すことができる消費者契約の締結の時から5年とされている。

消費者契約法で無効とされる契約条項

契約書の条項に気をつけなければならない

不当な条項は無効になる

事業者としては、後から問題が発覚した際、責任を負うことを避けたいため、契約であらかじめ「後で問題が生じても責任を負わない」といったことを規定することがあります。しかし、それでは後で消費者が救済されず、不合理な結果になります。

債務不履行責任の免責特約

事業者の債務不履行について、損害賠償責任の「全部」を免除する条項は無効になる。一方、損害賠償責任の「一部」を免除する条項については、事業者に故意（どのような結果を招くかを理解していること）または重過失（不注意の程度が著しいこと）がある場合にまで、損害賠償責任の一部免除を認めている条項が無効となる。

不法行為責任の免責特約

事業者の不法行為により消費者に生じた損害について、損害賠償責任の「全部」を免除する条項は無効になる。一方、不法行為による損害賠償責任の「一部」を免除する条項については、事業者に故意または重過失がある場合にまで、損害賠償責任の一部免除を認める条項が無効になる。

そこで、消費者契約法はこのような被害を防ぐために、不当な条項を契約で定めてもそのような契約は無効になることを定めています。具体的には、以下のような規定が問題になります。

① 免責特約

消費者と事業者との契約の際、たとえ事業者の損害賠償責任の全部を免除する条項は無効になります。また、事業者に故意（どのような結果を招くかについて理解していること）または重過失（不注意の程度が著しいこと）がある場合の責任については、一部の免除であっても、その条項を無効とします。また、事業者が責任の有無や限度を自ら決定できるとする条項も無効です。ただし、目的物が契約内容に適合しない場合（契約不適合）の損害賠償責任については、代替品の納入や代金減額の義務を定めていたり、他の事業者が責任を負うことを定めていれば、免責特約も有効です。

② 解除権の放棄

消費者に契約を解除する権利を放棄させる条項は無効となります。また、事業者が解除する権利の有無を決定できるとする条項も無効です。

③ 後見開始の審判を理由とする解除

契約不適合責任の免除条項が有効とされる場合

第○条　購入した商品の種類又は品質に契約不適合がある場合、当社は返金などの賠償責任は一切負わない。ただし、目的物が１か月以内に事業者の責めに帰するべき事由で故障した場合、同種・同等の新品と交換する。

第○条　購入した商品の種類又は品質に契約不適合がある場合、当社は返金などの賠償責任は一切負わない。ただし、当該契約不適合に対する損害賠償等の責任は、○○社が負うものとする。

このような定めがあれば、契約不適合責任の免除条項は有効となる

消費者が後見開始の審判を受けたことのみを理由として事業者に契約を解除する権利を与える条項は無効となります。

④　高額の違約金を定める契約

消費者契約の解除に伴う損害賠償の額や違約金を定めた場合、事業者に生ずべき平均的な損害の額を超える賠償額を予定したとしても、その超える部分を無効としています。

⑤　消費者の利益を一方的に害する規定

その他、民法や商法などと比べて、消費者の権利を制限し、または消費者の義務を加重する消費者契約の条項で、消費者の利益を一方的に害するものは無効となります。たとえば、通信販売で掃除機を購入したところ、健康食品が同封されて届けられた場合に、消費者から継続購入をしない旨の電話をしなければ、健康食品を継続的に購入するとみなす旨の条項は、①〜④にあたらなくても⑤により無効となります。

PART6
4

特定商取引法のしくみ

特定の取引について消費者をトラブルから守っている

■ どんな法律なのか

特定商取引法は消費者と事業者との間で特にトラブルになることが多い取引をとりあげて、その取引をする際のルールを定めている法律です。全体としては、取引が行われる際に不当な契約が結ばれないようにするために事業者を規制することを目的としています。特定商取引とは、以下の①～⑥の取引のことです。また、突然商品を送りつけられた場合（ネガティブオプション）の取扱いについてもルールを定めています。

① 訪問販売

訪問販売とは、「営業所、代理店その他の経済産業省令で定める場所以外の場所」で行われる取引のことです。

自宅への押売りが代表例ですが、路上で声を掛けて営業所等に誘い込み、商品の販売などを行うキャッチセールスといった販売方法も法律上は訪問販売として扱っています。

営業所と代理店

営業所とは、営業の行われる場所のこと。洋服販売であれば、洋服を陳列して売っている店舗が営業所になる。代理店とは、他の商人のために、繰り返し取引の代理・媒介（仲介）をする店舗のこと。なお、「その他の経済産業省令で定める場所」というのは、たとえば露店や屋台などのこと。

② 通信販売

通信販売とは、事業者が新聞や雑誌、インターネットなどで広告を出し、消費者から郵便・電話等の通信手段により申込みを受ける取引のことです。

③ 電話勧誘販売

電話勧誘販売とは、事業者が電話で勧誘し、消費者からの申込みを受ける取引のことです。電話中に申し込む場合だけでなく、電話をいったん切った後で、消費者が郵便や電話等によって申込みを行う場合も電話勧誘販売に含まれます。

④ 連鎖販売取引

特定商取引法の規制対象

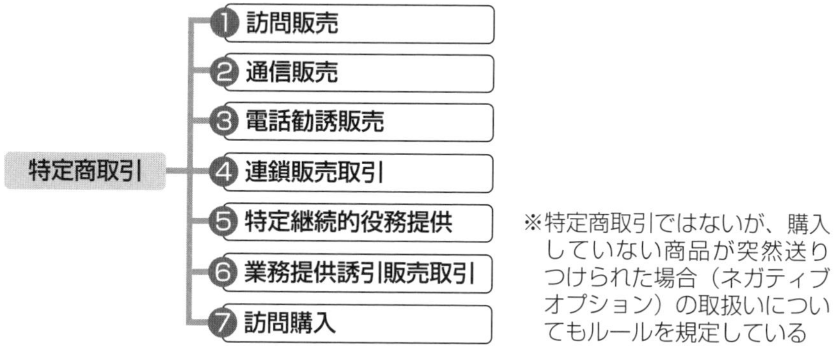

連鎖販売取引とは、事業者が一般の消費者を組織の販売員（会員）として勧誘し、その販売員にさらに次の販売員を勧誘させるという方法により、販売組織を連鎖的に拡大して行う販売方法のことです。販売員の勧誘の際には、「組織の一員として活動すれば一定の見返りが得られる」といった形で誘われ、入会金といった名目の金銭的な負担を負うことになります。

⑤　特定継続的役務提供契約

長期・継続的なサービスの提供の対価として、高額の金銭の支払いを求める取引のことです。語学教室への通学やエステティックサロンに通う契約が代表的な例です。

⑥　業務提供誘引販売取引

「依頼した仕事をしてくれれば収入を得ることができる」といった口実で消費者を勧誘し、仕事に必要であるとして、商品等を販売する取引のことです。

⑦　訪問購入

訪問購入とは、物品の購入業者などが、消費者の自宅などに訪問して、貴金属や着物などの比較的価格の高い物品の買取り

特定継続的役務

特定商取引法の規制対象とされている特定継続的役務は、以下の7種類。
①エステティックサロン
②語学教室
③学習塾など
④家庭教師など
⑤パソコン教室
⑥結婚相手紹介サービス
⑦美容医療

を持ちかける取引をいいます。原則としてすべての物品が対象になりますが、書籍や自動車（2輪のものを除く）などは対象から除かれます。

■ 事業者が知っておくべきこと

クーリング・オフ

日本語に訳すと「頭を冷やす」という意味。法律上、一定期間の間は、消費者から申込の撤回または契約を解除（最初から契約をなかったことにする）することが認められている。この法律で認められた一定期間のことをクーリング・オフ期間と呼ぶ。期間を過ぎるとクーリング・オフができなくなる。クーリング・オフできる取引は、さまざまな法律で決められている。

特定商取引法は特定商取引を行う事業者に対して広告や書面の交付、不当な勧誘の禁止、クーリング・オフ、中途解約権の保障といったさまざまなルールを設けています。

特に重要な規定が通信販売を除く取引に認められているクーリング・オフです。事業者は消費者にクーリング・オフという権利があることを伝え、消費者のクーリング・オフを不当に妨害することを避けなければなりません。

特定商取引法は、以下のような商法を規制対象にしていますので、事業者は気をつけなければなりません。

① キャッチセールス

街中で話しかけられ、思わず立ち止まって話をしていると、いつの間にか事務所などに連れて行かれ、高額な商品の購入を迫られるというのがキャッチセールスです。キャッチセールスは訪問販売の一種として特定商取引法で規制されています。

② 催眠商法

複数の消費者を集会所などに集め、会場を閉め切って独自の空間を作り、楽しい話や安価な日用品の販売といった方法で消費者の購買意欲を盛り上げ、契約をとりつける商法です。催眠商法も特定商取引法の訪問販売にあたるケースが多いようです。

③ 内職商法

新聞の広告やダイレクトメール、自宅への電話などで「仕事がある」などと勧誘して高額な仕事用の道具を購入させるが、肝心の仕事はまったく紹介しないという商法です。内職商法は特定商取引法で業務提供誘引販売取引と呼ばれており、特定商取引法の規制対象とされています。

特定商取引法で規制される内容

<table>
<tr><th>取引</th><th>規制されるおもな商法</th><th>クーリング・オフできる期間</th></tr>
<tr><td>訪問販売</td><td>・押売り（自宅に突然訪問してきて商品を販売する商法）
・キャッチセールス（駅前・街頭といった場所で目的を隠して営業所に勧誘する商法）
・アポイントメントセールス（販売目的を隠してメール・手紙などで誘い出す商法）
・催眠商法（会場に誘い出した客を話術や雰囲気で高揚させ、商品の販売を行う商法）</td><td rowspan="4">8日</td></tr>
<tr><td>電話勧誘販売</td><td>・資格商法（家庭や職場に電話をかけて資格取得の勧誘を行い、電話中に契約を結ばせたり、申込書を郵送させたりする販売方法）</td></tr>
<tr><td>特定継続的役務提供</td><td>・無料体験商法（無料体験を誘い文句に客を誘い出し、エステや英会話教室、学習塾といったサービスの受講契約を結ばせる商法）</td></tr>
<tr><td>訪問購入</td><td>・押し買い（自宅を訪れた業者に貴金属やアクセサリーなどを安値で強引に買い取られてしまう商法）</td></tr>
<tr><td>連鎖販売取引</td><td>・マルチ商法・マルチまがい商法（商品等を購入して入会し、新たに入会者を紹介すると手数料が入るシステムで組織を拡大させる商法）</td><td rowspan="2">20日</td></tr>
<tr><td>業務提供誘引販売取引</td><td>・内職商法（新聞の広告やダイレクトメール、自宅への電話などで勧誘して高額な道具を購入させるが、仕事はまったく紹介しないという商法）
・モニタ商法（収入が得られる仕事を提供するが、その仕事に使うことを理由に商品を販売する商法）</td></tr>
<tr><td>通信販売</td><td>・電話やインターネットといった通信手段を利用して広告することで販売業者と対面せずに契約させる商法</td><td>クーリング・オフ制度がない</td></tr>
</table>

PART6
5
トラブルにならない契約の基本と消費者法の知識

割賦販売法のしくみ

販売信用取引について規制する法律

■ 割賦販売法の規制

高額の商品を販売するとき、その場で代金を受け取る即時決済の方式で取引することは今日の取引ではむしろ少ないのかもしれません。額が少額ならまだしも、数万円ほどする取引となるとクレジットカードやローンの利用により代金を後払いにして商品を引き渡すのが通常です。このように、商品の引渡しと代金の支払時期に時間的な間隔が空く取引のことを信用取引といいます。信用取引は、手元に資金がなくとも商品の購入が可能になる反面、支払いの負担感が薄れる消費者に高額の商品を売りつけるなどのトラブルが生じやすいなどの問題もあるため割賦販売法という法律でルールが定められています。

民法や消費者契約法、特定商取引法といった法律も適用されますが、その取引が信用取引にあたる場合には、さらに割賦販売法の規定が適用されるということになります。

なお、信用購入あっせん等では、商品などの売買の当事者の他に、クレジットカード会社などの第三者が関わります。さらに、信用保証会社が介在した場合には、法律関係が複雑化するため注意が必要です。

個別方式と包括方式

割賦販売法は、代金の支払方法について、以下の支払方式を規定している
・個別方式
個々の商品やサービスについてそれぞれ割賦払契約や金銭消費貸借契約を締結するもの
・包括方式
あらかじめ上限金額を決めておき、限度額の範囲内であれば何度商品やサービスを購入利用してもよいというもの

■ 割賦販売法の規制する販売形態

割賦販売法が規制する取引の概要は以下の通りです。

① 割賦販売

割賦販売とは、物品やサービス等の代金を、分割で支払うことを約束して売買を行う販売形態のことです。ただし、割賦販

割賦販売法の規制する取引

取　引	対　象	支払条件
①割賦販売	指定商品・指定権利・指定役務に限定	2か月以上にわたり、かつ3回以上に分割して支払うもの
②ローン提携販売	指定商品・指定権利・指定役務に限定	2か月以上にわたり、かつ3回以上に分割して支払うもの
③包括信用購入あっせん	原則として、すべての商品・役務と指定権利	2か月超にわたるものであれば1回払い・2回払いも対象
④個別信用購入あっせん	原則として、すべての商品・役務と指定権利	2か月超にわたるものであれば1回払い・2回払いも対象
⑤前払式特定取引	すべての商品と指定役務	2か月以上にわたり、かつ3回以上に分割して支払うもの

※ただし、法定の適用除外事由に該当する取引は割賦販売法の規制対象とならない

売法の定める割賦販売というためには、対象と支払条件について、一定の要件を満たす必要があります（上図）。

売主と買主の間で、直接割賦販売が行われるため、「自社割賦」と呼ばれることもあります。代金が後払いのものと前払いのものがあります。

②　ローン提携販売

自動車や宝石などの高価な物品を扱う店に行くと、店側から「当社が紹介する金融機関を利用すれば、有利な条件でローンを組んで購入することができますよ」などと勧められることがあります。このような提携金融機関を介しての販売形態が「ローン提携販売」です。売主は購入者の借入金債務を連帯保証するので、代金回収リスクを売主が負担するものになります。ただ、買主のローンの返済が滞った場合、売主が金融機関に対し、保証債務を履行しなければなりません。

③　包括信用購入あっせん

消費者が商品の購入やサービスの提供を受ける際に、売主と

対象とならないカード

マンスリークリアカードを利用して翌月1回払いの方法で代金を支払う場合には「2か月以上」の要件を満たさないので、包括信用購入あっせんの規制は及ばない。
また、デビットカード（商品購入後、すぐに、あるいは数日後までに銀行などの預金口座から引き落としが行われるカードのこと）によって商品を購入する場合も対象外になる。

消費者の間に介在して、代金支払の取扱いを代行することを信用購入あっせんと呼びます。よく利用される例としては、消費者がクレジットカードを利用して商品などを購入し、代金を信販会社等が立て替えるケースがあります。このようにクレジットカード等を利用して、限度額の中で包括的に与信をするタイプを包括信用購入あっせんと呼びます。

④　個別信用購入あっせん

包括信用購入あっせんと異なり、クレジットカード等を使用せずに、車や宝石、呉服などの商品を買うたびに個別に契約し、与信（信用を与えて代金の支払時期を商品等の引渡時期よりも遅らせること）を行うものを個別信用購入あっせんと呼びます。一般的には、クレジット契約・ショッピングローンなどと呼ばれています。

前払式

買主が先に代金を支払い、原則として目的物の引渡しをその支払いが終わった後に行うような取引のこと。

⑤　前払式特定取引

経済産業大臣の許可を受けた特定の事業者に対し、会費などの名目で代金を支払うことにより、特定の物品やサービスの提供を受けることができる取引を前払式特定取引といいます。

たとえば百貨店やスーパー等の友の会などに入会して月々の会費を支払うと一定期間後に商品券等が提供される、冠婚葬祭互助会に入会して月々の会費を支払うとその一部が積み立てられ、結婚式や葬儀の必要が生じたときに積立金を利用して一般より割安で式を行うことができるといった制度がこれにあたります。

■ 事業者が知っておくべきこと

事業者はまずどのような取引が割賦販売法の対象になるかについて正確に把握する必要があります。事業者が知っておくべき規制を大きく２つに分けると取引条件の開示に関するものと契約内容に関するものがあります。取引条件の開示とは、広告のしかた、必要事項を記載した書面の交付についての規制です。

割賦販売法のおもな規制

販売信用	割賦販売	ローン提携販売	包括信用購入あっせん	個別信用購入あっせん	前払式特定取引
取引条件の表示義務	○	○	○	○	−
書面交付義務	○	○	○	○	−
契約解除の制限（延滞しても一定期間は催告しなければ解除不可）	○	○	○	○	−
損害賠償額の制限（延滞時の遅延損害金などに上限）	○	−	○	○	−
抗弁権の接続（不良品の場合など、クレジット会社等にも支払いを拒否できる）	−	○	○	○	−
クーリング・オフ	−	−	−	○	−
過剰与信防止義務（支払能力調査など）	−	−	○	○	−
カード情報の保護（安全管理措置など）	−	−	○	−	−
登録・許可	前払式のみ原則として許可制	−	登録制	登録制	原則として許可制

※その他、前払式割賦販売業や前払式特定取引業については、約款が法定の内容を充たすことが許可の要件。

契約内容に関する規制とは、消費者が不利益を被るような条項を定めることを禁止する規制です。

電子商取引・電子契約法

事業者は、消費者が申込み内容を確認できる措置をとる

電子商取引の形態

インターネット上の電子商取引は、多くの場合、ホームページなどの画面にあるフォームの送信機能や、電子メールを利用して行われる。

電子契約法

正式には、「電子消費者契約及び電子承諾通知に関する民法の特例に関する法律」という。

■ 電子契約はどの段階で成立しているのか

インターネットをはじめとした、電子的なネットワークを介して行われる商取引を電子商取引といいます。インターネット上での取引では、事業者側は、商品の情報をホームページなどに掲載します。これを申込みの誘引といいます。消費者がこの申込みの誘引に応じて、商品を注文することを申込みといいます。消費者の申込みの意思表示を受け、応じることを承諾といいます。

契約は、売主と買主という契約の当事者の間で、申込みと承諾というお互いの意思が合致することによって成立します。

電子商取引のような当事者同士が遠く離れた場所にいて契約をする場合には、申込みや承諾の効力がいつ発生するのかが問題となりますが、民法では申込みや承諾は相手方に到達した時に効力が発生するとしています。具体的には、電子メールによる承諾通知であれば、申込者のメールサーバー中のメールボックスに記録された時、ウェブ上の承諾通知であれば、申込者のモニター画面上に承諾通知が表示された時に承諾の効力が発生し、契約が成立します。

■ 操作ミスをしても救済される

消費者がパソコンやスマートフォンなどの端末を用いて取引をする場合、書面や口頭による取引と異なり、操作ミスをしてしまうことがあります。また、電子商取引では瞬時に処理がなされるため、間違いに気づいたときには、取り返しのつかないことになっていることもあります。

電子契約法における契約の成立時期

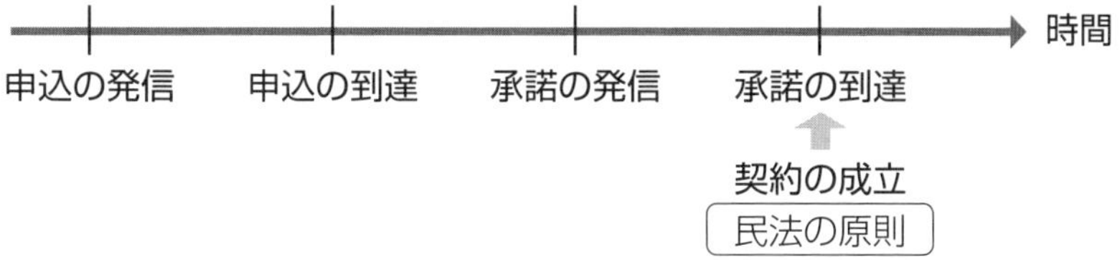

操作ミスが民法上の錯誤に当たるのであれば、申込みの意思表示を取り消すことができますが、民法では、重大な不注意による錯誤の場合は、取消しを認めていません。そこで、操作ミスがあった場合、事業者と消費者との間で、重大な不注意の有無をめぐってトラブルが発生するおそれがあります。そのため、電子契約法では、民法の原則に対して例外を定め、消費者の操作ミスの救済が図られています。

事業者が消費者の申込内容などの意思を確認するための適切な措置（確認措置）を設けている場合や、消費者から確認措置が不要であると意思表明された場合をのぞき、原則として、操作ミスによる申込みの取消しが認められます。

確認措置の具体例としては、ウェブ上の申込画面の申込ボタンをクリックすると、確認画面に遷移し、商品・数量・価格などの申込内容を表示した上で、確認ボタンまたは取消ボタンをクリックさせるような場合です。

なお、事業者が価格誤表示などのミスをした場合は、重過失により事業者による錯誤取消しは認められない場合が多いといえます。ただし、テレビのように消費者が大まかな価格相場を把握していると考えられる製品について通常の相場価格より1桁安い価格を表示した場合などは、取消しが認められる可能性が高いでしょう。

景品表示法のしくみ

消費者にわかりやすい表示を心がける

■ どんな法律なのか

消費者が商品やサービスを選ぶときの基準として、商品そのものの外観やさわり心地といった直接の情報の他に、広告の情報や購入によって得られる景品類があります。たとえば「購入すればもれなく豪華景品を進呈」「今だけ内容量20％増量」「当社独自の製法を用い、国内最高の品質」などというものです。

消費者には少しでもお得に、よい商品を購入したいという希望がありますから、これらの表示や景品類の提供は購入の判断を左右する重要な位置付けを担います。しかし、その表示等において特徴を大げさに言う、事実と異なることを書く、質の悪い商品に豪華な景品をつける、といったことをされると、消費者は本来なら購入しなかったものを購入させられることにもなりかねません。景品表示法（不当景品類及び不当表示防止法）はこのようなことを規制し、消費者が希望に添ったよい商品、必要な商品を安心して選べるような環境をつくることを目的とする法律です。

■ 企業としてはどんなことに気をつけるべきか

景品表示法は、以前は公正取引委員会の所管で、業者同士の競争が公正に行われることを主目的としていましたが、2009年6月の法改正により、同法の主目的は消費者保護に変更され、不当な表示等によって被害をこうむる一番の弱者の視点から、法を運用することになりました。したがって、不当な表示等に当たるかどうかの判断は、一般消費者の理解・認識をベースに

景品表示法の規制

景品表示法では、事業者が行う優良誤認･有利誤認･その他の表示を不当な表示として規制している他、景品類の提供について規制している。消費者庁の措置命令等が多いのは、不当表示規制の方である。

優良誤認

一般消費者に対して、商品やサービスの品質、規格、などの内容等が、実際よりも著しく優良であると示した場合や、事実に相違して、その事業者と競争関係にある他の事業者のものよりも著しく優良であると示すことによって不当に客を誘引する場合のこと。

有利誤認

商品・サービスの価格やその他の取引条件がその取引の相手方にとって、実際のものやライバル事業者のものよりも著しく有利であると一般消費者を誤認させ不当に客を誘引する場合を言う。

不当表示の分類と表示の種類

不当表示

● 商品・サービスを購入してもらうために行われる不当表示を規制

① 優良誤認
品質・規格・その他の内容に関して不当な表示をした場合

② 有利誤認
価格・その他の取引条件に関して不当な表示をした場合

③ その他誤認されるおそれのある表示
内閣総理大臣が消費者に誤認されるおそれがあるものとして指定した場合

● 対象となる表示の種類

・容器・パッケージ・ラベル
・看板・ポスター・ネオンサイン
・説明書・パンフレット・チラシ・見本
・新聞・雑誌・出版物・テレビやラジオの放送
・実演販売による広告・店頭での陳列（ディスプレイ）
・訪問による販売・電話によるセールス
・ダイレクトメール・ファックス送信による広告
・ホームページ・メール

※訪問・電話でのセールスなどの口頭表示も不当表示の対象となる

判断されるため、商品・サービス・宣伝広告の企画立案にあたっては、慎重な検討が必要です。

違反事案については、消費者庁や都道府県が調査の上、措置命令を発令し、公表する場合があります。公表により企業・商品・サービスのイメージが毀損する可能性があります。また、一定の事案については課徴金納付命令による金銭的ペナルティが課せられます。

企業側としては、商品・サービス・広告宣伝の企画立案の段階で適法性を慎重に検討し、消費者目線の表示をするよう心がけることが必要になります。

景品類の規制

おもな規制としては、抽選で一部の購入者に景品類を提供する場合などの一般懸賞に対する規制や、購入者全員に景品類を提供する場合などの総付景品に対する規制がある。一般懸賞は、景品類の価が取引価額の20倍以下かつ10万円以下、景品類の総額は売上予定額の2％以下に制限される。総付景品は、取引価額の20％以下または200円以下に制限される。

Column

印鑑の押し方のルール

契約書作成などでは、「訂正印」「契印」「捨印」「消印」「割印」といった特殊な使い方をする場合もあります。

訂正印は、文字を書き直しするときに用います。契約書が複数のページからできているような場合は、すべてが一体の契約書であることを示すために、とじ目をまたいで当事者双方が押印をします。これが契印です。捨印は、あとで文書のなかの文字を訂正する必要が出てきたときに、文字を訂正してもよいという許可を前もって出しておく場合に使用されます。消印とは、契約書に貼付された印紙と契約書面とにまたがってなされる押印のことです。契約書の正本と副本をつくるようなとき、または同じ契約書を2通以上作成して、複数人数でそれぞれ1通ずつ保管しておくような場合は、割印を用います。

・契印と割印

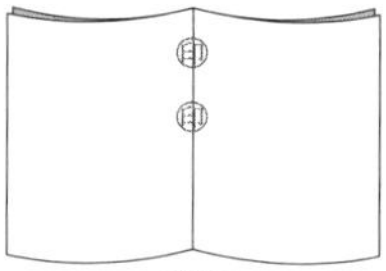

契印

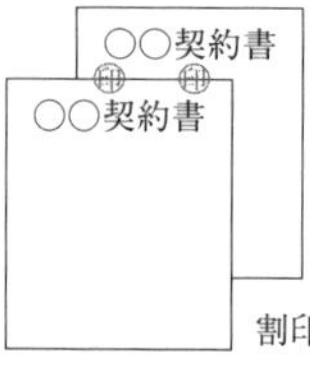

割印

・捨印

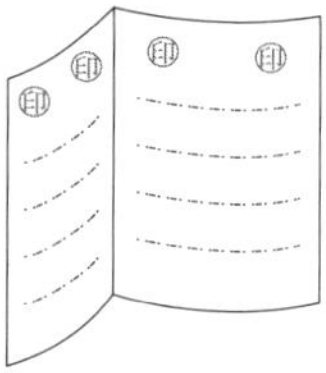

・訂正印

誤った文字の上に二本線を引き、上部に正しい文字を記入する場合

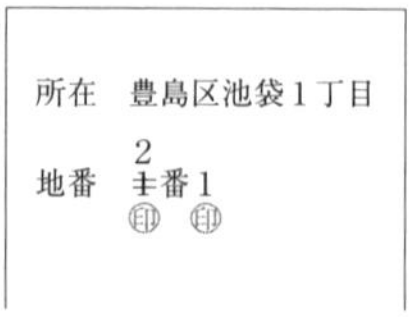

誤った文字の上に二本線を引き、上部に正しい文字を記入する。そして欄外に「削除2字」「加入1字」と記載する場合

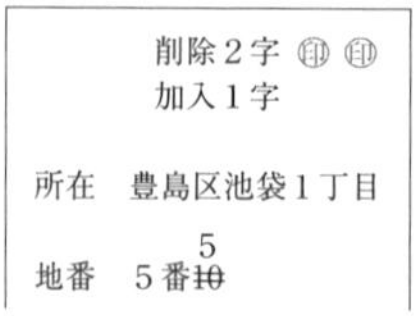

訂正した文字をカッコでくくり、これに押印する場合

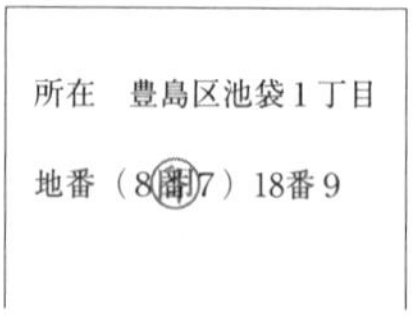

PART 7

債権管理・紛争処理の法律知識

PART7
1

債権管理・紛争処理の法律知識

取引先の信用情報の取得

取引先の動向はしっかりチェックしておく

■ 危険情報を把握する

取引の相手方の倒産を事前に予知することができれば、早期に債権回収を行い、損失を防ぐことができます。それには、取引相手の会社についての危険な情報をすばやくキャッチして、これにもとづいて対策を立てておくことが必要になります。

取引先の危険情報といっても、その情報は相当に信用性の高いものでなければなりません。信用性の低い情報で、出荷を止めたばかりに、取引先を同業他社に奪われてしまっては、商売にはなりません。また、継続的に取引を行っている取引先との取引を当事者の一方が、一方的に解消することは難しく、解消するのであれば、相手方が債務を履行しないなどの正当な理由が必要になります。

社内の回収システムに問題がある場合もある

回収する側の社内管理体制に、以下のような問題点があると未回収・焦げつきの原因となる。
- 営業戦略・方針に無理がある
- 信用管理体制の不備
- 営業担当の回収責任の認識が希薄
- 営業担当の教育の遅れ

■ 信用状態が悪化している相手との付き合い方

取引先に信用状態が悪化している兆候が見えているにもかかわらず、なお総合的に判断して取引を継続することにした場合には、まず、債権額をこれ以上増やさないことが大切です。

対策の1つは、取引条件を変更することです。取引規模を縮小して、債権額（与信限度額）を引き下げることと、支払期日や支払方法などを、こちらに有利にすることです。

支払いについては、手形サイトを短縮するなどの方法で支払期間を短くしたり、手形を回し手形に切り換えてもらう、つまり、相手方の優良な顧客が振り出した手形を裏書譲渡（手形の裏面に書くことによって行われる手形の権利譲渡のこと）して

信用調査

新規に取引を開始しようとする場合、相手の企業の信用性、特に支払能力があるのかは重要な情報である。しかし情報を自力で入手しようとすると、相当の手間がかかる。そのようなときに利用できるのが信用調査機関である。大手では、東京商工リサーチ、帝国データバンクなどがあるが、全国に拠点をもっているため、遠隔地の調査も容易である。

手形サイト

手形の振出日から支払期限までの期間。

取引先の信用情報の取得方法

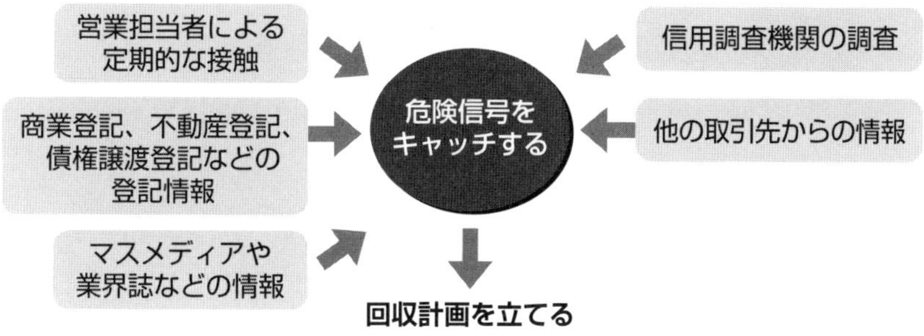

もらったりする方法に切り替えるなどの措置をとることになります。相当に信用状態が悪化している場合、キャッシュオンデリバリー（代金の支払いと引き換えに商品を引き渡すこと）も考えられます。

その他の対策としては、以下のようなことが挙げられます。

・契約書の作成

これまで、特に契約書を交わさずに取引していた場合には、これを機会に契約書を作成しておきます。契約書を取り交わして取引していた場合でも、特約条項が入っていなかったりするのであれば、この機会に、期限の利益喪失条項（189ページ）などの有利な特約を入れた契約書に変更しておいたほうがよいでしょう。

・担保の取得

支払遅延などにより相手方の信用悪化が顕在化している場合は、担保の設定に応じてもらえることも考えられます。抵当権、質権、譲渡担保、代物弁済予約、保証金の差入れ、連帯保証、債務引受など、さまざまな方法があります。資産状態などを調査し、実効的な担保の設定を受けたいところです。

合意解除

債権回収にはいくつかの方法があるが、合意解除はそうした方法の中で実務上最もやりやすい方法だといえる。自己売り商品を実際に引き揚げる際には、売買契約の解除という手続を踏んだ上で行うことになる。この解除には、法定解除や約定解除などもあるが、商品を占有している相手方から実際に商品を引き渡してもらわなければ成立しない。一方的に解除したとしても、実際の商品を引き渡してもらうためには、どうしても相手方の協力が必要になる。こうした点を考えると、一方的な解除を行うよりも、相手方と合意の上で解除したほうが、協力も得やすいといえる。

担保・保証

抵当権を設定したら必ず登記手続きをすること

■ 担保の種類

債権を保全する方法としてはいろいろなことが考えられます。

たとえば、銀行などの金融機関が多額の融資をする場合は、相手方から確実に代金を回収できるようにするため、融資に際して何らかの担保をとるのが通常です。仮に、相手方が倒産したような場合には、一般債権者よりも、抵当権などをもつ担保権者が優先して債権を回収することができます。

一般債権者
担保をとっていない債権者のこと。

このように契約の相手方が倒産するなどして、返済が困難になった場合のリスクを回避する手段として、担保制度が活用されます。これまで、担保を付けずに貸付けを行っていた債権についても、担保の設定を検討する余地があります。抵当権、根抵当権、代物弁済の予約などの物的な担保でもよいでしょうし、債務者が会社であれば、社長や専務の個人保証をとりつけるのもよいでしょう。

担保には当事者の合意によって成立する約定担保と、法律が定める一定の場合に当然に成立する法定担保とがあります。一般に「担保をとる」という場合の担保は、約定担保のことを指しています。

極度額
根抵当権が担保する債権の限度額のこと。

①　抵当権・根抵当権

抵当権は、債務者に対する特定の債権の回収を確実にするために、債務者または第三者の不動産に設定するものです。根抵当権は、抵当権のうち特別のもので、債権者・債務者間で増減変動する一定の範囲に属する多数の債権を、極度額という一定の金額の範囲内で担保するものです。いずれも、担保目的物は

物的担保と人的担保

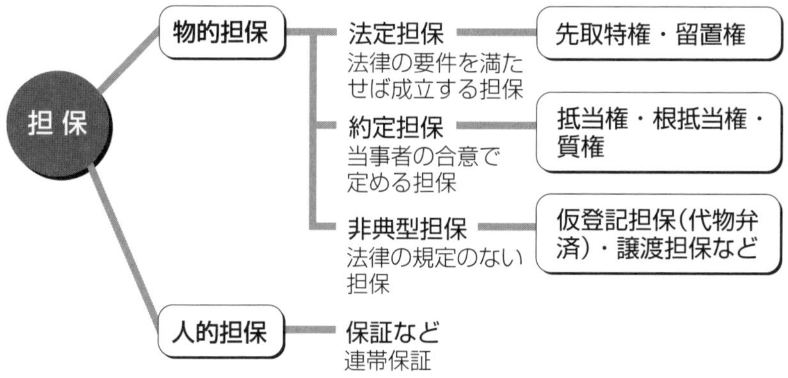

債務者の使用・収益に委ねておきますが、債務者が債務の履行をできない場合には、(根) 抵当権を実行すれば、担保目的物を競売にかけて、その売却代金の中から、他の債権者に優先して弁済を受けることができます。

② 質権

質権は、担保目的物の占有を債権者に移転し、債権者が弁済を受けるまでは留置して、間接的に弁済を強制するとともに、弁済がない場合には、この目的物から優先して弁済を受けられるというものです。おもに、動産や権利が対象となります。

③ 譲渡担保

民法に基づく抵当権や質権は、法的な安定性が高い担保です。もっとも、抵当権は不動産のみを対象とし、質権は債権者への占有移転が必要なため、操業中の工場の機械などには設定できません。そこで実務において編み出されたのが譲渡担保です。これは、担保目的物の所有権を債権者に移転して、それを債務者が引き続き借りておくという形のものです。譲渡担保は、工場に備えつけの機械や、倉庫に保管してある在庫商品など、債務者に使用を許したまま担保としてとる要請がある場合に、広く利用されています。

④　**所有権留保**

売買契約において、売買代金が支払われるまで、売買目的物の所有権を売主に留保するという担保方法です。買主の代金不払いのときには、売主は所有権に基づいて目的物を取り戻すことができますから、代金債権を担保することになります。

⑤　**仮登記担保**

債務の履行を怠ったとき、当然あるいは債権者の意思表示によって所有権が債権者に移転することを予約しておく契約です。仮登記することによって発生する担保権です。

競売の申立てはできませんが、他の債権者の申立てによる競売開始後は、仮登記のまま優先的に配当を受けることができます。

■（根）抵当権は登記する

この他にも担保の手段はいくつか考えられますが、（根）抵当権をはじめ担保を設定した場合には、対抗要件を備えておくことが必要です。対抗要件とは、当事者間で行った法律行為の効果を当時者以外の第三者に主張するために必要な要件のことです。（根）抵当権を設定した場合には、そのことを登記しておかないと、当事者以外の第三者に、抵当権の存在を主張することはできません。

また、担保目的物の担保価値の査定は、慎重に行うことが必要です。担保価値の査定が甘いと不良債権を作り出すことになってしまいます。

会社と社長とは別人格

会社が倒産した場合、会社に財産はなくても社長個人には財産があるという場合がある。たとえその会社が事実上の個人企業であっても、名義が異なれば、法律上は、会社の債務を社長個人の財産で弁済せよ、ということは当然にはいえない。
社長に資力がある場合は、社長の個人保証を求めるのが有効である。

■保証とは

保証は、本来の債務（これを「主たる債務」と呼びます）が返済されない場合に、債権者が保証人に保証債務（主債務者の

保証と連帯保証の違い

	普通保証	連帯保証
主債務が消滅した場合	保証債務も消滅する	連帯保証債務も消滅する
主債務の時効更新	保証債務の時効も更新する	連帯保証債務の時効も更新する
催告の抗弁権の有無	ある	ない
検索の抗弁権の有無	ある	ない
保証人に対する請求	主債務の時効は更新しない	主債務の時効は更新しない
保証人の分別の利益	あり	なし（判例）

＊ 分別の利益とは、保証人が数人いる場合、各保証人は、債務額を平等に分割した額についてだけ、保証債務を負担すること

債務を返済するという債務）を請求することで債権の回収を実現するものです。保証をする場合には、債権者と保証人の間で契約を結ぶ必要があります（これを保証契約と呼びます）。保証契約は書面で締結する必要があります。

保証には、普通の保証と連帯保証とがあります。いずれも債務者が債務を履行できない場合に、債務者に代わって保証人が債務を履行する責任がある、という点では同じですが、普通の保証人には、催告の抗弁権、検索の抗弁権があります。また、普通の保証人が複数いる場合、それらの保証人には、原則としてその頭数で割った分しか保証義務はありません（分別の利益）。これらの抗弁権や、分別の利益は、債権者にとっては意外に厄介なものです。そこで、実際にはほとんどの場合、債権者に有利な連帯保証の形になっています。社長に個人保証をしてもらう場合にも、連帯保証にするのが通常です。

催告の抗弁権

債権者が保証人にいきなり請求してきた場合に、まず主たる債務者に請求するよう主張できる保証人の権利。

検索の抗弁権

債権者がいきなり保証人に請求してきた場合に、まず主たる債務者の財産に執行せよと言うことができる保証人の権利。

根保証

本文記載のように、社長などが会社の債務の保証人になる際には、会社が負担する一定の範囲の債務について、保証を行う（根保証）という方式がとられる場合がある。この場合、個人保証契約の締結は、必ず書面で行い、また、事前に保証人の責任の範囲（極度額）を定めておかなければならない。

3 債権の消滅時効

多くの場合、支払期限から５年で時効が完成する

■ 債権の消滅時効とは

消滅時効とは、一定期間権利を行使しない状態が続けば、その権利が消滅する制度です。消滅時効の存在意義については、おもに①権利関係の早期確定と紛争の早期解決、②証拠保全の困難さを考慮、③「権利の上に眠る者は保護しない」、という３点が挙げられてきました（次ページ図）。

民法は、債権は権利を行使できるのを知った時から５年（または権利を行使できる時から10年）、所有権以外の財産権は権利を行使できる時から20年で消滅すると定めています（166条）。これに対し、所有権は消滅時効によって消滅することはありません。他人が土地の所有権を時効取得すると、その部分について自分の所有権は消失しますが、それは他人が所有権を取得したからであって、時効により所有権が消滅することはありません。

時効と除斥期間

消滅時効とは、権利者が権利を行使しない状態が一定期間続いた場合に、その権利を失うことになる制度である。一方、除斥期間は、権利の行使を制限する期間で、その期間が過ぎてしまえば、もはやその権利は行使できないとする期間のことである。除斥期間は、時効と異なり、原則として更新はなく、援用の必要もない。裁判所は除斥期間の主張がなくても期間が経過していることを前提に裁判を行うことになる。

■ 債権の消滅時効期間

債権の消滅時効について、「権利を行使できる時から10年」が経過したときに加え、「権利を行使できることを知った時から５年」が経過した場合も時効によって債権が消滅すると規定しています。つまり、「権利を行使できる時」という客観的起算点だけでなく、「権利を行使できるのを知った時」という主観的起算点からの時効期間を設けることで、法律関係の早期安定化をめざしているわけです。

具体例で考えてみましょう。2010年にＡがＢから「医者になったら返す」との約束で200万円を借り、2012年にＡが医師

消滅時効の存在理由

消滅時効の存在理由

① 権利関係の早期確定と紛争の早期解決

→ いつまでも不安定な地位に置かれる当事者の権利関係を確定させる

② 証拠保全の困難さを考慮

→ 時の経過による証明の困難性を考慮

③ 「権利の上に眠る者は保護しない」

→ 自ら権利を行使しようとしない権利者を法は保護しない

国家試験に合格したものの、BがAの合格を知ったのが2015年であった場合、貸金債権の消滅時効はいつ完成するのでしょうか。民法が定める客観的起算点に基づく時効期間は10年間であるため、設例では2022年に消滅時効が完成します。また、権利を行使できるのを知った時から５年間という主観的な時効期間も設けられているため、2020年に時効が完成する可能性があることにも注意が必要です。

■ 時効の更新と完成猶予

民法は、時効の完成を妨げる制度を設けています。それが時効の更新と、時効の完成猶予です。時効の更新とは、債務者の債務の承認など一定の事由の発生により、それまでの時効期間をリセットし、新たにゼロから時効期間を再スタートさせる制度です。これに対して、時効の完成猶予とは、債権者の訴訟の提起など一定の事由の発生により、時効の完成を一定期間猶予する制度です。

なお、訴訟提起により完成猶予が生じた後、勝訴判決が確定すれば、時効は更新されます。

損害賠償請求権の時効期間の特則

債権は原則５年で消滅時効にかかることになるが、いくつかの例外も規定されている。たとえば、生命や身体を侵害する損害賠償請求権の時効期間について、損害及び加害者を知った時から５年間、または権利を行使できる時から20年間と比較的長期の時効期間が定められたことが挙げられる（167条、724条の2）。被害者保護の必要性が高く、また被害者遺族が心身ともに不安定になりやすいことなどにも配慮したといえる。

PART7
4

債務者の保有債権を利用した債権回収

債権譲渡や相殺などがある

■ 債権を譲り受ける

特にめぼしい財産はない債務者でも、商売などをしている場合には、売掛金などの債権を持っていることがあります。そこで、債務者が持っている債権を利用して、回収を図るというのもひとつの方法です。債務者が持っている債権が、手形などではない一般の債権（指名債権といいます）であっても、債務者との合意があれば、譲渡してもらうことができます。第三債務者の支払能力が確実であれば、むしろ譲渡してもらった債権からの回収が確実かもしれません。

ただし、すべての債権が譲渡できるわけではありません。恩給受給権や扶養請求権など、法律によって譲渡が禁止されている債権や、賃金などの労働債権、債権の性質から譲渡ができない債権は、譲渡できません。また、債務者と取引先との契約などにおいて、債権の譲渡を制限する特約がある場合があります。譲渡制限特約に違反する譲渡も有効ですが、譲受人が特約を知っていたか重大な落ち度により知らなかった場合、その債権についての債務者（第三債務者）は、譲受人に対して弁済を拒絶することができますので、注意が必要です。

債権の譲渡を債務者に対抗するには、債権を譲渡する者が、債務者に対して、譲受人に債権を譲渡した旨を通知するか、あるいは、債務者の承諾が必要です。なお、この通知または承諾は確定日付のある証書によって行わなければ、債務者以外の第三者に債権を譲渡したことを主張できません。確定日付のある証書とは、公正証書や内容証明郵便（220ページ）などのことです。

公正証書

公証役場に所属する公証人が作成した、個人の権利・義務に関わる事実について作成した文書。公正証書によらずに債権回収に関する請求を行うことも可能であるが、公正証書を用いることで、相手方に心理的なプレッシャーを与えて、支払いを促す効果が期待できる。また、公正証書の中に、強制執行認諾文言を入れておくことで、相手方が金銭の支払いに応じない場合に、訴訟を経ることなく、直ちに強制執行手続きに入ることができるというメリットもある。

譲渡制限特約違反の債権譲渡

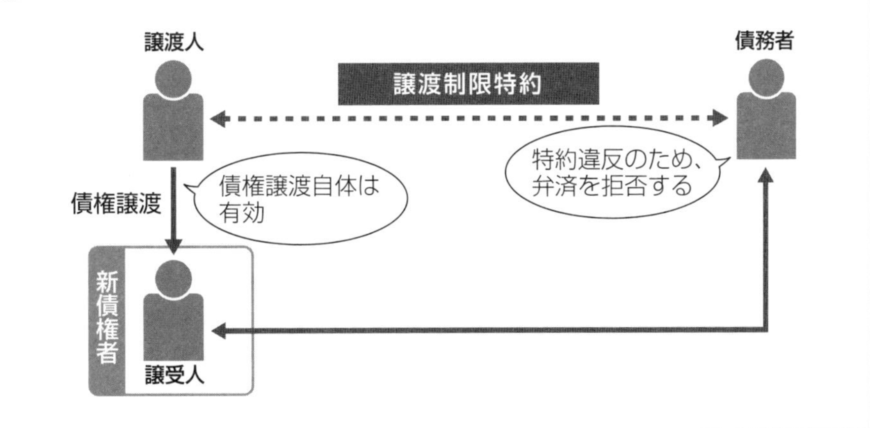

■ 相殺

相殺とは、債権者と債務者とが互いに同種の債権をもっている場合に、対当額について双方の債権を消滅させることです。相手（B）がこちらに200万円の債権を、こちら（A）が相手に300万円の債権をもっている場合、相手の支払期日が過ぎていれば、相殺の意思表示（通知）をするだけで、200万円について相殺することができます。

相殺が禁止される債権というものが若干ありますが、取引関係で生じる債権で問題になるものはほとんどありません。また、相殺適状といって、相殺できる時期に一定の制限がありますが、要は、相手方に対する債権が弁済期にあれば大丈夫です。

三角相殺

相手（B）もこちら（A）も、双方が互いに相手に対して債権をもっていれば、相殺が利用できるが、そうではない場合に第三者を利用して行う相殺方法。AはBに債権をもっているがBがAに債権をもっていない場合、Bがその取引先（C）に対して債権があるのであれば、Aは自分の債権をCに譲渡して、CからBに相殺してもらうことによって、実質的には債権回収の効果を上げることができる。ただし、倒産手続において三角相殺が認められないこともあるので注意が必要である。

■ 未払代金を貸したことにする準消費貸借契約

支払ってもらえない売掛金債権は、準消費貸借に切り換えるという手があります。消費貸借、特に金銭消費貸借とは、お金の貸し借りのことですが、準消費貸借は、簡単にいえば、支払ってもらえない代金を、貸したことにしてしまう、つまり、もともとは別の金銭債務について、新たに金銭の貸し借りを行ったことにする、という契約です。

準消費貸借契約は、小口の売掛金債権が何口もあるときに、これを一つにまとめたり、債権の消滅時効期間を延長することができるというメリットがあります。

約束手形の振出人に対する権利は３年で消滅時効にかかりますが、これを準消費貸借としておけば、一般債権となり、行使ができることを知ってから５年、行使できるときから10年の消滅時効になります。切り換えの際には、債務者との切り換え交渉を通じて、それまでの利息分を元本に含める、保証人や担保の提供を受ける、それまでにはなかった遅延損害金のとりきめをしておくなど、この機会をとらえて、債権を補強しておきましょう。

ただ、せっかく準消費貸借に切り換えても、基礎とされた売買代金が実は支払いがすんでいるものであったなど基礎とされた債務が存在しなかった場合には、準消費貸借も効力を生じません。ですから、債権者としては、基礎とされた債権に関する書類などは、捨てずに保存しておく必要があります。

旧債務の担保や抗弁

準消費貸借の旧債務に連帯保証や同時履行の抗弁などが付帯していた場合、それらが新債務に承継されるかどうかは、当事者の意思による。特段の事情がない限り、担保や抗弁は承継されると考えるのが通常の当事者の意思に合致するといえる。

■ 代理受領

債務者が第三者に対してもっている債権が、譲渡を禁止されているものである場合には、債権譲渡を受けないで、支払いだけを受ける代理受領や振込指定という方法があります。

これは、債権者が債務者から、対象とする債権について「取立てと支払いを受領する権限」の委任を受けて、これによって第三債務者から受領した金銭を、自分の債権の支払いにあてるという方法です。

なお、債権者が銀行の場合は、振込指定という方法があります。これは、第三債務者から債務者へする支払いを、その銀行にある債務者の口座にしてもらい、銀行の債務者に対する債権

代理受領のしくみ

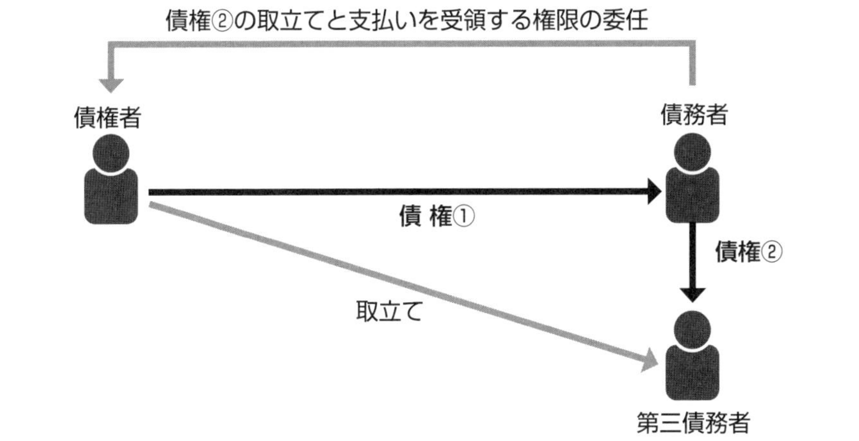

を債務者の銀行に対する預金払戻請求権と相殺する方法です。

■ 動産売買先取特権の物上代位

動産売買先取特権とは、動産の売主に法律上当然に認められる担保権のことです。債務者に対して商品を販売し、代金が未収の場合、売主である債権者は、債務者の了解を得て商品を引き揚げることも考えられますが、債務者の了解を得られない場合、その商品について動産売買先取特権を行使し、裁判所の許可を得て、債務者に引き渡した商品を執行官に差し押さえてもらい、競売にかけて債権回収をすることもできます。

また、債務者が債権者から購入した商品を既に第三者に転売していた場合、債権者は、債務者の第三者に対する売掛債権の差押えを裁判所に申し立てることができます。これを物上代位といいます。裁判所への申立てが必要となり、手間のかかる方法ですが、他に債権回収の方法がない場合は検討に値します。

内容証明郵便の出し方

内容証明郵便の表現は明確かつ簡潔に

■ 内容証明郵便とは何か

内容証明郵便は、送った文書の内容を郵便局が証明してくれる特殊な郵便です。一般の郵便ですと、後々「そんな郵便は受け取っていない」「いや確かに送った」というような事態が生じないとも限りませんが、内容証明郵便を利用しておくと、そうした事態は避けられます。一般の郵便物でも書留郵便にしておけば、郵便物を引き受けた時から配達されるまでの保管記録が郵便局に残されますが、郵便物の内容についての証明にはなりません。その点、内容証明郵便を配達証明つきということにしておけば、郵便物を発信したことから、その内容、さらには相手に配達されたことまでの証明をしてもらえます。これは、後々訴訟にでもなった場合の強力な証拠になります。

内容証明のメリット・デメリット

内容証明郵便には催告（民法150条）としての効力はあるが、内容証明郵便を送付したからといって直ちに問題が解決するわけではない。ただ、特殊な郵便物であるため、受け取った相手が、何らかの反応をしてくる可能性がある。なお、文面によっては相手方の心証を害する危険性もあるため、債務者の対応や今後の取引関係のことも考えて、利用する相手は、慎重に選別する必要がある。取引先などについては、できれば内容証明郵便の利用を避けて、話し合いによる解決の道を考えてみるのがよい。

■ 字数などの制限がある

内容証明郵便を出す場合には、若干注意が必要です。

まず、１枚の用紙に書ける文字数に制約があります。縦書きの場合は、1行20字以内、用紙１枚26行以内に収めます。横書きの場合は、①１行20字以内、用紙１枚26行以内、②１行13字以内、用紙１枚40行以内、③１行26字以内、用紙１枚20行以内に収めます。

使用できる文字は、ひらがな・カタカナ・漢字・数字です。英語は固有名詞に限り使用可能です。数字は算用数字でも漢数字でも使用できます。また、句読点や括弧なども１字と数えます。一般に記号として使用されている＋、－、％、＝なども使

内容証明郵便の料金

料金は内容証明料金が１枚につき440円（１枚増えるごとに260円加算）、書留料金435円、通常の郵便料金84円、配達証明料金320円になる。

内容証明郵便サンプル（貸金返還請求）

催告書

当方は、令和○年○月○日、貴殿に対し、金５０万円を、利息年１割８分、損害金年２割２分、弁済期を令和△年△月△日と定めてお貸し致しました。しかしながら、貴殿からは、弁済期が徒過した現在に至るも、なおそのご返済を頂いておりません。

つきましては、本書面到達後２週間以内に、右元本５０万円及びこれに対する平成○年○月○日から完済に至るまで年１割８分の割合による利息並びに年２割２分の割合による遅延損害金をお支払い頂きたく、本書面をもってご請求申し上げます。

なお、右期間内にお支払いのない場合には、法的手続をとらせて頂く所存でありますことを念のため申し添えます。

令和×年×月×日

東京都世田谷区桜上水×丁目×番×号
株式会社五味クレジット
代表取締役　五味寿安　印

東京都杉並区南阿佐ヶ谷北×丁目×番×号
大島晋　殿

用できます。なお、①、（２）などの丸囲み、括弧つきの数字は、文中の順序を示す記号として使われている場合は１字、そうでない場合は２字として数えます。

用紙が２枚以上になる場合には、ホチキスやのりでとじて、そのページのつなぎ目に左右の用紙にまたがるように、差出人のハンコを押します。認印でもかまいません。

こうしてできた同文の書面を３通（受取人が複数ある場合には、その数に２通を加えた数）と、差出人・受取人の住所氏名を書いた封筒を受取人の数だけ持って郵便局の窓口へ持っていきます。郵便局は、近隣の大きな郵便局（集配を行う郵便局と地方郵便局長の指定した無集配郵便局）を選んでください。その際、字数計算に誤りがあったときなどのために、訂正用に印鑑を持っていくのがよいでしょう。

電子内容証明郵便

ネットを通じて24時間受付を行うサービス。文書データを送信すれば自動的に3部作成し処理してもらえる。差出人から送信された電子内容証明文書のデータは、郵便局の電子内容証明システムで受け付け、その後、証明文と日付印が文書内に挿入されてプリントアウトされ、できあがった文書は封筒に入れられて発送される。電子内容証明を利用するには、利用者登録が必要である。日本郵便の電子内容証明のホームページから行うことができる。

通常訴訟手続き

訴え→口頭弁論→判決という流れになる

■ 第一審の手続き

債権回収をめぐり、こじれれば相手を訴えるというような状況に発展する場合もあります。民事訴訟は、当事者の一方が訴状を裁判所に提出することではじまります。訴状を提出する者、つまり、訴えを起こした方を原告、訴えを起こされた方を被告といいます。

提出された訴状に不備があり、不備が補正されない場合には申立ては却下されますが、不備がなければ、裁判所は、訴状の副本（コピー）を被告に送付します。あわせて、訴状に書いてあることについて、認めるのか反論するのかを書いた答弁書を、裁判所に提出するように求めます。また裁判所は、期日に裁判所へ出頭するように当事者双方に呼出状を送ります。この期日が口頭弁論期日です。口頭弁論期日には、まず、原告が訴状を口頭で陳述します。次に、被告がすでに提出してある答弁書に基づいて、原告の陳述内容を認めるのか、それとも反論するのかを口頭で答えます。実際の陳述は簡略化されていて、原告は「訴状記載の通り陳述します」と述べ、被告は「答弁書記載の通り陳述します」と言って終了するのが普通です。

次に、争点を整理する作業が行われます。実際の審理は、法廷での口頭弁論により行われますが、当事者が本当に争っている箇所が不明確であると、不必要に口頭弁論ひいては審理自体が長引くおそれがあります。そこで、当事者の主張を突き合わせて、争いのある事実のうち、審理に不要な事実を除くために、主張を撤回する必要がある事実の有無や、当事者が相手方の主

却下

原告の申立てを不適法として、理由を判断するまでもなく裁判所が門前払いすること。訴状に不備があり，原告が不備を補正しないときは，裁判長は，命令で，訴状を却下しなければならない。この例としては，訴状の必要的記載事項が書かれていない場合や手数料額の印紙が貼付されていないという形式的なものが挙げられる。
訴えが不適法でその不備を補正することができないときは，裁判所は，口頭弁論を経ないで，判決で，訴えを却下することができる。
また、訴訟を進めた結果、原告や被告が当事者にふさわしくないこと（当事者適格がないこと）などが判明したときは、裁判所は判決で訴えを却下する。

棄却

却下と混同しやすいものとして，棄却がある。棄却は，訴えが適法であり，裁判所が理由を判断した上で，請求に理由がないとして訴えを退けるものである。

訴訟手続きの流れ

訴え
＊訴状の審査・送達

→

口頭弁論
＊第一回口頭弁論
＊争点及び証拠の整理手続
＊証拠調べ
＊口頭弁論終結

→

判決の言渡し
＊判決書の送達

→（判決に不服な場合）

上訴（控訴・上告）

張を認める（自白）事実があるか否かを確認する作業が行われます。多くの場合、弁論準備手続という手続で行われます。また、各当事者の主張の当否を判断するため、証拠調べが行われます。契約書などの書証については弁論準備手続で行うことができますが、証人尋問や当事者尋問は口頭弁論で行われます。

証拠調べを経て、争いがある事実につき原告・被告のいずれの主張が正しいのかを裁判官が認定し、訴状の内容の当否について裁判所が判断できるようになると、口頭弁論は終結します。

一定の期日が経過すると、裁判所はあらかじめ指定しておいた期日に判決を言い渡します。判決は、原告の請求に対する裁判所の判断です。裁判所が、原告の請求が正しいと判断したときは、原告の請求を認容します。この場合は、訴状の「請求の趣旨」欄に記載された通りの判断、たとえば、「被告は原告に対し金○○を支払え」「被告の平成○○年○月○日付株主総会は無効であることを確認する」といった判決を言い渡します。原告の請求が正しくないと判断したときは、請求棄却の判決になります。この場合は、「原告の請求を棄却する」という判決を言い渡します。

和解

当事者が譲歩しあって争いを止めること。民事におけるトラブルの解決方法のうち、当事者の合意に基づいて自主的に解決されるものの一種。裁判所が和解を進める裁判上の和解もある。

請求棄却

訴えそのものは受けつけるが原告の訴えが正当ではないとするもの。

簡易裁判所を利用した紛争解決

訴訟以外にもさまざまな法的手段がある

■ 少額訴訟の利用

債権回収のような法的紛争を民事紛争といいます。訴訟の目的物の価額、（訴額）が140万円以下の場合は簡易裁判所、140万円を超える場合は地方裁判所に訴えを提起することになります。140万円以下でも不動産に関する訴訟は地方裁判所に訴えを提起することもできます。

民事訴訟手続は、一般に時間と費用のかかる手続といえます。そこで、裁判制度の利用の幅を広げるために導入されたのが、少額訴訟の制度です。少額訴訟で扱われるのは、60万円以下の金銭請求に限られています。動産の引き渡しを請求する訴えなどの場合には、この手続は利用できません。

少額訴訟では、原則として１回の期日で双方の言い分を聞いたり証拠を調べたりして、直ちに判決が言い渡されます。原則として、判決に不服を申し立てることはできません。また、通常の民事訴訟では、提出が認められている証拠について特に制限はありませんが、少額訴訟では証拠はすぐに調べることができるものに限られています。

仮差押

金銭債権の強制執行をするまでの間に、債務者の財産を確保するために行う保全手続のこと。

少額訴訟の申立て回数

同一の原告が同一の簡易裁判所に対して行える少額訴訟の申立回数は、年間10回までに限定されている。

■ 円満な解決を望むなら民事調停

あくまでも話し合いでの解決を望む場合には、民事調停を利用する方法があります。民事調停は、裁判官と民間人から構成される調停委員会が、当事者間の合意成立に向けて援助・協力するという制度です。調停が成立すると、訴訟における確定判決と同一の効力をもちます。

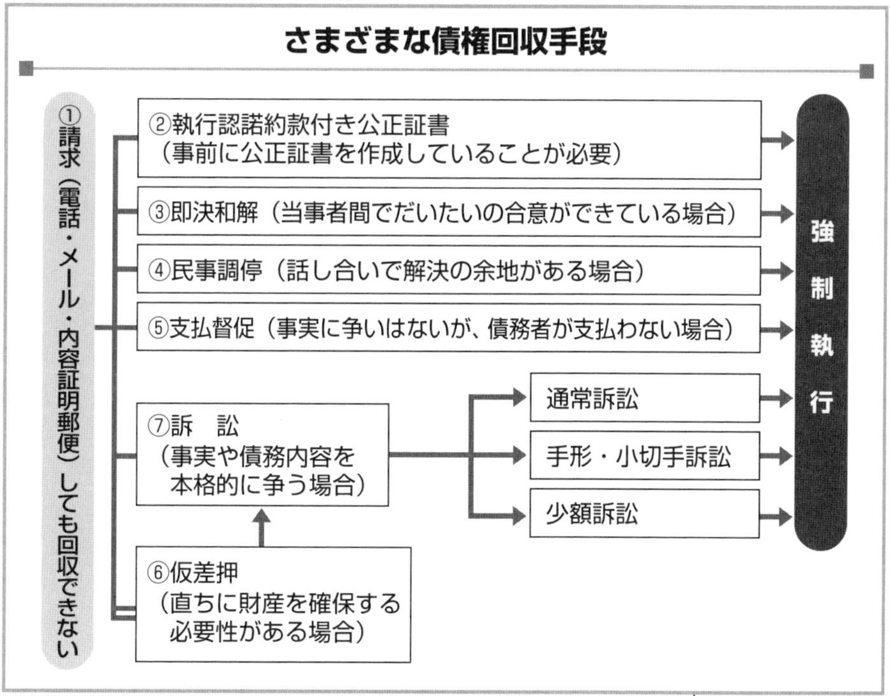

ただし、原則として当事者双方の互譲・協力がなければ調停は成立しません。このため、必ず調停が成立して解決できるという保証はありませんが、取引先との関係を維持しながら、円満な解決を望む場合や、コストの点から、できるだけ早く・安く解決したい場合などには利用してみる価値はあります。

■ 支払督促は費用が安く手続きも簡単

支払督促とは、簡易裁判所の裁判所書記官を通じて債務者に対して債務を支払うように督促する制度です。債務者から異議の申立てがなければ、迅速に債務名義を取得することができる方法です。

請求する金額に上限はありません。支払督促では、債権額がいくらであろうと窓口は簡易裁判所になります。

即決和解

訴訟になる前に裁判所へ申し立てて行う和解のこと。起訴前の和解とも呼ばれる。
紛争が訴訟にまで発展してしまうことを防止するために行われる。
なお、和解とは紛争の当事者が話し合いの末、互いに譲歩して問題の解決を図ることである。

Column

製造物責任法

製造物責任法とは、製造物の欠陥によって人の生命、身体または財産に被害が生じた場合に、製造業者等に損害賠償の責任を認める法律です。たとえば、テレビのスイッチ部分に欠陥があったため、スイッチを入れたら、テレビが火を噴き、家が全焼してしまったという場合を考えてみましょう。債務不履行や不法行為に基づく損害賠償を請求するには相手方の過失（落ち度）の立証が必要ですが、その立証は困難なことも多いといえます。このような場合に、被害者を救済するために、製造物責任法によって製造メーカーに責任を追及することができます。製造物責任法による場合、原告である被害者が主張・立証するのは製造物に欠陥があったことと、その欠陥によって損害が生じたことです。欠陥とは、その製造物の特性、通常予見される使用形態等を考慮して、通常有する安全性を欠いている場合をいいます。テレビのスイッチが通常の使用で発火するということは、安全性を欠いているといえますので、この部分に「欠陥」があるといえます。

製造メーカーが賠償責任を免れるためには、欠陥がなかったこと、欠陥が知りえないものであることなどを主張・立証する必要があります。製造メーカー側が、欠陥がなかったことや、知りえないものであったことなどを証明できなければ、責任を負うことになります。債務不履行や不法行為に比べ、過失がなくても欠陥さえ立証できればよいため、製造物責任のほうがメーカーの責任を追及しやすいといえます。

なお、各種の業界団体は、消費者を保護するために、「ＰＬセンター」という機関を設けています。これらの機関は、製造物の欠陥による事故があった場合、製品についての専門的な知識を生かして、消費者と製造業者との間の紛争について相談や示談の仲介などをしています。

PART 8

知的財産権・下請法・金融商品取引法などその他の法律知識

知的財産権

精神的活動から生み出され、権利として保護されるもの

■ 知的財産権とは何か

人間の精神活動、知的な活動から生まれるアイディアや、人間の五感によって認識された事実などの情報で、財産的価値があるものを知的財産といいます。不動産などとは違い、無形で、物理的な支配ができないことから、法律は、知的財産を保護するために知的財産権について規定しています。

①　知的財産権の種類と内容

知的財産権は、登録により発生するものと、創作により直ちに発生するものがあります。特許権、実用新案権、意匠権、商標権などの産業財産権は特許庁に、回路配置利用権は経済産業省に、また、育成者権は農林水産省に登録することにより権利が発生します。これに対し、著作権、著作隣接権は、登録することなく創作された時点で権利が発生します。

②　発明者の権利

発明者は、特許を受けることができる権利を取得します。また、発明者は、特許証などに発明者として氏名が記載される権利を取得します。これは、発明者の名誉を讃えるもので、国際条約において定められています。

③　産業財産権とは

産業は自由で公平な競争の中で、発展や進歩が得られます。苦労して生み出した技術やデザインを盗用されるなどして投下した資本を回収できないような状況では、公平な競争とはいえず、産業の発達を妨げられます。そこで、産業の発達のために認められているのが、特許権、実用新案権、意匠権、商標権の

知的財産権の分類

知的財産権は、特許権、実用新案権、意匠権、商標権、著作権、著作隣接権、育成者権、営業秘密などに分けることができる。

知的財産

人が時間や労力、資金をかけて生産した情報で、市場で利用され、多くの利益をもたらすもの。なお、知的財産法とは、知的財産に関する法律の総称であって、知的財産法という法律はない。

産業財産権

①特許権、②実用新案権、③意匠権、④商標権のことで、産業の発達を目的とした権利。

産業財産権とその他の知的財産権

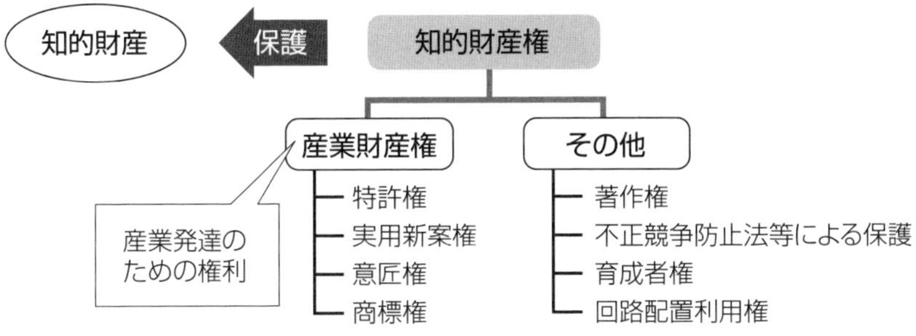

４つの権利です。この４つを産業財産権と呼んでいます。

■ 会社法や不正競争防止法によるネーミングの保護

会社にせよ、個人経営にせよ、その企業やお店のネーミングを商号といいます。商号は経済取引の主体が名乗る名称であり、取引の安全を図るにあたっては非常に重要なものです。商号は法務省の管轄である登記所（会社の所在地を管轄する登記所）で登記の申請を行います。商号については、「商法」と「会社法」により、不正な目的で、他人が紛らわしい商号を使用することを禁止する規定が置かれています。

また、会社の場合、設立の際に商号を登記することが義務付けられています。商号を登記すると、他人が同一所在地で同一の商号を登記することができません。

さらに、不正競争防止法により、周知された商品等の表示または著名な商品等の表示を他人が勝手に使用した場合、その使用をした者に対して差止めや損害賠償の請求ができます。

商品やサービスのネーミング

商品やサービスに結びついたネーミングは、商標登録されると商標法によって保護される。ただし、商標登録されていなくても、不正競争防止法により、他の広く知られた商品やサービスと混同誤認をまねくネーミングは排除される。

特許権と出願審査

自然法則を利用した技術的思想の創作のうち高度のもの

■ 特許法上の発明は限定的

発明とは、自然法則を利用した技術的思想の創作のうち、高度なものをいいます。発明を保護する法律が特許法ですが、発明イコール特許ではありません。特許法に規定されている要件を満たし、特許庁の審査を通過した発明だけが、特許となります。特許となると、一定の期間、一定の条件の下でその利用を独占できる権利が与えられることになります。

特許と実用新案
以下のような違いがある。
・保護対象
特許：発明
実用新案：小発明
・実体審査
特許：あり
実用新案：なし
・存続期間
特許：20年
実用新案：10年

なお、特許が与えられない場合にも、実用新案による保護が与えられる場合があります。実用新案は、特許で保護するほどではない小発明を保護するための制度です。

■ 特許法が規定する要件とは

特許法により保護される発明にあたるためには、いくつかの要件を備える必要があります。

① 産業上利用できること

発明に特許が認められているのは、それが産業の発達に貢献するからです。そのため、発明が特許として扱われるには、産業上利用できるものでなければなりません。

いかにすぐれたものであっても、人間を手術・治療・診断する方法や学術的・実験的にのみ利用される発明などは、人が発明したものであっても、産業上利用できるものではないので、特許はとれません。

登録料の納付
実用新案では、実体審査をせずに早期に登録する制度が採用されているため、出願と同時に第１年分～第３年分の登録料を納付することとされている。

② 新規性があること

発明に対して特許権が与えられるのは、それが客観的に見て

特許が認められるための要件

すべての要件を満たすことが必要

- 産業上利用できること
- 新規性 … 発明が客観的に新しいこと
- 進歩性 … その分野の専門家が容易に創作できないこと
- 先　願 … 先の出願であること
- 公序良俗に反しないこと … 公の秩序・善良の風俗に反しないこと
- その他 … 明細書の記載が適切であることなど

新しい創作技術として産業の発展に資するからです。そこで、新規性も要件となります。逆にいえば、その発明が新しいものではなく、陳腐なものであれば、特許は認められません。

ただし、学会などで先行して発明を発表する場合や産業スパイに情報を盗まれた場合など、正当な理由がある場合には、公に知られた日から６か月以内に特許出願をするなどすれば、例外的に新規性が認められます。

③　進歩性があること

誰でも簡単に創作できるものなら、権利として保護に値しません。そのため、その分野の専門家を基準として、容易に創作できる場合には、特許を受けることはできません。

④　先願であること

特許権が与えられるためには、誰よりも先に出願し登録されなければなりません。「先んずれば人を制す」という言葉がありますが、特許制度には、まさにこの言葉があてはまるのです。つまり、特許制度では「先願主義」が採用されているのです。また、これに併せて、出願公開という制度も採用されています。

先願主義

同一の発明について複数の特許出願があった場合には、特許権は先に出願した者にだけ与えられる方式。したがって、実際の発明を完成した時期は考慮されない。

出願公開制度

発明者が特許を得ようとする場合、まず特許庁に対して出願をする。出願があると、1年6か月経過後に、その発明の内容が一般に公開される。これを「出願公開制度」という。

明細書

発明の名称や、詳細な説明を記載するもの。

特許庁

経済産業省の外局のひとつ。産業財産権に関する審査・審判・登録その他の事務を行う。

出願審査請求

特許取得のために、特許庁への出願に加えて、実際にその内容を審査してもらうように申し出る手続のこと。

⑤　公序良俗に反しないこと

特許制度は、国が公に発明の財産的な価値を認めて、法的に保護する制度です。そのため、当然のことですが、「公序良俗」に反する発明に特許権は認められません。

⑥　書類の提出や明細書の記載に不備がないこと

特許出願にあたっては、必要とされる書類がすべて整っていることが要求されます。また特許を取得する要件として、発明の明細書の記載が一定の要件を満たすことが必要です。

■ 特許庁への出願

いかにすぐれた発明であっても、特許庁に出願をしなければ特許は取れません。小説や演劇などは、その作品が創り出されれば、その時点で著作権という権利を取得することができますが、特許の場合は、そうはいきません。なお、同じ発明が存在する場合、先に出願された発明だけに特許が与えられるので（先願主義）、発明をした場合にはなるべく早急に出願する必要があります。

特許になるまでには、いろいろなステップを踏む必要があります。出願は、願書を提出することによって始まります。特許取得までの流れは、①特許庁への出願→②出願の公開→③審査の請求→④審査官による審査→⑤登録→⑥特許公報への掲載、の手順で行われます（次ページの図）。出願された発明が特許要件を満たしていると判断されると、登録査定がなされます。

それから、出願人が特許料を納付することによって、その発明は、特許原簿に登録されます。

審査をしたが、発明が特許の要件を満たしていないと判断される場合は、まず審査官から問題点が指摘されます。これに対し、出願人は、その問題点を解消するための意見書や補正書を提出することができます。また、拒絶査定に不服がある場合は、特許庁に拒絶査定不服審判を請求することができます。

出願から特許取得までの流れ

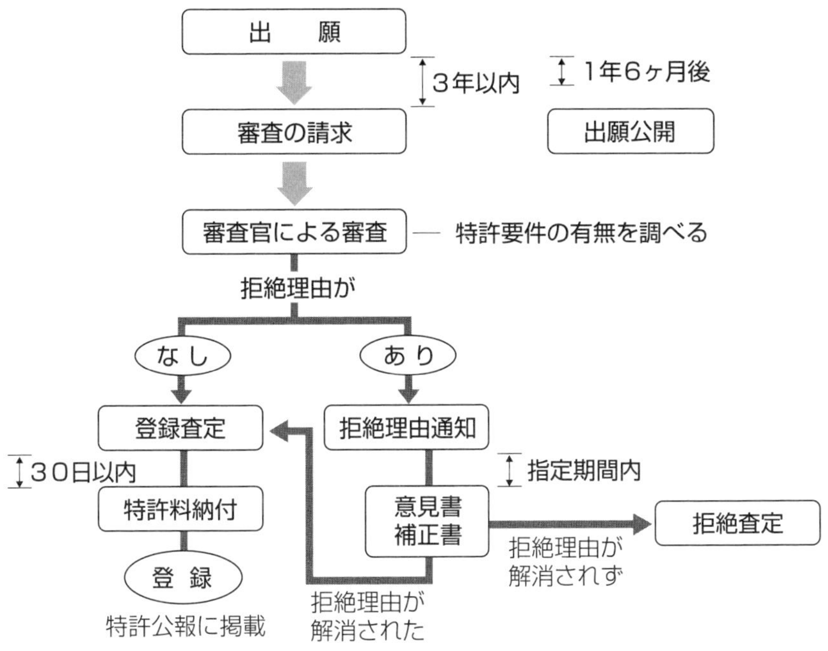

■ 先行技術の調査をしておく

新しい発明であると思っても、同じアイディアがすでに発表されていたり、特許庁にすでに出願されて公開されている場合は、もはや出願しても特許を取得することができません。出願をする際には、すでに発表されていないかなどについてあらかじめ調査しておいたほうがよいでしょう。

調査は、独立行政法人工業所有権情報・研修館が運営している特許情報プラットホーム「J-PlatPat」を利用するのが便利です。自ら調査することが困難な場合は、特許調査の専門事業者に依頼することもできます。

商標権と出願審査

ブランドは財産価値が高く、法的に保護しなければならない

■ 商標とはどのようなものか

産業社会では、企業と企業の提供する商品や役務（サービス）の持つブランドイメージは、非常に大切です。息の長い経済活動によって培われた信用は、消費者にとっては消費行動を決定する重要な要素といえます。つまり、ブランドイメージは、企業にとっての一種の財産なのです。このブランドイメージを象徴するマークを保護する制度が「商標制度」です。そして、商標は、「商標法」という法律によって規定されています。

商標として認められるためには、まず、一定の形式を備えたマークであることが必要なのです。現在、商標の形式として、①文字商標、②図形商標、③記号商標、④立体商標、⑤上記①～④のうち複数の形式を組み合わせた商標、⑥上記①～⑤の形式のものと色彩を組み合わせた商標の他、⑦色彩商標、⑧音商標、⑨動き商標、⑩ホログラム商標、⑪位置商標があります。

文字だけで作られているマークは、①の文字商標といい、絵や図形から作られるマークは、②の図形商標といいます。文字を図案化した記号、社章のように記号的な紋章などは、③の記号商標といいます。立体的な形状をしたものからできている商標は、④の立体商標といいます。立体商標は、たとえば、実在している人や架空の人物、動物などを人形のような立体的な形状にしたものです。立体商標としては、不二家のペコちゃんが有名です。

また、文字と図形を組み合わせたり、文字と記号を組み合わせるなど、今まで説明した①～④の商標のそれぞれの形式を組

立体商標

立体的な形状の商標のこと。

結合商標

異なる意味をもつ、文字、図形、記号、立体的形状の2つ以上を組み合わせた商標のこと。

商標となるものの性質

原則として、人の知覚で認識可能なものに限られている。ただし、音やロゴの動き、ホログラム、位置、色彩のみの5つの類型については、商標として登録することが可能になっている。

商標の形式

法改正により追加

① 文字	⑦ 色彩
② 図形	⑧ 音
③ 記号	⑨ 動き
④ 立体	⑩ ホログラム
⑤ ①〜④の組合せ	⑪ 位置
⑥ ①〜⑤＋色彩	

＋

音や、動いているものなども追加された

み合わせた商標を⑤の結合商標といいます。

■ 商品商標と役務商標

商標は、具体的にどのような対象につけられるかによって以下のように分類することもできます。

① 商品商標

商品につけられている商標を商品商標といいます。ここで「商品」とは、取引の対象として、ある程度量産されて流通する物と考えてください。この概念は、商標法に規定されているものではありませんが、おおよその目安とされています。

② 役務商標

「役務」はいわゆるサービスであり、運輸・通信・娯楽・介護などさまざまなものが対象となります。商品との決定的な違いは、姿かたちがないことであり、それだけに役務商標のもつ役割は重要です。

■ 商標権は更新可能

商標を保護しているのが、商標権です。商標権とは、「指定

商標の機能

商標には以下の機能がある。
① 出所表示機能
商標を通じて、消費者に、その商品や役務を提供している企業を連想させる機能。
② 品質保証機能
この商標であれば、一定程度の品質は見込めるという、一定の品質やサービスの質を保証する機能。
③ 広告宣伝機能
商標が①と②の機能をもつことから、商標それ自体が、商品や役務を広告や宣伝する機能を有することになるという機能。

商品または指定役務について、登録商標を独占的に使用することができる権利」です。商標権の存続期間は登録日から10年ですが、更新することによって永久に存続させることができます。

なお、商標の場合、ずばり同じものが勝手に使用されるケースはむしろ稀で、一見本物と見間違えるような「にせ物」のケースが大半です。そのため、商標権者には、登録された商標と同一の範囲だけでなく、類似する範囲についても、他人の使用を排除する権利が認められています。具体的には、以下のような権利が認められています。

① 指定商品または指定役務に、登録商標に類似する商標を使用することを禁止する

② 指定商品または指定役務に類似する商品や役務について、登録商標を使用することを禁止する

③ 指定商品または指定役務に類似する商品や役務について、登録商標に類似する商標を使用することを禁止する

■ 出願して登録を受ける

商標権を得るには、特許庁に商標登録出願して登録を受ける必要があります。商標は自分の提供する商品・役務（サービス）と他の商品・役務を識別するためのものです。そのため、商標は特定の商品・役務と関連させた上で権利として認められます。出願にあたっても、願書に、特定の商品または役務を指定して、商標とセットで記載することになっているのです。

1つの願書で出願できる商標は1つです。この原則を「一商標一出願の原則」といいます。ただし、同一の商標を用いる商品・役務については、1つの出願の中で複数のものを指定することはできます。

一商標一出願の原則

商標登録出願は、その商標の使用をする1または2以上の商品・役務を指定して、商標ごとにしなければならない、とする原則。

商標を用いる商品・役務の指定は、①政令で定める商品・役務の区分に従って指定すること、②指定した商品・役務の範囲が明確であること、③商標を使用し、または使用する予定があ

商標出願から登録までの流れ

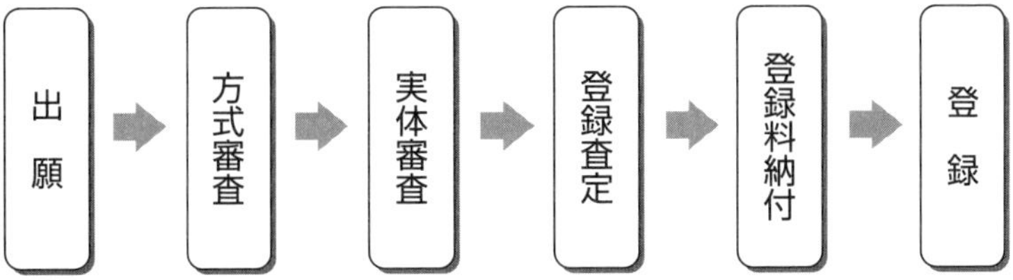

る商品・役務を指定すること、が必要です。

■ 登録要件

商標は、出願すれば自動的に与えられるというものではありません。審査制度があり、登録のための要件を満たしているかを、専門の審査官が審査した上で決定します。要件を1つでも満たしていないと登録はされず、商標権を取得することはできません。おもな要件は以下の通りです。事前によく調査・検討した上で、出願することが重要です。

方式審査と実体審査

特許庁では提出された書類が定められた書式に従って書かれているかどうか、形式面で不備がないかを調べる。このチェック作業を方式審査という。方式審査が終わると、出願された商標が登録できる要件を満たしているかどうかなど、実体面についての審査が行われる。これを実体審査という。

① 商標法の規定する商標であること

マークであれば何でもよいわけではなく、商標法で規定している商標に該当しなければなりません。

② 商標に識別力があること

商標には3つの機能があります。それは、誰が商品・役務の提供者かを示す出所表示機能、商品や役務が同じ品質であることを示す品質保証機能、そして、広告宣伝機能です。これらの機能を発揮するためには、他人の商品・役務と区別することができる力（識別力）がなければなりません。

識別力

商標が対象とする商品やサービスの利用者に、誰が提供した商品・サービスなのかを認識させる力のこと。実体審査の段階で、識別力の有無、公益上の理由から登録できない商標にあたらないかなどについての判断が行われる。

③ 不登録事由がないこと

公的機関のマークや国旗などは登録できません。また、公序良俗に反するものについても商標権は取得できません。

意匠権

デザインにも権利を認め、保護する必要がある

■ 意匠とは

発明を保護し、産業の発達を促進するために特許制度が設けられているのと同様に、デザインを考え出した者に対しても、相応の保護が必要になります。そこで、デザインの創作と産業社会の発展をめざすために、「意匠法」によってすぐれたデザインを「意匠」として保護し、権利として認められています。

意匠法
製品のデザイン(意匠)を保護することによって生産活動を活発化させ、産業の発達に貢献することを目的とした法律。

意匠の正確な定義は、「物品(物品の部分を含む)の形状、模様もしくは色彩またはこれらの結合であって、視覚を通じて美感を起こさせるもの」とされています。

なお、意匠制度には、①部分意匠制度(物品の一部を意匠として保護する制度)、②組物の意匠制度(複数の物品の組み合わせによる意匠を保護する制度)、③関連意匠制度(本意匠と類似する意匠を保護する制度)、④秘密意匠制度(登録した意匠を最長3年間秘密にして保護する制度)、⑤動的意匠制度(物品の変化する形状を意匠として保護する制度)といった制度があります。

■ 意匠権とは

意匠権とは、「登録された意匠及びこれに類似する意匠の実施を独占排他的にすることができる権利」です。

意匠権は、視覚に訴えるデザインを保護するための権利ですから、まったく同じでなくても、類似のデザインによって元の意匠が侵害される可能性を考慮し、「類似する意匠」にも意匠権の効力が及びます。なお、意匠権の存続期間は、設定登録日

意匠権を取得するための要件

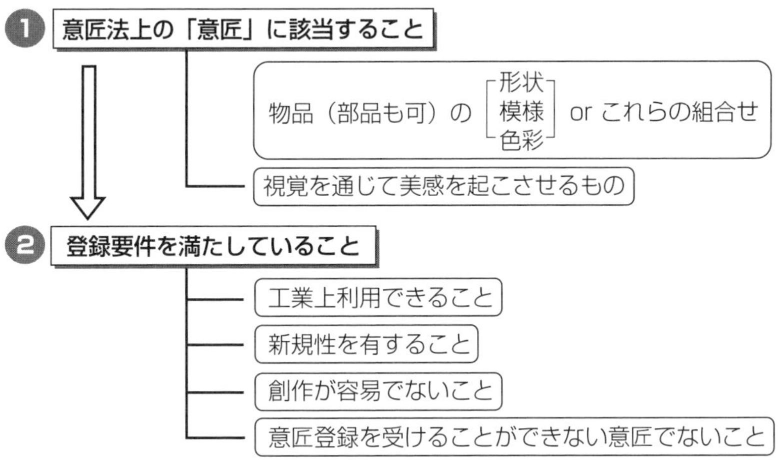

から20年です。

■ 登録要件

デザインが意匠権によって保護されるとはいっても、すべてのデザインが権利として保護されるわけではありません。産業の発達に貢献し、保護に値するだけの意匠でなければならないのです。その要件は、①工業上利用できること、②新規性を有すること、③創作が容易ではないこと、④意匠登録を受けることができない意匠でないこと、です。なお、④の「意匠登録を受けることができない意匠」というのは、公序良俗に反するおそれがある意匠や、他人の業務に関する物品と混同されるおそれがある意匠などのことです。

このうち、①工業上利用できることについては、工場などの生産ラインにより量産可能であることが必要です。そのため、一品物の製作物は対象から除かれます。

意匠情報
意匠に関する情報のこと。意匠を創作し、出願する際には、事後の紛争を避け、創作の便宜を図るために、このような情報を事前に得ておくことが必要である。

PART8
5

知的財産権・下請法・金融商品取引法などその他の法律知識

著作権

芸術・学術に関わる部分は著作権によって保護されている

■ 著作権とは

すぐれた芸術、たとえば絵画や音楽、映画、小説などは、人を感動させ、生きる希望を与えてくれます。他人の絵画を盗作して評価を得てしまうという事件もあるように、芸術作品も侵害の危機にさらされる可能性は否定できません。

そこで、このような知的創造物である著作物を守るために認められているのが著作権であり、著作権を保護するために定められた法律が著作権法です。

著作権法では、著作物のことを「思想または感情を創作的に表現したものであって、文芸、学術、美術または音楽の範囲に属するもの」と定義しています。

具体的には、小説、音楽、舞踊、美術、建築、図画、映画、演劇、コンピュータプログラムなどがその対象となります。

そして、著作権とは、著作物を直接支配して、排他的・独占的に利用できる権利をいいます。具体的には、複製権以外に、上演・演奏権、上映権、公衆送信権、口述権、展示権、頒布権、譲渡権、貸与権、翻訳・翻案権、二次的著作物に関する原著作者の権利などが含まれています。

権利の全部または一部を譲渡したり、使用権を与える契約を結ぶこともできます。この他、著作権を侵害された場合は、差止請求、損害賠償請求の他、刑事罰も用意されています。

また、著作権の特色として、著作物を創作した人を保護するだけではなく、その伝達や創作活動を助ける立場の人を保護する規定もあります。実演家、レコード製作者、放送事業者、有

著作権法

小説、美術、音楽などの著作物を保護することによって文化の発展に貢献することを目的とした法律。特許法、商標法などが「産業の発達」を目的とするのに対し、著作権法は「文化の発展」を目的とする点が異なる。

広義の著作権

著作財産権と著作者人格権の総称。

狭義の著作権

著作財産権のこと。著作権の財産権的側面を表す。財産権なので、他人に譲渡したり相続することもできる。

著作権の意義

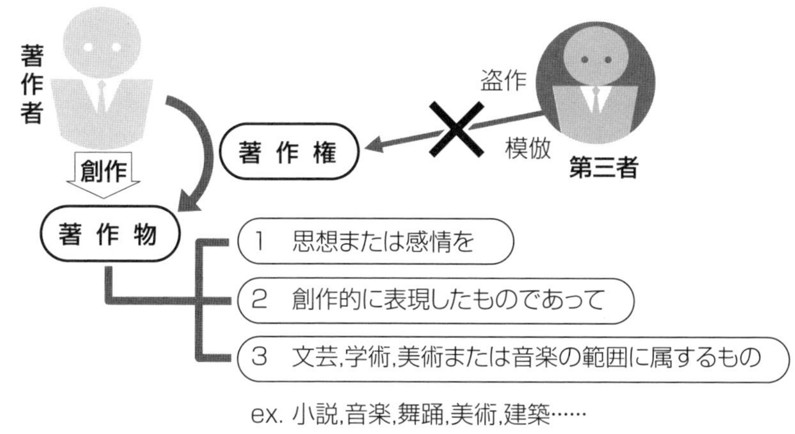

線放送事業者がこれにあたり、彼らを保護する権利は著作隣接権と呼ばれています。

なお、存続期間は原則として権利者の死後70年です。しかし、本名以外での公表や、法人名義の著作物の場合は公表時から70年になることや、映画の著作権の特例の他、権利の存続期間が長いために、条約や戦争による存続期間の調整が複雑になることなどから、慎重な確認が必要です。

■ 著作隣接権とは

著作権は、著作物の創作者の権利です。ただ、著作物の場合には、それを実演し、社会一般に普及させる行為も重要です。

そこで、演奏家や俳優、歌手など著作物を実演する者やレコード・放送事業者のように著作物を頒布する者にも、著作隣接権という権利が認められています。

著作隣接権

著作物の伝達や創作活動に重要な役割を果たしている実演家、レコード製作者、放送事業者、有線放送事業者に認められた権利。著作権（著作財産権）が著作物を権利の対象とするのに対し、著作隣接権は行為を権利の対象とする点で異なる。

PART8
6

コンテンツビジネスと知的財産権侵害への対処

ビジネスとして利用する場合には権利者の許諾を得ることが大切

■ 特許権や著作権も認められる

デジタルコンテンツとは、「デジタル情報によって構成されている表現物」を意味します。たとえば、ＣＤやＤＶＤの中の映像や音声がデジタルコンテンツです。

デジタルコンテンツ（以下「コンテンツ」といいます）にも、著作権法、特許法、商標法によって権利が認められます。

① 著作権

コンテンツが、人の思想・感情を創作的に表現したものとして著作権法上の著作物に該当すれば、「著作権」が認められ、保護されます。

② 特許権

コンテンツが、新たな創作的な技術であり、特許法の定める登録を受けていれば、「特許権」が認められます。

③ 商標権

コンテンツが、商品またはサービスに使用する標章である場合で、商標法で定める登録を受けていれば、「商標権」が認められます。

■ 知的財産権侵害に対する対処法

コンテンツビジネスに関わる際には、特に権利侵害の問題を起こさないように、権利者を把握して権利者からの許諾を得る必要があります。

特許や商標の場合、特許庁に特許権者・商標権者として登録されている者が権利者です。登録しなくても権利が発生する著

デジタル情報の特徴

デジタル情報は、大量の送受信・蓄積が可能で、双方向性がある。また、情報発信者が発信した情報を受信者の手元で映像や音声などに復元するため、複製や改変が容易で劣化しない点が特徴である。

知的侵害権の侵害に対する法的手段

民事	差止請求	侵害行為を止めるように求める
民事	損害賠償請求	被った損害について賠償金の支払を請求する
民事	不当利得返還請求	侵害者が不当に得た利得について返還を求める
民事	謝罪広告	新聞に謝罪広告を掲載するように求める
刑事		権利を侵害した者には懲役刑や罰金刑が科される

作権については、著作権者の特定が困難な場合もあります。

特許や商標、著作権など、知的財産権に対する侵害が行われると、法律的には、権利者は差止請求や損害賠償請求・不当利得返還請求をすることができます。また、侵害者は刑事上の責任を負う可能性があります。

・差止請求

侵害行為が行われると、知的財産権の権利者には、侵害行為に対する差止請求権が発生します。

・損害賠償請求・不当利得返還請求

権利者に損害・損失が生じた場合には、侵害行為者に対して損害賠償請求権・不当利得返還請求権が発生します。

・刑事上の責任

特許法は、特許権侵害に対し、1000万円以下（法人は３億円以下）の罰金、10年以下の懲役などの重い刑事罰も予定しています。また、著作権法は、著作権などを侵害した者に対しては、10年以下の懲役もしくは1000万円以下の罰金またはその両方が科されることを規定しています（法人は３億円以下の罰金）。

不当利得

法律的な裏付けがないのに利益を得て、その結果他人に損失を与えること。

著作権者の特定

１つの著作物について、出版社、映画会社、放送事業者など、複数の者に著作権及び著作隣接権が帰属しているような場合、権利者をすべて特定した上で、全員の許諾を得ることが必要になる。

不正競争防止法

個別の法律が保護しきれない知的財産も保護する不正競争防止法

■ 不正競争防止法の目的

知的財産はさまざまな法律で保護されています。ただ、中には各法律で定めている要件にあてはまらず、その保護を受けられないものもあります。たとえば、商標は登録すれば商標法の保護を受けますが、登録していなければ保護されません。世間にもよく知られた商標が登録されていないような場合には、その企業と無関係の第三者がこれと同じ商標を使って商売をはじめたとしても、その企業は商標法の保護を受けることはできないのです。

不正競争防止法は、このような場合でも、知的財産を保護できるように作られています。

不正競争行為がある場合、不正競争の差止請求をすることができます。また、損害が生じている場合には、損害賠償を請求することもできます。さらに、不正な利益を得るなどの一定の悪質な不正競争行為については、刑事罰も定められています。

不正競争には、たとえば次のような行為があります。

① 周知表示混同惹起行為

需要者の間に広く知られている他人の商品などの表示（商標や商号など）と同一・類似のものを使用した結果、その他人の商品などと混同してしまうおそれのある行為です。

② 著名表示冒用行為

他人の著名な商品などの表示と同一・類似の表示を自分の商品などの表示として使用する行為のことです。①よりも知名度の高い表示であることが求められます。

ドメインの保護

企業がホームページなどを作成するときに取得するドメインについて、不正競争防止法は、不当な目的で、他人の商品等の表示と同一または類似したドメイン名を取得、保有、使用することを禁止している。

不正競争防止法の目的と規制範囲

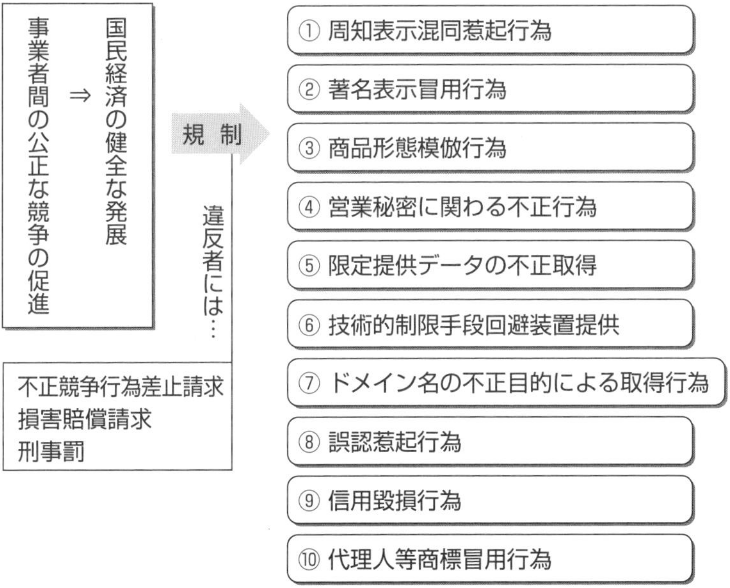

③　商品形態模倣行為

他人の商品の形態をマネした商品を売ったりする行為です。

④　営業秘密に関する不正行為

他人の営業秘密を盗んだり、適法に取得した営業秘密を不正な利益を得る目的で使用、開示するなどの行為です。

⑤　ドメイン名の不正取得行為

不正な利益を得る目的で、他人の商品などに使う表示と同一・類似のドメイン名を取得したり、それを保有、使用する行為などです。

⑥　信用毀損行為

競争関係にある他人の営業上の信用を毀損するニセの事実を知らせたり、広める行為です。

刑事罰

たとえば、①周知表示混同惹起行為に対しては、５年以下の懲役若しくは500万円以下の罰金、またはその両方が科される。

個人情報保護法

個人情報の取扱いに注意する

■ 個人情報保護法とは

個人情報保護法は、個人情報を取り扱う事業者の遵守すべき義務を定めることなどによって、個人の権利利益を保護しようとする法律です。個人情報取扱事業者は、使用目的を具体的に示す義務や適正に維持管理する義務を負い、違反者には罰則が科せられます。

対象となる個人情報取扱事業者とは、営利・非営利を問わず個人情報を持ち、事業のために使用している個人、団体、企業などです。会社での個人情報保護対策としては、社内外に対して保護対策の内容を明示しなければなりません。

■ 個人情報の区分について

個人情報保護法上の個人情報とは、①生存する、②個人に関する情報で、③特定個人を識別できるもの（他の情報と容易に照合できて特定個人を識別できるものを含む）を指します。

・特定の個人を識別できる情報

氏名、生年月日などをはじめ、勤務先、役職、財産状況、身体的特徴などさまざまなものが挙げられます。

・個人識別符号型の個人情報

特定の個人を識別できる情報に加えて、①顔・指紋・DNA配列・虹彩などの身体的特徴をデジタル化した生体認識情報、②個人ごとに異なるよう定められた番号・文字などの符号で、特定の個人を識別できるもの（マイナンバー、運転免許証番号など）が、個人識別符号として個人情報に含まれます。

個人情報

本文記載の情報以外にも、他の情報と容易に照合でき、特定個人を識別できる情報も、個人情報に含まれる。

個人情報の消去方法

一般的なパソコンデータの消去方法としての、「削除」メニューを使って削除しても復元ソフトなどを使用すれば情報を取り出せる可能性がある。そこで、消去の手順や方法についてもきちんとマニュアル化し、誰が担当しても確実に消去できるなどの対策を立てておくことが必要になる。消去の方法としては、たとえば紙ベースの情報であればシュレッダー、焼却などで復元できないようにし、それを複数で確認する、デジタルデータ化された情報であれば保存しているハードウェアを物理的に破壊する、データ削除用のソフトを使って情報を上書きするなどして、加工したりネット上で公表することができないようにすること、などが求められる。

個人情報の意義

個　人　情　報

①生存する個人に関する情報で、特定個人を識別できるか、他の情報と容易に照合できて、特定個人を識別できる情報

②生存する個人に関する情報で、個人識別符号が含まれるもの

（①②の中で、人種・信条・社会的身分・病歴・前科・犯罪被害歴など、本人に対する不当な差別・偏見などの不利益が生じないように、取扱いに特に配慮が必要なものを「要配慮個人情報」という）

個　人　デ　ー　タ

個人情報データベース等を構成する個々の個人情報

保有個人データ

個人情報取扱業者が、開示、内容訂正・追加・削除、利用停止、第三者提供の停止を行える権限をもつ個人データ

・要配慮個人情報

要配慮個人情報とは、人種・信条・社会的身分・前科・病歴・犯罪被害歴など、差別や偏見が生じないようにその取扱いに特に配慮を要する情報などを指します。

・匿名加工情報

特定の個人を識別できないように個人情報を加工した情報を「匿名加工情報」といいます。特に匿名化した情報を積極的に利活用したいというビジネスニーズに対応するため、これを顧客管理やデータ分析などに利活用できるよう、配慮されています。ただし、匿名加工情報を利用するには、個人情報保護委員会の定める基準に従った加工を行い、作成した情報の項目の公表が必要です。

・個人データ・保有個人データ

個人データは「個人情報データベース等を構成する個人情報」と定義されています。個人情報を含めたさまざまな情報を容易に検索できるような形に構成したものを「個人情報データ

プライバシーマークの取得

日本工業規格（JISQ15001）「個人情報保護マネジメントシステム－要求事項」に適合して適切な保護措置を講ずる体制を整備している事業者を認定してプライバシーマークの使用を認めるもので、一般社団法人日本情報経済社会推進協会が運営している。プライバシーマークの使用が認められると取引先などからの信頼を得ることもできる。個人情報保護法に外部委託先への監督責任が明記されていることから、中にはマーク取得を委託契約の条件としているところも出てきている。個人情報保護法ではプライバシーマークの取得を義務付けるような規定はないが、取得することによる業務上のメリットは大きいといえる。

ベース等」といい、パソコンなどで使用するデータベースをはじめ、検索しやすいようにファイリングされた名刺ホルダーなどの紙ベースの情報が含まれます。

保有個人データは、個人データの中で「個人情報取扱事業者が開示、内容の訂正、追加または削除、利用の停止、消去および第三者への提供の停止を行うことのできる権限を有するもの」と定義されています。

■ 大切なのは窓口対応である

情報の開示請求にしても、情報漏えいに対するクレームにしても、本人から直接要求されることも多いので、窓口での対応が非常に重要になります。

・本人確認の方法

窓口対応の中でも難しいのが本人確認の手順です。来店した人に対して本人確認をする場合には、身分証の呈示を求めたり、郵送の場合は、身分証のコピーの同封を求め、本人限定郵便で関係書類を送付するなどの方法が考えられるでしょう。

・代理人による開示請求の場合

未成年者や認知症を発症した高齢者などの場合、個人情報の取扱いについて何らかの不利益を被っていたとしても、自分で開示請求をすることは困難です。仕事の都合や心身の状態によっては、手続ができない人もいます。このため、以下のいずれかに該当する代理人による開示請求も認められています。

① 未成年者または成年被後見人の法定代理人

② 開示などの請求をすることにつき本人が委任した代理人

代理人が請求する場合は、本人の開示請求に関する代理人であるという関係性を証明するもの（委任状など）を確認します。

■ 個人データの安全管理義務

個人情報保護法は、個人情報取扱事業者に対し、取り扱う個

個人情報保護法による法的規制

個人情報保護法では、民間の個人情報取扱事業者に対し、次のような制限を課している。

① 利用目的の特定
個人情報取扱事業者は、個人情報を取り扱う際に、その利用目的をできる限り特定しなければならない。

② 利用目的による制限
あらかじめ本人の同意を得ずに、①において特定した目的の達成に必要な範囲を超えて個人情報を取り扱うことはできない。

③ 適正な取得
偽りや不正の手段による個人情報の取得は許されない。

④ 正確性の確保
利用目的の達成に必要な範囲内で、個人データを正確かつ最新の内容に保ち、不要な個人データは消去するよう努めなければならない。

⑤ 第三者提供の制限
原則として、あらかじめ本人の同意を得ずに個人データを第三者に提供することはできない。

組織的・人的安全管理措置

組織的安全管理措置	人的安全管理措置
①個人データの安全管理措置について、組織体制の整備、規程の整備、規程に従った運用をする ②個人データの取扱い状況を一覧できる手段を整備する ③個人データの安全管理措置の評価、見直し、改善を図り、事故や違反に対処する	①雇用や委託の契約時において、個人データの非開示契約を締結する ②従業員に対して、個人データの取扱いについての教育・訓練を実施する

人データの漏えい、滅失または毀損の防止その他の個人データの安全管理のために、以下のような、必要・適切な措置を講じることを義務付けています。

① 組織的安全管理措置

個人データの取扱い状況を確認するための手段を整備すべき旨の定め、万一の漏えい等が発生した場合などに備えて、適切かつ迅速に対応するための体制の整備を求めています。

② 人的安全管理措置

従業者に対する個人情報取扱に関する指導・監督や必要な教育を内容とするものです。

③ 物理的安全管理措置

たとえば、個人情報データベース等を取り扱うコンピュータ等の情報システムを管理する区域（管理区域）などを適切に管理し、取り扱う機器や書類等が盗難・紛失等することを防ぐ措置を義務付けています。

④ 技術的安全管理措置

情報にアクセスできる従業者を制限し、正当なアクセス権を有する従業者を識別するしくみを整えることが求められます。

技術的安全管理措置

昨今は外部からの不正アクセスも問題になっている。企業などは、適切なウイルス対策等を行うことで、情報への不正アクセスから保護する体制を整えなければならない。

独占禁止法

自由競争を妨げる行為を規制している

■ 独占禁止法とは

独占禁止法は、事業者の公正で自由な競争を促進するためのルールを定めた法律です。正式には、「私的独占の禁止及び公正取引の確保に関する法律」といいます。

独占禁止法は、市場を不当に独占する行為（私的独占）、カルテル・談合（不当な取引制限）、その他の一定の行為（不公正な取引方法）などを禁止するものです。

私的独占とは、たとえば、採算度外視で不当に低い価格で商品を販売して、競合他社を市場から排除したり、他の事業者の株式を取得するなどして他の事業者の活動に制約を与えて市場を支配する行為のことです。

不当な取引制限とは、カルテルや談合のことです。たとえば、主要な複数の家電メーカーが協議してテレビの価格を一定の金額に決めることはカルテルにあたりますが、このような行為は自由な価格競争を阻害します。

不公正な取引方法には、特定の事業者と取引をしない取引拒絶や、地域や相手方によって差別的に取引価格に差をつける差別対価などがあります。

■ 違反者は罰則を負うこともある

以下のような民事責任・行政処分・刑事責任があります。

① 民事上の損害賠償責任

独占禁止法違反行為によって損害が生じた場合、被害者から損害賠償請求を受けることがあります。この賠償責任が、故意

下請法と独占禁止法

親事業者が、下請事業者に不利益な取扱いをする行為には、次ページの不公正な取引方法のうち、⑪優越的地位の濫用に含まれるものであるが、下請事業者を迅速に保護するため、下請法により、禁止行為が類型化され、迅速な取締りを図っている。

景品表示法と独占禁止法

次ページの表の不公正な取引方法のうち、消費者に対する⑥ぎまん的顧客誘引と⑦不当な利益による顧客誘引については、景品表示法の規制がある。広告の表示や景品の提供については、短期間のうちに実施されて消費者の間に波及するため、景品表示法により、禁止行為を類型化した上で、迅速な取締りを図っている。⑥ぎまん的顧客誘引は、表示に関する規制、⑦不当な利益による顧客誘引については、景品に関する規制として、景品表示法に定められている。

不公正な取引として独占禁止法が禁止するおもな行為

不公正な取引方法に該当する行為
①特定の事業者と取引をしない、させないこと（取引拒絶）
②同じ製品の価格を場所や人によって差別すること（差別価格）
③取引の条件や実施について特定の事業者を有利・不利に扱うこと（差別取扱い）
④不当に安い価格で販売すること（不当廉売）
⑤買占めなど不当に高い価格で購入すること（不当高価購入）
⑥商品や取引条件について実際よりも優良・有利と誤認させて顧客を誘引すること（ぎまん的顧客誘引）
⑦虚偽・誇大広告、過大な景品により顧客を誘引すること（不当な利益による顧客誘引）
⑧他の製品と抱き合わせて販売すること（抱き合わせ販売）
⑨競争者と取引しないことを条件として相手方と取引すること（排他条件付取引）
⑩相手方の価格決定や取引先や販売地域などを拘束すること（拘束条件付取引）
⑪自己の優越した地位を利用して相手方に不利益な条件をつけること（優越的地位の濫用）

や不注意がなくても責任を負う無過失責任とされていることは知っておかなければなりません。

②　行政処分

事業者が独占禁止法に違反すると、行政上の処分として、公正取引委員会から排除措置命令という処分が下されます。排除措置命令に従わないと刑事責任を問われます。

また、私的独占やカルテルといった独占禁止法違反行為によって得た利益を没収するため、課徴金納付命令という行政処分も下されます。課徴金の金額は違法行為を繰り返す事業者ほど多く課せられるしくみになっています。

③　刑事罰

違法行為によって刑事罰の程度は異なってきますが、私的独占または不当な取引制限をした者に対しては、５年以下の懲役又は500万円以下の罰金が課されます。

下請法

立場の弱い下請企業を守る法律である

■ 下請法とはどんな法律なのか

下請法は、大企業と取引をした下請事業者が、大企業から代金支払遅延などの不当な取扱いをされることを防ぐ目的で制定された法律です。下請法は、規模の大きな企業を「親事業者」、規模の小さい企業や個人事業者を「下請事業者」と定義した上で、親事業者と下請事業者との間で請負契約や業務委託契約を締結する際に、親事業者が下請事業者に対して不当な要求をすることを禁止しています。

下請法が適用される取引は、「製造委託」「修理委託」「情報成果物の作成委託」「役務の提供委託」です。なお、建設工事の請負には下請法は適用されません。また、下請事業者の資本金が1000万円以下で、親事業者の資本金が1000万円を超える場合、下請法が適用されます。さらに、物品の製造・修理、プログラムの作成、倉庫保管・情報処理の業務委託については、下請事業者の資本金が３億円以下で、親事業者の資本金が３億円を超える場合も適用され、プログラム以外の情報成果物の作成、倉庫保管・情報処理以外の業務委託については、下請事業者の資本金が5000万円以下で、親事業者の資本金が5000万円を超える場合も適用されます。

独占禁止法との関係

下請法で禁止されている行為の多くは、独占禁止法の優越的地位の濫用の規定によっても禁止されている。しかし、優越的地位の濫用の規定は抽象的で、どのような行為が優越的地位の濫用に該当するのかわかりにくいという欠点がある。これに対して、下請法では、元請の下請に対するどのような要求が禁止されるのかについて具体的に示されており、違反行為に対しても、迅速に規制できるという特徴がある。

■ 親事業者の義務

下請法により、親事業者に対しては、さまざまな義務が課せられています。たとえば、親事業者には、下請事業者に対して発注する際には、下請事業者の給付の内容、下請代金の額、下

親事業者の禁止行為

禁止行為	
①受領を拒否する行為	⑦報復措置をすること
②下請代金の支払を遅延すること	⑧有償で支給された原材料などを早期決済すること
③不当に下請代金を減額すること	⑨割引き困難な手形を交付すること
④不当に返品すること	⑩不当な経済上の利益の提供の要請
⑤買いたたきをすること	⑪不当なやり直しなどを行わせること
⑥物の購入やサービスの利用の強制	

請代金の支払期日・支払方法など、契約内容を記載した書面を交付する義務があります。また、親事業者には支払期日を定める義務があります。この期日は、下請事業者から給付や役務の提供を受けた日から60日以内である必要があります。さらに、親事業者が下請事業者と製造委託契約等を締結した場合には、下請事業者が親事業者に給付した物の内容等を記載した書面を、親事業者は作成・保存する必要があります。

なお、下請代金の支払遅延があった場合には、親事業者は下請事業者に対して、下請事業者からの給付等があった日から60日が経過した日から年14.6％の遅延利息を支払う必要があります。

■ 下請法における禁止行為

下請法は、親事業者に対して、上図の11の行為を禁止しています。公正取引委員会は、親事業者が禁止行為をしていると判断した場合、禁止行為の差止めなどの方法によって、「その状態を是正せよ」あるいは「再発を防止せよ」などといった内容の勧告をします。勧告を受けた事業者は、名称や違反内容、勧告内容がインターネット上などで公表されます。

勧告を受けた場合

本文記載の勧告を受けた親事業者は、改善報告書（あるいは計画書）の提出をしなければならず、勧告に従わない場合は独占禁止法に基づく排除措置命令や課徴金納付命令が行われる可能性がある。

PART8
11

知的財産権・下請法・金融商品取引法などその他の法律知識

金融商品取引法

金融商品の取引において投資家を保護するための規制

■ どんな法律なのか

金融商品取引法は、有価証券を中心とした金融商品の取引について定められた法律です。規制により、投資家が活発に投資を行うことができるようにすることを目的としています。たとえば、業者が有価証券取引やデリバティブ取引の勧誘を行う際の広告の規制、標識の掲示義務、書面交付義務、不当勧誘行為の禁止、といったルールを定めています。また、企業の情報開示を強化することで、投資家が判断しやすいようにしています。

金融商品取引法は、主として、①情報公開（企業が保有している情報を公開すること）、②仲介者の役割と義務（金融商品取引業者が負うべき義務）、③禁止行為（株式の取引や価格の形成の中で行われる不正な行為など）という3種類の規制によって成り立っています。

金融商品取引法の規制対象商品

国債、地方債、社債、株式、投資信託、信託受益権全般、多様なデリバティブ取引などが対象とされている。
なお、デリバティブ取引とは、株式や債権そのものの取引ではなく、株式や債権、為替などから派生した金融商品の取引のことである。具体的には将来の権利をあらかじめ売買するオプション取引や、金利の交換取引であるスワップ取引などがある。

■ ポイントはどんなことなのか

投資家を保護するために、以下のような規制を設けています。

① 情報公開（開示規制）

② 仲介者の役割と義務（業規制）

③ 禁止行為（不公正取引規制）

①の開示規制には、有価証券の募集等の際の有価証券届出書の提出義務、上場企業の有価証券報告書や四半期報告書の提出義務、一定の株式等の取得の際の公開買付けの義務付けなどがあります。これらの情報公開によって投資判断をしやすくすることで、投資家を保護しています。

金融商品取引法の３種類の規制

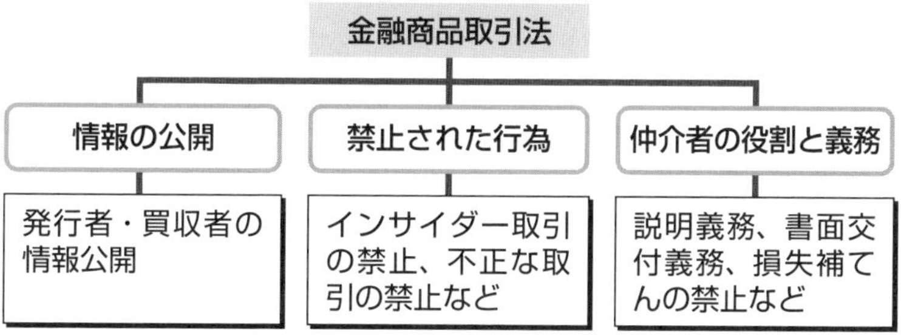

②の業規制は、金融商品を取り扱う一定の事業に参入する場合に登録などを必要とする参入規制と、登録などを行って参入した事業者の事業活動に一定の義務を課す行為規制とに分類することができます。参入規制については、たとえば、第一種金融商品取引業や第二種金融商品取引業などについて登録を必要としています。行為規制には、たとえば、標識の掲示義務、広告の規制、契約締結前・締結時の書面交付義務、各種禁止行為、損失補てんの禁止、適合性の原則（顧客の知識等に照らして、投資家保護に欠けるような、不適当な勧誘を行ってはならないという原則）などがあります。

③の不公正取引規制について、禁止されるおもな不公正取引としては、たとえば、インサイダー取引、相場操縦取引、風説の流布などがあります。インサイダー取引とは、上場企業の関係者等が、その立場によって知り得た投資判断に重大な影響を与える未公表の情報を利用して、株式等を売買する行為のことです。不公正取引については、刑事罰も設けられています。

相場操縦取引

市場で相場を人為的に変動させるにもかかわらず、あたかも自然の需給によって形成されたものであるかのように他人を誤解させるなどによって利益を図ろうとする行為のこと。金融商品取引法１５９条は、相場操縦取引として禁止される取引類型（仮装売買、変動操作取引、安定操作取引）を定めている。

風説の流布

株式等の取引等のためや、相場の変動を図る目的で、噂や合理的な根拠のない風評等を不特定または多数の者に伝達すること。たとえば、ウェブ上に虚偽の情報を掲載し、それを見た他の投資家が同じ銘柄の株式を購入して株価が上がったところで、株式を売却して利益を得た場合、ウェブ上に虚偽の情報を掲載した行為が風説の流布にあたる。

【監修者紹介】
森　公任（もり　こうにん）
昭和26年新潟県出身。中央大学法学部卒業。1980年弁護士登録（東京弁護士会）。1982年森法律事務所設立。おもな著作（監修書）に、『図解で早わかり　倒産法のしくみ』『不動産契約基本法律用語辞典』『民事訴訟・執行・保全　基本法律用語辞典』『契約実務　基本法律用語辞典』『図解で早わかり　相続・贈与のしくみと手続き』『特定商取引法と消費者取引の法律問題トラブル解決法』など（小社刊）がある。
森元　みのり（もりもと　みのり）
弁護士。2003年東京大学法学部卒業。2006年弁護士登録（東京弁護士会）。同年森法律事務所 入所。おもな著作（監修書）に、『図解で早わかり　倒産法のしくみ』『不動産契約基本法律用語辞典』『民事訴訟・執行・保全 基本法律用語辞典』『契約実務　基本法律用語辞典』『図解で早わかり 相続・贈与のしくみと手続き』『特定商取引法と消費者取引の法律問題トラブル解決法』など（小社刊）がある。
森法律事務所
弁護士16人体制。家事事件、不動産事件等が中心業務。
〒104-0033　東京都中央区新川２－15－３　森第二ビル
電話　03-3553-5916
http：//www.mori-law-office.com

図解で早わかり
働き方改革法、会社法改正に対応！
最新　会社法務の基本と実務

2020年3月30日　第１刷発行

監修者　森公任《もりこうにん》　森元《もりもと》みのり
発行者　前田俊秀
発行所　株式会社三修社
〒150-0001　東京都渋谷区神宮前2-2-22
TEL　03-3405-4511　FAX　03-3405-4522
振替　00190-9-72758
http://www.sanshusha.co.jp
編集担当　北村英治
印刷所　萩原印刷株式会社
製本所　牧製本印刷株式会社

ISBN978-4-384-04839-1 C2032